김현석
베이직 행정법
핵심정리

들어가면서

2023년 대비 필다나 핵심정리 행정법을 출간하면서...

본 교재는 7·9급 공무원 시험과 소방공무원, 경찰 특채, 행정사 등 행정법을 시험대상으로 하는 수험생들을 위한 수험서입니다.

시험에서 법 과목은 처음에 접근하는 사람에게는 어려운 과목으로 다가옵니다. 그러나 한번 강의를 듣고 차근차근 학습을 하면 오히려 고득점을 보장하는 과목이 됩니다.

이 책은 제목 그대로 수험 행정법의 핵심내용을 정리한 것입니다.

이미 한 번의 수험 경험이 있거나 또는 방대한 기본강의를 한번 수강한 학생들을 위하여 요약서의 형태로 정리한 것입니다.

제 경험에 의하면 학생들이 기본강의를 듣고 난 후 기출문제를 풀게 되는데 이때 기본강의를 본 시간이 오래되어 기본서의 내용이 가물가물하기 때문에 기출문제를 풀 때에도 시간이 많이 소요됩니다.

그래서 기출문제 강의 전에 학생들에게 이론과 핵심판례 및 핵심 법조문을 간략하게 설명하고 기출문제를 강의하니 상당히 효과가 좋다는 것을 알았습니다.

본 교재는 몇 년 전부터 기출문제를 강의하면서 학생들에게 프린트 형식으로 제공하여 수업하던 자료였는데 학생들의 반응이 좋아 정식 교재로 출간하게 되었습니다.

본 교재와 기출문제만으로도 고득점이 가능다는 것은 이미 여러 합격생들을 통해서 검증된 교재입니다.

이 책의 효율적 이용방법은

01
이 책은 다음과 같은 수험생들에게 유용합니다.
먼저 기본강의 학습 후 기출문제를 풀기 전에 기본서의 내용을 빠르게 리마인드하고 싶은 수험생
두 번째, 수험 기간을 짧게 잡은 학생이 기본강의를 건너 뛰고 핵심이론과 판례 및 조문을 습득하고 기출문제를 반복 회독하려고 하는 수험생

02 이 책은 기출문제와 결합하여 학습해야 효율이 극대화됩니다.
본 교재의 내용은 그동안 기출되었던 내용을 위주로 정리하였기 때문에 세부적 내용까지 모두 커버하지는 못합니다.
따라서 가장 출제가 자주 되었거나 꼭 숙지해야 할 내용을 정리한 것이므로 나머지 세부적인 내용은 기출문제를 통해서 보충해야 합니다.

03 본 교재를 보고 기출문제를 보면 대부분의 지문이 해결되기 때문에 기출문제를 빨리 볼 수 있습니다. 따라서 핵심정리와 기출문제를 빠르게 반복 학습하는 데 도움이 될 것입니다.

시험은 반복 학습과 암기입니다.
이 책이 여러분들의 회독수를 늘리는데 조금이라도 도움이 되길 바라며 다시 한번 여러분들의 합격을 기원합니다.

2022년 10월
김 현 석

이 책의 차례

PART 01
행정법 통론

Chapter 01
행정

Ⅰ. 형식적 의미의 행정과 실질적 의미의
　행정　　　　　　　　　　　　　　4
Ⅱ. 통치행위　　　　　　　　　　　　5

Chapter 02
행정법의 특성 및 일반원리

Ⅰ. 법치주의와 법치행정　　　　　　6
Ⅱ. 행정법의 법원　　　　　　　　　7
Ⅲ. 행정법의 일반원칙　　　　　　　8
Ⅳ. 행정법의 효력　　　　　　　　 11

Chapter 03
행정법 관계

Ⅰ. 공법관계와 사법관계　　　　　 13
Ⅱ. 행정법관계의 당사자
　(행정주체와 행정청)　　　　　 14
Ⅲ. 공권　　　　　　　　　　　　 15
Ⅳ. 특별권력관계　　　　　　　　 17

Chapter 04
행정법상의 법률요건과 법률사실

Ⅰ. 행정법상의 사건　　　　　　　 18
Ⅱ. 공법상 사무관리 및 부당이득　 19
Ⅲ. 사인의 공법행위　　　　　　　 20

PART 02
행정작용법

Chapter 01
행정입법
- Ⅰ. 행정입법의 유형 26
- Ⅱ. 위임명령과 행정규칙 27

Chapter 02
행정행위
- Ⅰ. 행정행위의 개념 33
- Ⅱ. 기속행위와 재량행위 34
- Ⅲ. 법률행위적 행정행위 38
- Ⅳ. 준법률행위적 행정행위 45
- Ⅴ. 부관 46
- Ⅵ. 행정행위의 성립요건 50
- Ⅶ. 행정행위의 효력발생요건 51
- Ⅷ. 행정행위의 효력 53
- Ⅸ. 행정행위의 하자 56
- Ⅹ. 하자의 치유 60
- Ⅺ. 하자의 전환 61
- Ⅻ. 하자의 승계 62
- ⅩⅢ. 처분에 대한 이의신청제도 64
- ⅩⅣ. 단계적 행정행위 65

Chapter 03
행정계획
- Ⅰ. 행정계획의 성질 67
- Ⅱ. 행정계획절차 67
- Ⅲ. 계획재량 68
- Ⅳ. 계획보장청구권, 계획변경청구권 69

Chapter 04
그 밖의 행정작용
- Ⅰ. 확약 70
- Ⅱ. 공법상 계약 71
- Ⅲ. 공법상 사실행위 74
- Ⅳ. 행정지도 74

이 책의 차례

Chapter 05
행정절차

- Ⅰ. 행정절차의 의의 · · · · · 75
- Ⅱ. 행정절차법의 내용 · · · · · 76
- Ⅲ. 처분절차의 적용범위 · · · · · 78
- Ⅳ. 공통사항으로 적용되는 절차 · · · · · 79
- Ⅴ. 신청에 의한 처분(수익적 처분)의 절차 · · · · · 82
- Ⅵ. 불이익한 처분의 절차 · · · · · 82
- Ⅶ. 신고 · · · · · 89
- Ⅷ. 입법예고 · · · · · 89
- Ⅸ. 행정예고 · · · · · 89
- Ⅹ. 행정절차의 하자 · · · · · 90
- Ⅺ. 민원사무처리 · · · · · 90

Chapter 06
정보공개와 개인정보 보호

- Ⅰ. 정보공개청구권 · · · · · 92
- Ⅱ. 개인정보의 보호 · · · · · 100

PART 03
행정의 실효성 확보수단

Chapter 01
행정강제

- Ⅰ. 행정상 강제집행 · · · · · 104
- Ⅱ. 대집행 · · · · · 105
- Ⅲ. 이행강제금(=집행벌) · · · · · 107
- Ⅳ. 직접강제 · · · · · 108
- Ⅴ. 강제징수 · · · · · 109
- Ⅵ. 행정상 즉시강제 · · · · · 109
- Ⅶ. 행정조사 · · · · · 110

Chapter 02
행정벌

- Ⅰ. 행정형벌 · · · · · 111
- Ⅱ. 행정질서벌 · · · · · 113

Chapter 03
새로운 실효성 확보수단

- Ⅰ. 과징금 · · · · · 115
- Ⅱ. 기타 제도 · · · · · 116

PART 04
행정구제법 Ⅰ

Chapter 01
행정상 손해배상

Ⅰ. 국가배상	122
Ⅱ. 영조물의 설치·관리의 하자로 인한 손해배상	131
Ⅲ. 손해배상의 청구절차	133

Chapter 02
행정상 손실보상

Ⅰ. 손실보상	134
Ⅱ. 손실보상의 요건	135

PART 05
행정구제법 Ⅱ

Chapter 01
행정심판

Ⅰ. 행정심판	144

이 책의 차례

PART 06
행정소송

Chapter 01
행정소송 일반

Ⅰ. 행정소송의 한계 160
Ⅱ. 행정소송법에 규정된 행정소송의 종류 161

Chapter 02
취소소송

Ⅰ. 취소소송의 성격 및 소송물 162
Ⅱ. 취소소송의 재판관할 162
Ⅲ. 취소소송의 당사자 164
Ⅳ. 피고경정 169
Ⅴ. 소송참가 170
Ⅵ. 취소소송의 대상(처분 등) 171
Ⅶ. 재결에 대한 항고소송 175
Ⅷ. 제소기간 176
Ⅸ. 행정심판전치주의 178
Ⅹ. 소의 변경 180
Ⅺ. 취소소송 제기의 효과 182
Ⅻ. 취소소송의 심리 184
ⅩⅢ. 취소소송의 판결 188

Chapter 03
무효확인의 소 194

Chapter 04
부작위 위법확인 소송 198

Chapter 05
당사자 소송 202

Chapter 06
객관적 소송

Ⅰ. 민중소송 207
Ⅱ. 기관소송 207

행정법 통론

CHAPTER 1 행정

I. 형식적 의미의 행정과 실질적 의미의 행정

1. 형식적 의미의 행정

형식적 의미의 행정이란 제도상 행정부에 속하는 기관에 의하여 이루어지는 모든 활동

2. 실질적 의미의 행정

법 아래서 법의 규제를 받으면서 현실적·구체적으로 국가목적의 적극적 실현을 향하여 행하여지는 전체로서 통일성을 가진 계속적인 형성적 국가활동(양태설)

 참고 실질적 의미의 입법·행정·사법의 개념

(1) 입법 – 일반적·추상적인 성문의 법규범을 정립하는 작용
(2) 행정 – 형성적 국가작용(권리의 발생·변경·소멸)
(3) 사법 – 분쟁해결작용·판단작용·확인작용

	실질적 의미의 행정	실질적 의미의 입법	실질적 의미의 사법
형식적 의미의 행정	• 행정부의 각종처분 (하명·허가·면제·특허·인가) • 조세부과처분·조세체납처분·공무원 징계처분 • 군당국의 징발처분 • 대통령의 공무원 임명·대통령의 대법원장·대법관 임명 • 예산편성집행 • 집회의 금지통고	• 대통령령·총리령·부령 등 법규명령의 제정과 개정 • 행정규칙의 제정 • 조례제정 • 대통령의 조약체결과 비준	• 행정심판의 재결 • 토지수용위원회의 재결 • 국가배상심의회의 결정 • 소청심사위원회의 결정 • 검사의 공소제기 • 통고처분 • 비상계엄의 선포
형식적 의미의 입법	• 국회사무총장의 소속 공무원의 임명 • 국회예산 집행	• 법률의 제정 • 국회규칙의 제정	• 국회위원의 징계 의결 • 국회의원의 자격심사
형식적 의미의 사법	• 대법원장의 일반법관 및 대법원 소속공무원의 임명 • 부동산 등기사무 • 대법원장의 예산집행	• 대법원규칙의 제정	• 법원의 재판

II 통치행위

1. 통치행위의 의의
통치행위는 일반적으로 국정의 기본방향이나 국가적 차원의 정책결정을 대상으로 하는 고도의 정치적 성격을 띤 국가의 행위로서 사법적 심사의 대상으로 하기에 부적합할 뿐 아니라 비록 그에 관한 판결이 있는 경우에도 그 집행이 곤란한 행위

2. 통치행위의 주체
헌법재판소는 대통령과 국회를 통치행위의 주체로 보고 있다. 법원은 통치행위의 주체가 될 수 없다.

3. 인정여부
① 대법원은 사법심사의 대상에서 제외되는 통치행위를 인정한다. 다만 최근에는 비상계엄의 선포나 확대가 국헌문란의 목적을 달성하기 위하여 행해진 경우에는 사법심사를 할 수 있다고 하였다.
  ⇨ 통치행위에 해당하는지 여부의 판단은 오로지 사법부만에 의하여 이루어져야 한다(대판 2004.3.26., 2003도7878).
② 헌법재판소는 비록 고도의 정치적 결단에 의하여 행해지는 국가작용이라고 할지라도 그것이 국민의 기본권침해와 직접 관련되는 경우에는 당연히 헌법재판소의 심판대상이 될 수 있다고 한다(헌재결 1996.2.29, 93헌마186).

통치행위에 해당	통치행위에 해당하지 않음
1. 정부의 행위 ① 외교행위·전쟁·사면·영전수여 등 국가원수의 지위에서 행하는 행위 ② 선전포고·강화·파병결정 ③ 국가의 승인 ④ 국무총리·국무위원 임명 등 조직법상 행위 ⑤ 법률안거부권, 국민투표회부 ⑥ 비상계엄의 선포, 긴급명령, 긴급재정·경제명령 ⑦ 남북회담 개최 ⑧ 군사시설보호법에 의한 군사시설보호구역의 설정·변경 또는 해제 2. 국회의 행위 ① 국무총리·국무위원 해임건의 ② 국회의원의 자격심사·징계·제명	① 비상계엄의 선포나 확대가 국헌문란의 목적을 달성하기 위하여 행하여진 경우 ② 남북정상회담 개최과정에서의 대북송금행위 ③ 신행정수도건설이나 수도이전의 문제에 관한 대통령의 의사결정 ④ 한미연합 군사훈련으로서 2007년 전시증원연습 ⑤ 유신헌법 제53조에 근거하여 발령된 대통령긴급조치 ⑥ 기타 ㉠ 대통령선거 ㉡ 서울시장의 국제협약체결행위 ㉢ 대법원장의 법관인사조치 ㉣ 계엄관련 집행행위 ㉤ 법규명령(대통령령·국무총리령·부령 등)의 제정행위 ㉥ 과세처분 ㉦ 대통령의 국회해산권(통치행위로 인정될 수 있으나, 현행헌법에서는 규정되어 있지 않다)

CHAPTER 2 행정법의 특성 및 일반원리

I 법치주의와 법치행정

1. 법률우위의 원칙
① 법률우위의 원칙에서 법률은 헌법, 국회제정의 형식적 의미의 법률, 법률위임에 따른 법규명령, 불문의 관습법과 행정법의 일반원칙, 자치법규(조례, 규칙) 등이 포함된다.
② 행정규칙은 여기에서의 법률에 포함되지 않는다.
③ 법률우위의 원칙은 모든 행정영역에서 적용된다.
④ 행정기본법은 제8조에서 "행정작용은 법률에 위반되어서는 아니된다"고 하여 법률우위의 원칙을 규정하고 있다.

2. 법률유보의 원칙
① 여기서 법률이란 국회에서 제정한 형식적 의미의 법률과 법률의 위임을 받은 법규명령을 의미하므로 불문법으로서의 관습법 등은 포함되지 않는다.
② 오늘날 법률유보원칙은 단순히 행정작용이 법률에 근거를 두기만 하면 충분한 것이 아니라, 국가공동체와 그 구성원에게 기본적이고도 중요한 의미를 갖는 영역, 특히 국민의 기본권실현과 관련된 영역에 있어서는 국민의 대표자인 입법자가 그 본질적 사항에 대해서 스스로 결정하여야 한다는 요구까지 내포하고 있다(의회유보원칙)(헌재결 1999.5.27, 98헌바70).
③ 행정기본법은 제8조에서 "행정작용은 법률에 위반되어서는 아니 되며, 국민의 권리를 제한하거나 의무를 부과하는 경우와 그 밖에 국민생활에 중요한 영향을 미치는 경우에는 법률에 근거하여야 한다."고 하여 법률유보의 원칙을 규정하고 있다.

 참고 법률의 근거 없이도 할 수 있는 것

- 공법상 계약과 행정지도는 법률의 근거가 없어도 가능하다(통설·판례)
- 법률에 근거가 없더라도 더 큰 공익을 위해서 행정청의 직권 취소·철회권이 인정된다. ⇨ 법령이 규정하는 산림훼손 금지 또는 제한 지역에 해당하는 경우는 물론이고 금지 또는 제한 지역에 해당하지 않더라도 중대한 공익상 필요가 있다고 인정될 때에는 허가를 거부할 수 있고, 그 경우 법규에 명문의 근거가 없더라도 거부처분을 할 수 있다(대판 2007.5.10, 2005두13315).

3. 법률우위의 원칙과 법률유보의 원칙의 관계

① 법률우위의 원칙은 행정권의 행사가 법률에 저촉되지 않도록 행사해야 하는 법치행정의 소극적 측면의 문제이지만, 법률유보의 원칙은 행정권의 행사는 법률에 근거하여야 한다는 법치행정의 적극적 측면의 문제이다.

② 법률우위의 원칙은 법률이 있는 경우에 문제가 되지만, 법률유보의 원칙은 법률이 없는 곳에서 문제된다.

	법률우위의 원칙	법률유보의 원칙
개념	행정권 행사는 법률에 위반되지 않아야 한다는 원칙	행정권 행사는 법률의 근거가 있어야 한다는 원칙
의미	• 법치행정의 소극적 측면 (행정권 행사는 법률에 저촉되지 않도록 행사) • 법의 단계질서 문제	• 법치행정의 적극적 측면 (행정권 행사는 법률에 근거하여) • 입법과 행정 사이의 권한배분 문제
법률의 범위	• 형식적 의미의 법률, 관습법, 법률위임에 따른 법규명령, 행정법의 일반원칙, 자치법규 등이 포함 • 행정규칙은 포함되지 않는다.	• 형식적 의미의 법률을 의미하므로 불문법으로서의 관습법 등은 포함되지 않는다. 그러나 구체적 위임을 받은 법규명령은 포함 • 행정규칙은 포함되지 않는다.
적용영역	모든 행정작용에 적용	모든 행정작용에 적용 ✕(견해대립)
행정규칙에 적용여부	적용 (행정규칙도 상위법률에 위반될 수는 없다)	적용되지 않음 (행정규칙은 수권규정이 없어도 제정할 수 있다)

Ⅱ 행정법의 법원

1. 개념

행정권의 조직과 작용에 관한 실정법의 존재형식 또는 인식근거

2. 법원의 종류

① 헌법, 법률, 조약, 일반적으로 승인된 국제법규 ⇨ '1994년 관세 및 무역에 관한 일반협정'에 위반되는 지방자치단체의 조례는 효력이 없다(대판 2005.9.9, 2004추10).
② 법규명령, 행정규칙(행정규칙의 법원성에 대해 견해의 대립이 있으나 다수설은 법규는 아니지만 법원성은 인정한다)
③ 지방자치단체의 조례 및 규칙
④ 관습법 ⇨ 국가의 승인은 필요없고 국민의 법적 확신만 있으면 족하다. ⇨ 보충적 효력
⑤ 판례의 법원성은 부정된다.
⑥ 헌법재판소의 위헌결정은 법원성 인정
⑦ 조리는 법원성 인정

III. 행정법의 일반원칙

1. 비례의 원칙
① 적합성의 원칙(수단의 적합성), 필요성원칙(최소침해의 원칙), 상당성의 원칙(법익의 균형성) ⇨ 세가지 원칙 중 하나라도 위반되면 비례원칙 위반 ⇨ 위법한 행정행위가 된다.
② 2021년에 제정된 행정기본법은 행정작용에서의 비례원칙을 명문화 하였다.

2. 신뢰보호의 원칙

(1) 이론적 근거 및 법적 근거
① 신뢰보호원칙의 근거에 대하여 통설과 판례는 법치국가원리의 한 구성요소인 법적안정성에서 도출된다고 한다(법적안정성설).
② 행정에 관한 일반법으로서 행정기본법은 신뢰보호의 원칙을 명문화하고 있다.
③ 행정절차법 제4조 제2항, 국세기본법 제18조 제3항 등 개별법에서도 신뢰보호원칙을 규정하고 있다.

(2) 신뢰보호의 요건

신뢰보호원칙의 요건	내용
행정청의 선행조치	행정기관의 공적 견해표명 → 적법·위법 가리지 않는다.
보호가치 있는 신뢰	선행조치의 존속이나 정당성에 대한 신뢰, 당사자의 귀책사유가 없어야 한다. ⇨ 행정청의 견해표명의 하자가 상대방 등 관계자의 사실은폐나 기타 사위의 방법에 의한 신청행위 등 부정행위에 기인한 것이거나 그러한 부정행위가 없다고 하더라도 하자가 있음을 알았거나 중대한 과실로 알지 못한 경우 등을 의미한다고 해석함이 상당하고, 귀책사유의 유무는 상대방과 그로부터 신청행위를 위임받은 수임인 등 관계자 모두를 기준으로 판단하여야 한다(대판 2002.11.8., 2001두1512).
신뢰에 기초한 상대방의 처리	행정청의 선행조치를 믿고 한 상대방의 행위가 있어야 한다.
인과관계	당사자의 신뢰와 선행조치 사이에 인과관계 ⇨ 행정청의 선행조치와 무관하게 우연히 이루어진 행위는 신뢰보호의 대상이 될 수 없다.
선행조치에 반하는 행정작용 (손해의 발생)	선행조치에 반하는 행정청의 후행처분(선행조치에 반하는 행정청의 후행처분으로 상대방에게 손해 발생)
공익 또는 제3자의 이익을 해할 우려가 없을 것	공익과 제3자의 이익 보호, 소극적 요건

(3) 선행조치의 의미
① 적극적 행위인가 소극적 행위인가를 가리지 않는다.
② 명시적 행위인가 묵시적 행위인가도 가리지 않는다.

③ 행정행위의 경우에는 **적법한 것인가 위법한 것인가도 가리지 않는다**. 그러나 무효행위는 신뢰의 대상이 되지 아니한다.
⇨ cf) ※ 자기구속의 원칙은 행정관행이 적법한 경우에만 인정됨
④ 작위 뿐만 아니라 부작위에 의한 공적 견해표명도 인정된다.
⑤ 선행조치에는 법령·조례·규칙·처분·확약·행정지도를 비롯한 국가의 모든 행정작용이 이에 해당한다는 것이 다수설이다. ⇨ 판례는 선행조치를 "행정기관의 공적 견해표명"이라고 하여 학설보다는 좁게 인정하고 있다.
⑥ 행정권의 언동은 행정권의 행사에 관한 언동이어야 하고, 행정권의 행사와 무관하게 단순히 법령의 해석에 대한 질의에 대한 회신이나 상대방의 추상적 질의에 대한 일반론적 견해표명은 신뢰보호원칙의 적용대상이 아니다. 그러나 구체적 사안과 관련된 법령의 질의·회신은 신뢰보호의 대상이 된다.
⑦ 행정청 내부의 사무처리준칙에 해당하는 지침의 공표만으로는 보호가치 있는 신뢰를 갖게 되었다고 볼 수 없다.
⑧ 행정청의 공적 견해표명 반드시 행정조직상의 형식적인 권한분장에 구애되지 않는다.

3. 실권의 법리(실효의 원칙)

① 권리행사의 기회가 있음에도 불구하고
② 권리자가 장기간에 걸쳐 그의 권리를 행사하지 아니하였기 때문에
③ 의무자인 상대방은 이미 그의 권리를 행사하지 아니할 것으로 믿을 만한 정당한 사유가 있을 때 성립한다.
④ 대법원은 신의성실의 원칙의 파생원리로 본다.
⑤ 실권의 법리가 신뢰보호의 원칙보다 우선 적용된다.

4. 평등의 원칙

① 평등의 원칙이란 특별히 합리적인 사유가 존재하지 않는 이상, 행정작용을 함에 있어서 행정기관은 상대방인 국민을 공평하게 대우해야 한다는 것을 의미한다. 그러나 합리적 이유가 있는 차별은 평등원칙의 위반이 아니다.
② 평등원칙은 재량준칙을 대외적 효력을 갖게 하는 전환규범으로서의 기능을 갖는다.
③ 불법영역에서는 평등원칙이 적용되지 않는다.
④ 평등원칙은 헌법 제11조에 직접 규정되어 있고, 행정기본법 제9조에도 규정되어 있다.

5. 자기구속의 원칙

① 행정의 자기구속의 원칙이란 행정기관은 행정결정에 있어서 동일한 사안에 대하여 제3자에게 한 결정과 동일한 결정을 상대방에게도 하도록 구속을 받는다는 원칙을 의미한다.
② '행정규칙이나 내부지침'은 일반적으로 행정조직 내부에서만 효력을 가질 뿐 대외적인 구속력을 갖는 것은 아니므로 행정처분이 그에 위반하였다고 하여 그러한 사정만으로 곧바로 위법하게 되는 것은 아니다. 다만, 재량권 행사의 준칙인 행정규칙이 그 정한 바에 따라 되풀이 시행되어 행정관행이 이루어지게 되면 평등의 원칙이나 신뢰보호의 원칙에 따라 행정기관은 그 상대방에 대한 관계에

서 그 규칙에 따라야 할 자기구속을 받게 되므로, 이러한 경우에는 특별한 사정이 없는 한 그를 위반하는 처분은 평등의 원칙이나 신뢰보호의 원칙에 위배되어 재량권을 일탈·남용한 위법한 처분이 된다(대판 2009.12.24, 2009두7967).

③ 재량준칙이 공표된 것만으로도 자기구속의 법리가 적용될 수 없고, "재량권 행사의 준칙인 행정규칙이 그 정한 바에 따라 되풀이 시행되어 행정관행이 이루어져야 한다(대판 2009.12.24., 2009두7967).

④ 자기구속의 원칙은 처분청에 대해서만 인정된다.

⑤ 재량준칙이나 행정관행이 성립된 사안과 동일한 사안이라도 다른 결정을 하는 것이 더 큰 공익을 위한 것이라면 자기구속의 원칙은 적용되지 않는다.

⑥ **자기구속의 원칙은 행정관행이 적법한 경우에만 적용된다.** ⇨ 위법한 행정처분이 수차례에 걸쳐 반복적으로 행하여졌다 하더라도 그러한 처분이 위법한 것인 때에는 행정청에 대하여 자기구속력을 갖게 된다고 할 수 없다(대판 2009.6.25, 2008두13132).

6. 부당결부금지의 원칙

① 행정주체가 행정작용을 함에 있어서 그것과 실체적인 관련성 없는 상대방의 반대급부를 조건으로 발령하여서는 아니된다는 원칙

② 그 행정작용과 사인의 반대급부는 실체적 관련성이 없어야 한다.

③ 행정기본법은 부당결부금지원칙을 명문으로 규정하고 있다(동법 제13조).

참고 부당결부금지의 원칙과 복수운전면허 취소

- 이륜자동차를 음주운전한 사유로 제1종 대형면허나 보통면허를 취소할 수 없다(대판 1992.9.22, 91누8289).
- 제1종 특수·대형·보통면허를 가진 자가 제1종 특수면허만으로 운전할 수 있는 차량을 운전하다 운전면허취소사유가 발생한 경우, 제1종 대형·보통면허를 함께 취소할 수 없다(대판 1997.5.16, 97누1310).
- 제1종 보통·대형·특수면허를 가진 자가 제1종 보통·대형면허만으로 운전할 수 있는 12인승 승합자동차를 운전하다 운전면허취소 사유가 발생한 경우, 제1종 특수면허도 함께 취소할 수 없다(대판 1998.3.24, 98두1031).
- 제1종 대형, 제1종 보통 자동차운전면허를 가지고 있는 갑이 배기량 400cc의 오토바이를 절취하였다는 이유로 갑의 제1종 대형, 제1종 보통 자동차운전면허를 모두 취소할 수 없다(대판 2012.5.24, 2012두1891).
- 제1종 보통 및 대형 운전면허의 소지자가 제1종 보통 운전면허로 음주운전한 경우, 두 종류의 운전면허를 모두 취소한 것은 정당하다(대판 1997.3.11, 96누15176).
- 1종 보통면허로 운전할 수 있는 차량을 음주운전한 경우에 이와 관련된 면허인 제1종 대형면허와 원동기장치자전거면허까지 취소할 수 있다(대판 1994.11.25, 94누9672).
- 갑이 혈중알코올농도 0.140%의 주취상태로 배기량 125cc 이륜자동차를 운전하였다는 이유로 관할 지방경찰청장이 갑의 자동차운전면허[제1종 대형, 제1종 보통, 제1종 특수(대형견인·구난), 제2종 소형]를 취소한 것은 재량권의 일탈·남용에 해당하지 않는다(대판 2018.2.28, 2017두67476).
- 갑이 제2종 원동기장치자전거면허 외에 다른 운전면허 없이 주취 상태에서 승용자동차를 운전한 경우 제2종 원동기장치자전거면허를 취소할 수 있다(대판 2012.6.28, 2011두358).
- 1종보통면허로 택시를 음주운전한 것은 제1종 특수면허의 취소사유가 되므로 택시음주운전을 이유로 두 가지 운전면허를 모두 취소할 수 있다(대판 1996.6.28, 96누4992).

7. 신의성실의 원칙

① 신의성실의 원칙은 법률관계의 당사자는 상대방의 이익을 배려하여 형평에 어긋나거나, 신뢰를 저버리는 내용 또는 방법으로 권리를 행사하거나 의무를 이행하여서는 아니 된다는 법원칙을 말한다 (대판 2002.3.15, 2001다67126).
② 신의성실의 원칙은 당사자간에 계약 등 구체적인 관계가 있을 때에만 적용되는 것으로 보는 것이 일반적인 견해이다. 그러나 판례는 신의성실의 원칙을 신뢰보호의 원칙과 동일시하기도 한다.
③ 신의성실의 원칙은 행정기본법 제11조에 규정되어 있고, 행정절차법 제4조 제1항, 국세기본법 제15조 등 각 개별법령에도 규정되어 있다.

8. 권리남용금지의 원칙

① 권리남용금지의 원칙이란 행정기관의 권리가 법상 정해진 공익 목적에 반하여 행사되어서는 안 된다는 원칙이다.
② 권리남용금지의 원칙은 행정기본법 제11조에 규정되어 있다.

Ⅳ 행정법의 효력

1. 법령의 효력발생 시기와 공포방법

① 법령의 부칙 등에서 시행일에 대한 규정을 둔 경우에는 그 시행일에 효력을 발생한다.
② 법령에서 시행일에 대한 규정을 두고 있지 아니하면 법률, 대통령령, 총리령 및 부령, 조례와 규칙은 공포한 날부터 20일이 경과함으로써 효력을 발생한다. 다만 국민의 권리 제한 또는 의무 부과와 직접 관련되는 법률, 대통령령, 총리령 및 부령은 긴급히 시행하여야 할 특별한 사유가 있는 경우를 제외하고는 공포일부터 적어도 30일이 경과한 날부터 시행되도록 하여야 한다.
③ 헌법개정·법률·조약·대통령령·총리령 및 부령의 공포와 헌법개정안·예산 및 예산 외 국고부담계약의 공고는 관보(官報)에 게재함으로써 한다.
④ 국회의장의 법률 공포는 서울특별시에서 발행되는 둘 이상의 일간신문에 게재함으로써 한다.
⑤ 관보의 내용 해석 및 적용 시기 등에 대하여 종이관보와 전자관보는 동일한 효력을 가진다.
⑥ 조례와 규칙의 공포는 해당 지방자치단체의 공보에 게재하는 방법으로 한다. 다만, 지방의회의 의장이 공포하는 경우에는 공보나 일간신문에 게재하거나 게시판에 게시한다.
⑦ 법령 등의 공포일 또는 공고일은 해당 법령 등을 게재한 관보 또는 신문이 발행된 날(최초구독가능시)로 한다.

행정기본법 제7조 [법령등 시행일의 기간 계산]
법령등(훈령·예규·고시·지침 등을 포함한다. 이하 이 조에서 같다)의 시행일을 정하거나 계산할 때에는 다음 각 호의 기준에 따른다.
1. 법령등을 공포한 날부터 시행하는 경우에는 공포한 날을 시행일로 한다.

2. 법령등을 공포한 날부터 일정 기간이 경과한 날부터 시행하는 경우 법령등을 공포한 날을 첫날에 산입하지 아니한다.
3. 법령등을 공포한 날부터 일정 기간이 경과한 날부터 시행하는 경우 그 기간의 말일이 토요일 또는 공휴일인 때에는 그 말일로 기간이 만료한다.[22군무원]

2. 소급효 금지의 원칙

행정기본법 제14조 [법 적용의 기준]
① 새로운 법령등은 법령등에 특별한 규정이 있는 경우를 제외하고는 그 법령등의 효력 발생 전에 완성되거나 종결된 사실관계 또는 법률관계에 대해서는 적용되지 아니한다.

(1) 진정소급효는 원칙적 금지, 예외적 허용

(2) 부진정소급효는 원칙적 허용, 단 신뢰보호원칙 준수해야 함

(3) 진정소급효가 예외적으로 허용되는 경우
① 국민이 소급입법을 예상할 수 있는 경우
② 법적 상태가 불확실하고 혼란스러워 보호할 만한 신뢰이익이 적은 경우
③ 소급입법에 의한 당사자의 손실이 없거나 아주 경미한 경우
④ 신뢰보호의 요청에 우선하는 심히 중대한 공익상의 사유가 소급입법을 정당화하는 경우

3. 법령개정 시 적용순서

행정기본법 제14조 [법 적용의 기준]
② 당사자의 신청에 따른 처분은 법령등에 특별한 규정이 있거나 처분 당시의 법령등을 적용하기 곤란한 특별한 사정이 있는 경우를 제외하고는 처분 당시의 법령등에 따른다.
③ 법령등을 위반한 행위의 성립과 이에 대한 제재처분은 법령등에 특별한 규정이 있는 경우를 제외하고는 법령등을 위반한 행위 당시의 법령등에 따른다. 다만, 법령등을 위반한 행위 후 법령등의 변경에 의하여 그 행위가 법령등을 위반한 행위에 해당하지 아니하거나 제재처분 기준이 가벼워진 경우로서 해당 법령등에 특별한 규정이 없는 경우에는 변경된 법령등을 적용한다.

4. 법령이 개정된 경우 부칙의 효력

① **법률이 일부 개정된 경우** – 부칙의 경과규정이 당연히 실효되는 것은 아니다(대판 2012.3.29, 2011두27919).
② **법률이 전부 개정된 경우** – 종전의 본칙은 물론 부칙 규정도 모두 소멸하는 것이 원칙이다(대판 2013.3.28, 2012재두299).

CHAPTER 3 행정법 관계

I 공법관계와 사법관계

공법관계와 사법관계의 구별

	공법관계	사법관계
국·공유 재산관계	• 행정재산의 사용·수익에 대한 허가 • 국유재산의 관리청의 사용료 부과 • 국유재산 무단점유자에 대한 변상금부과처분	• 국유임야 대부료부과 • 국유잡종재산 대부행위의 법적 성질 및 그 대부료 납부고지 • 징발재산환매권
사인과의 재산관계	• 공무원연금법상 퇴직급여 • 미지급된 공무원 퇴직연금의 지급청구 • 조세채무관계 • 부가가치세 환급세액 지급청구 • 중앙관서의 장의 보조금 반환 청구	• 토지수용의 협의취득 • 입찰보증금 국고귀속 • 국가배상법상 손해배상책임 • 조세과오납에 대한 반환청구 • 개발부담금 과오납 반환청구
근무관계	• 국가나 지방자치단체에 근무하는 청원경찰의 근무관계 • 공립유치원 전임강사로 임용된 유치원 교사의 근로관계 • 서울특별시립무용단원의 해촉 • 광주시립합창단원의 위촉 • 재개발조합과 조합원의 법률관계 • 농지개량조합 직원의 근무관계의 성질	• 서울특별시 지하철공사 사장의 소속 직원에 대한 징계처분 • 공무원 및 사립학교 교직원 의료보험관리공단 직원의 근무관계 • 한국조폐공사의 임원과 직원의 근무관계 • 종합유선방송위원회 소속 직원의 근로관계 • 한국방송공사와 소속 직원의 관계 • 창덕궁 안내원의 채용계약
계약관계	• 국가를 당사자로 하는 계약에 관한 법률에 따른 정부의 부정당업자에 대한 입찰참가자격정지 • 한국전력공사가 구 공기업·준정부기관 계약사무규칙에 따라 행한 입찰자격제한처분	• 국가를 당사자로 하는 계약에 관한 법률에 따른 공공계약 • 한국토지공사(또는 한국전력공사)가 정부투자기관회계규정에 의하여 행한 부정당업자에 대한 입찰참가자격정지
이용관계	• 수도료의 부과징수와 그에 따른 수도료 납부관계	• 전화가입계약의 해지 • 국유철도 이용

 **주의해야할 판례**

- 국가를 당사자로 하는 계약에 관한 법률에 따른 계약의 성질 ⇨ 사법관계
- 중앙관서의 장이 행한 부정당업자에 대한 입찰참가자격정지 ⇨ 처분성 인정
- 한국전력공사가 정부투자기관회계규정에 의하여 행한 입찰참가자격을 제한하는 내용의 부정당업자제재처분의 법적 성질 ⇨ 사법상 통지
- 공기업·준정부기관인 한국전력공사가 행하는 입찰참가자격 제한처분 ⇨ 처분성인정
- 구「지방재정법 시행령」제71조의 규정(행정재산으로 사용하지 않는 기간 중의 무상사용허가)에 따라 기부채납받은 공유재산을 무상으로 기부자에게 사용을 허용하는 행위 ⇨ 사법행위
- 구 지방재정법 제75조의 규정(행정재산에 대한 사용허가)에 따라 기부채납받은 행정재산에 대한 공유재산 관리청의 사용·수익허가의 법적 성질 ⇨ 처분성 인정

Ⅱ 행정법관계의 당사자(행정주체와 행정청)

행정주체와 행정청의 구별

	행정주체	행정기관
개념	행정권 행사의 법적효과 귀속주체	행정주체의 의견을 결정하고 외부로 표시할 수 있는 주체
종류	• 국가 • 공공단체(예 지방자치단체, 공공조합, 영조물법인, 공법상 재단) • 공무수탁사인	• 행정청(예 대통령, 국무총리, 장관, 서울특별시장 등) • 보조기관 • 의결기관 • 자문기관
처분의 주체	×	○ (행정청)
법인격 (권리·의무의 주체)	○	×
항고소송의 피고적격	×	○ (행정청)
당사자소송의 피고적격	○	×
손해배상의 피고	○	×
예	대한민국, 서울특별시, 관악구, 성남시 등	행정자치부장관, 서울특별시장, 관악구청장, 성남시장 등

공권

1. 공권의 의의
개인적 공권이란 개인이 직접 자기의 이익을 위하여 행정주체에 일정한 행위를 할 것을 요구할 수 있는 공법에 의해 주어진 법적인 힘을 말하며, 주관적 공권이라고도 한다.

2. 공권의 성립요건
① '공법상 강행법규가 국가 기타 행정주체에게 일정한 행위의무를 부과할 것'
② 강행법규에 의해 부과된 행정주체의 행위의무가 사익보호성을 가질 것 ⇨ 공익과 더불어 사익의 보호를 목적을 하는 경우에도 사익보호목적은 존재하는 것이 되어 공권이 성립한다.
③ 소구가능성의 존재. 다만 오늘날에는 소구가능성은 공권의 성립요건으로 보지 않는 견해가 다수설이다.

3. 경업자 관계
① **강학상 허가의 경우** ⇨ 기존업자가 허가업을 경영함으로써 얻는 경영상 이익은 반사적 이익에 불과하므로 경업자 소송을 제기할 수 없다.
② **강학상 특허의 경우** ⇨ 기존업자가 특허업을 경영함으로써 얻는 경영상 이익은 법률상 이익으로서 경업자 소송을 제기할 수 있다.

4. 경원자 관계
① 경원자관계에 있는 경우 일방에 대한 허가는 그대로 타방에 대한 신청거부로 되므로 인·허가 등을 받지 못한 자는 경원자에 대하여 이루어진 인·허가 등 처분의 취소를 다툴 수 있다.
② 그러나 처분이 취소된다 하더라도 허가 등의 처분을 받지 못한 불이익이 회복된다고 볼 수 없을 때에는 당해 처분의 취소를 구할 소의 이익이 없다.

5. 이웃관계
① 규제의 목적이 인근주민의 보호목적을 아울러 가지고 있다고 인정되는 경우에는 이웃소송(인인소송) 인정
② 환경영향평가 대상지역 안의 주민
⇨ 환경영향평가대상지역 안의 주민이 갖는 환경상 이익은 개개인에 대하여 개별적으로 보호되는 직접적·구체적 이익이므로 이웃소송을 제기할 수 있다.
③ 환경영향평가 대상지역 밖의 주민
⇨ 환경영향평가 대상지역 밖의 주민은 처분 전과 비교하여 수인한도를 넘는 환경피해를 받거나 받을 우려가 있는 경우에는, 공유수면매립면허처분 등으로 인하여 환경상 이익에 대한 침해 또는 침해우려가 있다는 것을 입증함으로써 그 처분 등의 무효확인을 구할 원고적격을 인정받을 수 있다.

⇨ 그러나 환경영향평가 대상지역 밖에 거주하는 주민에게 헌법상의 환경권 또는 환경정책기본법에 근거하여 공유수면매립면허처분과 농지개량사업 시행인가처분의 무효확인을 구할 원고적격이 없다.

6. 무하자재량행사청구권

(1) 의의
개인이 행정청에 대하여 하자없는 적법한 재량처분을 요구하는 공권. 즉 행정청에게 재량권이 인정되는 경우에는 행정청이 처분을 함에 있어서 재량권의 한계를 준수할 것을 청구할 수 있는 권리.
⇨ 무하자재량행사청구권은 재량행위의 상대방이 특정의 공권의 침해를 주장하지 못하는 경우에 적어도 무하자재량청구권이라는 형식적 공권의 침해를 주장함으로써 원고적격을 인정받을 수 있다는 데 그 의의가 있다.

(2) 법적 성질
무하자재량행사청구권은 특정처분을 구할 수 있는 권리가 아니라는 점에서 실체적 공권이 아니라 형식적 공권이다.
⇨ 단 재량권이 영으로 수축되는 경우에는 실체적인 공권인 행정개입청구권으로 전환된다.

7. 행정개입청구권
사인이 자기의 이익을 위해 행정청에 대하여 제3자에게 행정권을 발동할 것을 청구하는 권리
⇨ 특정처분을 할 것을 요구하는 실체적 공권이다.

8. 공권·공의무의 승계
① 일신전속적 권리 및 의무는 승계되지 않는다. ⇨ 이행강제금은 일신전속적 의무이므로 상속인에게 승계되지 않는다.
② 대물적 처분에 의한 공권과 의무의 경우 승계된다.
③ 허가영업 등을 매매한 경우 양도인에게 발생한 위법·귀책사유 등으로 인한 제재사유가 양수인에게 이전되어 영업정지, 허가취소 등을 할 수 있는지에 대하여 대법원은 석유판매업이 양도된 경우 만약 양도인에게 그 허가를 취소할 위법사유가 있다면 양수인에게 이전되어 제재조치를 취할 수 있다.
⇨ 대물적 처분의 경우 양도인의 영업정지 사유로 양수인에 대하여 영업정지처분을 할 수 있다(대판 2001.6.29. 2001두1611).

Ⅳ 특별권력관계

1. 의의
특별한 공법상 원인에 기하여 성립되고, 공법상 행정목적에 필요한 한도내에서 그 특별권력주체에게는 포괄적 지배권이 인정되고, 그 상대방인 특별한 신분에 있는 자가 이에 복종하는 관계

2. 특별권력관계와 사법심사
특별권력관계에 있어서도 위법·부당한 특별권력의 발동으로 말미암아 권리를 침해당한 자는 행정소송법 제1조의 규정에 따라 그 위법 또는 부당한 처분의 취소를 구할 수 있다(대판 1982.7.27., 80누86).

행정법상의 법률요건과 법률사실

I 행정법상의 사건

1. 기간
시간적 간격

2. 초일불산입의 원칙
기간을 일·주·월·년으로 정한 경우 (cf) 시·분·초로 정한 경우에는 즉시부터

3. 초일불산입의 원칙의 예외(초일산입)
⇨ 영국공민의 권익을 제한하고 의무를 부과하는 구속연령은 초일을 산입한다.
① 0시부터 시작 ② 국회법에 의한 기간계산 ③ 공소시효 ④ 민원사무의 처리기간 ⑤ 국민의 권익을 제한하거나 의무를 부과하는 경우 ⑥ 구속기간 ⑦ 연령계산

4. 소멸시효

(1) 의의
① 권리를 행사할 수 있음에도 불구하고 일정한 기간동안 그 권리를 행사하지 않은 경우 권리를 소멸시키는 제도
② 금전의 급부를 목적으로 하는 국가의 권리 및 국가에 대한 권리는 다른 법률에 규정이 없는 것은 5년 동안 행사하지 아니하면 시효로 인하여 소멸한다.
　⇨ 다른 법률의 규정'란 다른 법률에 국가재정법에서 규정한 5년의 소멸시효기간보다 짧은 기간의 소멸시효의 규정이 있는 경우를 말한다.
③ 변상금 부과처분에 대한 취소소송의 진행 중이라도 그 부과권의 소멸시효는 진행된다(대판 2006.2.10, 2003두5686).
④ 변상금부과처분이 당연무효인 경우 부당이득반환청구권의 소멸시효 기산점은 납부 또는 징수시에 발생하여 확정되며, 그 때부터 소멸시효가 진행한다(대판 2005.1.27. 2004다50143).

(2) 소멸시효의 중단
① 권리자가 권리를 행사하거나 권리행사와 같은 상태에 있는 경우 기존에 진행된 시효기간을 소멸시키고 그때부터 새로운 시효가 진행되도록 하는 제도
② 소멸시효는 권리를 행사할 수 없는 동안만은 진행하지 않는바, '권리를 행사할 수 없는' 경우라 함

은 그 권리행사에 법률상의 장애사유, 예컨대 기간의 미도래나 조건불성취 등이 있는 경우를 말하는 것이고, 사실상 권리의 존재나 권리행사 가능성을 알지 못하였고 알지 못함에 과실이 없다고 하여도 이러한 사유는 법률상 장애사유에 해당하지 않는다(대판 2004.4.27. 2003두10763).
③ 예산회계법 제98조에서 법령의 규정에 의한 납입고지를 시효중단 사유로 규정하고 있는바, 이러한 납입고지에 의한 시효중단의 효력은 그 납입고지에 의한 부과처분이 취소되더라도 상실되지 않는다(대판 2000.9.8. 98두19933).

(3) 소멸시의 정지
시효기간이 거의 완성할 무렵에 권리자가 중단행위를 하는 것이 불가능하거나 또는 대단히 곤란한 사정이 있는 경우에, 그 시효기간의 진행을 일시적으로 멈추게 하고, 그러한 사정이 없어졌을 때에 다시 나머지 기간을 진행시키는 것.

(4) 소멸시효완성의 효력
당사자의 의사와 관계없이 권리가 소멸(절대적소멸설) → 다만 당사자의 원용은 필요하다는 것이 판례의 입장(소송상의 항변)

5. 취득시효
① 물건 또는 권리를 점유하는 사실상태가 일정기간 계속되는 경우, 그것이 진실한 권리관계와 일치하는가의 여부를 묻지 않고 권리취득의 효과를 인정하는 제도
② 공물은 공용폐지가 없는 한 취득시효의 목적이 될 수 없다. 다만 일반재산(잡종재산)은 취득시효의 목적이 될 수 있다(통설·판례).

6. 제척기간
법률에서 정한 기간 내에 일정한 권리를 행사하지 않으면 해당 권리를 소멸시키는 제도 → 소멸시효와는 달리 정지·중단제도가 없고, 소급효가 인정되지 않는다.

II 공법상 사무관리 및 부당이득

1. 사무관리
① 의무없이 타인을 위하여 사무를 관리하는 행위
② 부실사학재단의 관리, 재해구호, 행려병자관리, 조난자 구조, 시설응급복구

2. 부당이득
① 법률상 원인없이 타인의 재산 또는 노무로 인하여 이익을 얻고 이로 인하여 타인에게 손해를 가하는 것

② 무자격자의 연금수령, 무효인 과세처분에 의한 세금징수, 조세 혹은 관세의 과오납, 착오에 의하여 사유지를 국·공유지에 편입시킨 경우, 행정주체가 타인의 토지를 불법점유한 경우, 사인의 비용부담으로 국가가 이득한 경우, 사인이 국유지를 무상으로 사용하는 경우
③ 판례는 사권설에 따라 민사소송으로 해결 → 단 부당이득반환이 법령에 의한 공법상 의무인 경우에는 당사자소송(부가가치세환급세액 지급청구)
④ 행정행위의 부존재 또는 당연무효인 경우에 즉시 부당이득이 된다. 그러나 취소사유에 불과한 경우에는 취소되기 전까지는 행정행위의 공정력에 의해 부당이득이 되지 않는다.

Ⅲ 사인의 공법행위

1. 사인의 의사표시의 하자

① 착오에 의하거나 사기·강박에 의한 의사표시의 경우에는 특별한 규정이 없는 한 사인의 공법행위에도 민법규정이 유추적용되므로 사인의 공법행위에 있어서 의사의 흠결 또는 의사결정의 하자가 있는 경우에는 무효 또는 취소할 수 있다
② 진의 아닌 의사표시에 관한 민법 제107조는 그 성질상 사직의 의사표시와 같은 사인의 공법행위에는 준용되지 아니하므로 그 의사가 외부에 표시된 이상 그 의사는 표시된 대로 효력을 발한다(대판 1997.12.12, 97누13962).
③ 공무원이 한 사직 의사표시의 철회나 취소는 그에 터잡은 의원면직처분이 있을 때까지 할 수 있는 것이고, 일단 면직처분이 있고 난 이후에는 철회나 취소할 여지가 없다(대판 2001.8.24, 99두9971). → 민법상 비진의 의사표시의 무효에 관한 규정은 사인의 공법행위에 적용되지 않기 때문에 그 의원면직처분을 당연무효라고 할 수 없다.
④ 사인의 공법행위에는 공정력·존속력·집행력 등은 인정되지 않고, 부관을 붙일 수 없음이 원칙이다.
⑤ 사인의 공법상 행위는 명문으로 금지되거나 성질상 불가능한 경우가 아닌 한 그에 의거한 행정행위가 행하여질 때까지는 자유로이 철회나 보정이 가능하다(대판 2001.6.15, 99두5566). → 행정절차법 상 신청인은 처분이 있기 전에는 그 신청의 내용을 보완·변경하거나 취하할 수 있다. → 그러나 사인의 공법행위가 행정행위를 행하기 위한 단순한 동기인 경우에는 사인의 공법행위의 흠결은 행정행위의 효력에 아무런 영향을 미치지 아니한다.

2. 사인의 공법행위로서의 신고

(1) 자기완결적 신고(수리를 요하지 않는 신고, 자체완성적 신고)

① 자기완결적 신고란 사인이 행정청에 대하여 일정한 사실을 적법한 요건을 갖춘 신고만 하면 행정청의 수리행위 등 별다른 조치를 기다릴 필요 없이 관계법령에 정한 법률효과가 발생하는 신고를 말한다(예 출생신고).
② 행정절차법 제40조에 규정된 신고는 바로 이러한 자기완결적 공법행위로서의 신고를 의미한다.

③ 자기완결적 신고의 요건은 원칙상 형식적 요건이다. 따라서 자기완결적 신고의 요건에 대한 심사는 원칙적으로 형식적 요건에 한하여 심사하고, 신고의 기재사항이 진실함을 입증해야하는 것은 아니다.
④ 자기완결적 신고는 요건을 갖춘 신고서가 접수기관에 '도달된 때'에 신고의 의무가 이행된 것으로 본다. 따라서 행정청의 수리를 기다릴 필요가 없이 신고의 효과가 발생한다.
    ⇨ 따라서 수리가 거부된 경우 신고자가 당해 신고대상인 행위를 하더라도 위법한 행위가 아니므로 행정벌의 대상이 되지 않는다.
⑤ 부적법한 신고는 행정청에 접수되었다 하더라도 신고의 효과가 발생하지 않는다.
    ⇨ 요건을 갖추지 않은 부적법한 신고를 하고 신고영업을 하였다면 그러한 영업은 무신고영업으로서 불법영업에 해당하게 된다.
⑥ 신고에 대한 수리거부, 신고필증미교부, 수리된 신고의 말소 등은 항고소송의 대상이 되지 않는다.
    ⇨ 다만 건축신고 반려(수리거부)는 항고소송의 대상이 된다.
    ⇨ 행정청의 착공신고 반려행위는 항고소송의 대상이 된다.
⑦ 자결완결적 신고로 인·허가가 의제되는 경우에는 당해 신고는 수리를 요하는 신고로 되고 신고의 수리 및 수리거부는 항고소송의 대상이 되는 처분이 된다(대판 2011.1.20, 2010두14954).

(2) 행위요건적 신고(수리를 요하는 신고)
① 행정청이 이를 수리함으로써 법률효과가 발생하는 행위 ⇨ 실정법상 '등록'이라고도 함
② 형식적 요건 이외에 일정한 실질적 요건을 신고의 요건으로 하는 경우가 있다.
③ 행위요건적 신고에 있어서 적법한 요건을 갖춘 신고가 있으면 행정청은 의무적으로 수리하여야 하고 법령에 없는 사유를 내세워 수리를 거부할 수는 없다(원칙적 기속행위).
    ⇨ 사설납골시설의 설치신고 수리는 기속재량행위로서 중대한 공익상 필요가 있는 경우에는 사설납골시설설치신고의 수리를 거부할 수 있다.
④ 행정청이 수리함으로써 신고의 효과가 발생한다.
    ⇨ 신고의 수리가 거부되었음에도 당해 신고대상인 행위를 하면 무신고행위로서 행정벌의 대상이 된다.
⑤ 부적합 신고가 수리된 경우
    ⇨ 무효인 경우에는 신고의 효력이 발생하지 않는다. 이 경우 영업을 하였다면 무신고 영업이 된다.
    ⇨ 수리행위가 취소할 수 있는 행정행위에 불과하다면 그 수리행위가 취소되기 전까지는 불법영업이 아니다.
⑥ 행위요건적 신고에서의 수리는 그 자체가 독립적인 행정행위의 하나이므로, 이러한 수리나 수리의 거부는 행정상 쟁송의 대상이 된다.
⑦ 영업양도에 따른 지위승계신고는 법령상 신고요건을 갖춘 적법한 신고가 있었다 하더라도, 관할 행정청의 수리 여부가 없으면 영업양도의 효력을 발생하지 않고 미신고 영업행위가 된다. ⇨ 그러나 수리의 대상인 영업양도 등의 기본행위가 존재하지 아니하거나 무효인 때에는 설사 수리를 하였더라도 그 수리는 무효이다.
    ⇨ 허가관청의 사업양수에 의한 지위승계신고의 수리에 대하여 사업의 양도행위가 무효라고 주장

하는 양도자는 민사쟁송으로 그 양도행위의 무효를 구함이 없이 막바로 허가관청을 상대로 하여 행정소송으로 위 신고수리처분의 무효확인을 구할 법률상의 이익도 있다(대판 2005.12.23, 2005두3554).

자기완결적 신고(수리를 요하지 않는 신고)	행위요건적 신고(수리를 요하는 신고)
• 체육시설의 설치·이용에 관한 법률에 의한 골프장 이용료 변경신고 • 유선장의 경영신고와 그 변경신고 • 수산업법상 수산제조업 신고 • 건축법상 용도변경 신고 • 건축신고(→ 수리거부는 항고소송의 대상) • 착공신고(→ 수리거부는 항고소송의 대상) • 체육시설의 설치·이용에 관한 법률 제10조의 신고 체육시설 • 혼인신고 • 의원개설신고 • 구 축산물가공처리법령에 의한 축산물판매업 신고 • 구 공업배치및공장설립에관한법률 제13조 제1항의 의한 공장설립신고 • 담장설치공사 신고	• 건축법에 의한 인·허가의제 효과를 수반하는 건축신고 • 구 노인복지법에 의한 유료노인복지주택의 설치신고 • 납골당 설치신고 • 정보통신매체를 이용하여 원격평생교육을 불특정 다수인에게 학습비를 받고 실시하기 위한 평생교육시설 신고 • 수산업법 제44조 소정의 어업의 신고 • 숙박업 신고 • 정신과 의원 개설신고 • 가설건축물 존치기간 연장신고 • 주민등록 신고 • 건축주 명의변경신고 • 장기요양기관의 폐업신고 • 체육시설의 설치·이용에 관한 법률 제10조의 등록 체육시설(골프장업, 스키장업, 자동차 경주장업) • 식품위생법에 의한 영업양도에 따른 지위승계신고 • 액화석유가스의안전및사업관리법에 의한 사업양수에 의한 지위승계신고 • 구 관광진흥법 제8조 제4항에 의한 지위승계신고 • 노동조합법 상 노동조합설립신고 • 대규모점포의 개설 등록

3. 사인의 공법행위로서의 신청

① 사인이 행정청에 대하여 일정한 조치를 취하여 줄 것을 요구하는 의사표시
② 신청이 적법하기 위하여는 신청인에게 법규상 또는 조리상 신청권이 인정되어야 한다. 신청권은 행정청의 응답을 구하는 권리이며 신청된 대로 처분을 구하는 권리는 아니다.
③ 신청에 따른 행정청의 처분이 기속행위일 뿐만 아니라 재량행위일 경우에도 행정청은 신청에 대한 응답의무를 진다.
④ 신청에 대한 거부처분은 직접 당사자의 권익을 제한하는 것은 아니어서 행정절차법 상의 사전통지절차는 적용되지 않는다.

행정작용법

CHAPTER 1 — 행정입법

I 행정입법의 유형

1. 개념
행정주체가 일반적·추상적인 규범을 제정하는 작용 또는 그에 따라 정립된 규범

2. 종류
- 법규명령 – 위임명령, 집행명령 / 행정명령(행정규칙)
- 대통령령 = 시행령 / 총리령, 부령 = 시행규칙

법규명령과 행정명령(행정규칙)

구분	법규명령	행정규칙
법형식	대통령령·총리령·부령 등	훈령·지침·고시·예규 등
권력적 기초	일반권력관계	특별행정법관계
존재형식	조문의 형식	조문의 형식 또는 구두로도 가능
법적근거	법적 근거 ○ • 위임명령 : 개별적·구체적 수권 ○ • 집행명령 : 개별적·구체적 수권 ×	법적 근거 ×
법규성 (재판규범성)	법규성(재판규범성) ○	법규성(재판규범성) ×
구속력	양면적 구속력(대내적·대외적 구속력)	일면적 구속력(대내적 구속력)
위반의 효과	곧바로 위법한 행위가 됨	곧바로 위법한 행위가 되지는 않음, 내부적 징계의 문제만 발생
공포	공포를 요함	공포를 요하지 않음
한계	법률유보·법률우위의 원칙 적용	법률우위의 원칙만 적용 (상위법령에 위반되어서는 안됨)

위임명령과 집행명령

	위임명령	집행명령
의의	법률의 위임에 따라 발하는 명령	법률을 집행하는 데 필요한 세칙을 정하는 명령
목적	법률의 내용을 보충하는 보충명령	법률의 집행에 관한 시행세칙
위임	법률의 구체적 위임 필요	법률의 구체적 위임 불필요
범위	위임의 범위 내에서 국민의 권리·의무에 관한 사항 규정 가능	법률에 없는 새로운 국민의 권리·의무에 관한 사항 규정 불가
소멸	수권법률이 소멸한 때에는 위임명령도 소멸	상위법령이 폐지된 경우, 특별한 규정이 없는 한 효력을 상실
		상위법령이 개정됨에 그친 경우, 실효되지 않고, 개정법령의 시행을 위한 집행명령이 제정·발효될 때까지 효력 유지

II 위임명령과 행정규칙

1. 위임명령

(1) 포괄위임입법금지의 원칙

① 위임입법의 경우 그 한계는 예측가능성인바, 이는 법률에 이미 대통령령으로 규정될 내용 및 범위의 기본사항이 구체적으로 규정되어 있어서 누구라도 당해 법률로부터 대통령령 등에 규정될 내용의 대강을 예측할 수 있어야 한다.

② 처벌법규나 조세법규와 같이 국민의 기본권을 직접적으로 제한하거나 침해할 소지가 있는 법규에서는 구체성·명확성의 요구가 강화되어 그 위임의 요건과 범위가 일반적인 급부행정의 경우보다 더 엄격하게 제한적으로 규정되어야 하는 반면에, 규율대상이 지극히 다양하거나 수시로 변화하는 성질의 것일 때에는 위임의 구체성·명확성의 요건이 완화될 수도 있다(헌재결 1996.6.26. 93헌바2).

③ 일반적, 추상적, 개괄적인 규정이라 할지라도 법관의 법보충 작용으로서의 해석을 통하여 그 의미가 구체화·명확화될 수 있다면 그 규정이 명확성을 결여하여 과세요건명확주의에 반하는 것으로 볼 수는 없다(대판 2001.4.27. 2000두9076).

④ 조례의 경우 : 포괄적 위임도 가능

⑤ 공법상 단체의 정관에 자치법적 사항을 위임하는 경우 : 포괄위임금지의 원칙이 적용되지 않는다. 그러나 정관의 제정주체가 행정부일 경우에는 포괄위임금지의 원칙이 적용된다. 한편 정관에 위임하는 경우 포괄위임금지의 원칙은 적용되지 않지만 의회유보의 원칙은 준수되어야 한다(헌재 2006.3.30. 2005헌바31).

(2) 위임의 형식

① **헌법에 규정된 위임의 형식은 예시적규정이다.**
   ⇨ 법률이 행정규칙에 위임하더라도 그 행정규칙은 위임된 사항만을 규율할 수 있으므로, 국회입법의 원칙과 상치되지도 않는다.

② 이른바 법령보충적 행정규칙이라도 그 자체로서 직접적으로 대외적인 구속력을 갖는 것은 아니다. 즉, 상위법령과 결합하여 일체가 되는 한도 내에서 상위법령의 일부가 됨으로써 대외적 구속력이 발생되는 것일 뿐 그 행정규칙 자체는 대외적 구속력을 갖는 것은 아니라 할 것이다(2004.10.28, 99헌바91).

③ **재위임 가부** : 법률에서 위임받은 사항을 전혀 규정하지 아니하고 그대로 재위임하는 것은 허용되지 않으며 위임받은 사항에 관하여 대강을 정하고 그 중의 특정사항을 범위를 정하여 하위법령에 다시 위임하는 경우에만 재위임이 허용된다(헌재결 1996.2.29, 94헌마213).

(3) 감사원규칙의 성격

법규명령설이 다수설

(4) 위임의 근거와 법규명령의 효력

① 법규명령의 위임근거가 되는 법률에 대하여 위헌결정이 선고되면 그 위임에 근거하여 제정된 법규명령도 원칙적으로 효력을 상실한다(대판 2001.6.12, 2000다18547).

② **위임명령의 경우, 구법에 위임의 근거가 없어 무효였더라도 사후에 법개정으로 위임의 근거가 부여되면 그 때부터는 유효한 법규명령**이 되나, 반대로 **구법의 위임에 의한 유효한 법규명령이 법개정으로 위임의 근거가 없어지게 되면 그 때부터 무효인 법규명령**이 되므로, 어떤 법령의 위임근거 유무에 따른 유효 여부를 심사하려면 법개정의 전·후에 걸쳐 모두 심사하여야만 그 법규명령의 시기에 따른 유효·무효를 판단할 수 있다(대판 1995.6.30, 93추83).

③ **집행명령**은 근거법령인 상위법령이 폐지되면 특별한 규정이 없는 이상 실효되는 것이나, 상위법령이 개정됨에 그친 경우에는 개정법령과 성질상 모순, 저촉되지 아니하고 개정된 상위법령의 시행에 필요한 사항을 규정하고 있는 이상 그 집행명령은 상위법령의 개정에도 불구하고 당연히 실효되지 아니하고 개정법령의 시행을 위한 집행명령이 제정, 발효될 때까지는 여전히 그 효력을 유지한다(대판 1989.9.12, 88누6962).

2. 법령 위반의 효과

① 법규명령에 위반되는 행정행위는 위법 / 행정규칙에 위반되는 행정행위는 위법이 아님
② 대법원이 이미 위법이라고 판단한 법령을 적용한 행정처분 - 당연무효
③ 행정처분 후 근거 법령이 위법이라고 판단한 경우 - 취소사유

3. 행정규칙의 효력

(1) 원칙
대외적 구속력 없고, 행정부 내부만 구속

(2) 예외적으로 대외적 구속력을 가지는 경우
① 재량준칙이 되풀이 시행되어 자기구속을 갖는 경우
② 법령보충적 행정규칙

(3) 고시의 효력
① 일반적·추상적 성격을 가질 때 ⇨ 법규명령 또는 행정규칙
　⇨ 재산제세사무처리규정(법규명령)
② 집행행위의 매개 없이 그자체로서 직접 국민의 구체적인 권리·의무나 법률관계를 규율하는 성격을 가질 때 ⇨ 행정처분
　⇨ 납세병마개제조업자 지정고시(처분)

4. 법규명령 형식의 행정규칙

(1) 개념
법규명령의 형식을 취하고 있지만, 그 내용이 행정규칙의 실질을 가지는 것을 법규명령

(2) 판례의 기본적 입장
① 제재처분의 기준이 대통령령(시행령)의 형식 – 법규명령 / 부령(시행규칙)의 형식 – 원칙적 행정규칙, 예외적 법규명령
② 제재적 처분의 기준을 정한 대통령령은 법규명령이므로 그 제재처분의 기준에 절대적 구속력(재량의 여지 없는 정액)을 인정한 판례(과거판례)와 최고한도를 정한 것이라고 본 판례(최신판례)가 있다.
　⇨ 주택건설촉진법시행령 제10조의3 제1항 [별표 1]은 주택건설촉진법 제7조 제2항의 위임규정에 터잡은 규정형식상 대통령령이므로 하자보수를 정당한 사유 없이 사용검사권자가 지정한 날까지 이행하지 아니하거나 지체한 때'에는 관할 관청으로서는 위 규정에 의하여 3개월간의 영업정지처분을 하여야 할 뿐 달리 그 정지기간에 관하여 재량의 여지가 없다고 할 것이다(대판 1997.12.26, 97누15418).
　⇨ 구 청소년보호법 제49조 제1항, 제2항에 따른 같은 법 시행령 제40조 [별표 6]의 위반행위의 종별에 따른 과징금처분기준은 법규명령이기는 하나, 그 수액은 정액이 아니라 최고한도액이다 (대판 2001.3.9, 99두5207).
　⇨ 국민건강보험법 제85조 제1항, 제2항에 따른 같은 법 시행령 제61조 제1항 [별표 5]의 업무정지처분 및 과징금부과의 기준은 법규명령이기는 하나, 그 업무정지기간 내지 과징금 금액은 확정적인 것이 아니라 최고한도라고 할 것이다(대판 2006.2.9, 2005두11982).

부령(시행규칙)의 형식인 경우 법규명령으로 본 경우와 행정규칙으로 본 경우

법규성이 인정된 경우	법규성이 부정된 경우
① 국세청장 훈령인 재산제세사무처리규정 (대판 86누484)	① 서울특별시 95년 개인택시운송사업면허업무처리요령(대판 97누8878) [12국가9급]
② 건설부장관 훈령인 건축사사무소의 등록취소 및 폐쇄처분에 관한 규정(대판82누166)	② 교육부장관의 내신성적산정지침(대판 94두33) [12국가9급]
③ 국무총리 훈령인 개별토지가격합동조사지침(대판 93누111) [09국회8급]	③ 도로교통법시행규칙 제53조 제1항이 정한 별표 16의 운전면허 행정처분 기준(대판 92누15253)
④ 보건사회부장관 고시인 보존음료수(생수) 판매를 제한하는 식품제조영업허가기준 (대판 92누1728)	④ 수산청훈령 수산업에관한어업면허사무취급규정 (대판 88재누55)
⑤ 보건복지부장관 고시인 최저생계비고시	⑤ 공정거래위원회의 '부당한지원행위의심사지침' (대판 2001두6517) [09국회8급]
⑥ 보건복지부장관의 노인복지사업지침(대판 95누7727) [12국가9급]	⑥ 2006년 교육공무원 보수업무 등 편람 (대판 2010두16349)
⑦ 보건복지부 고시인 '약제급여·비급여 목록 및 급여상한금액표'(대판 2005두16161)	⑦ 구「식품위생법 시행규칙」제53조가 정한 [별표 15]의 행정처분 기준(대판 94누4370) [14지방9급]
⑧ 산업자원부 고시인 공장입지기준(대판 2003두2274)	⑧ 의료기관의 명칭표시판에 진료과목을 함께 표시하는 경우 글자 크기를 제한하고 있는 구 의료법 시행규칙 제31조 [15국가9급]
⑨ 상공부 고시인 수입선다변화품목지정(대판 93도662)	
⑩ 전라남도주유소등록요건에관한고시(대판 98두7503)	
⑪ 국세청장의 주류도매면허제도개선업무처리지침(대판 93누21668)	
⑫ 구「여객자동차 운수사업법」제11조 제4항의 위임에 따라 시외버스운송사업의 사업계획변경에 관한 절차, 인가기준 등을 구체적으로 규정한 구「여객자동차 운수사업법 시행규칙」(대판 2003두4355) [14지방9급]	
⑬ 공익사업을 위한 토지 등의 취득 및 보상에 관한 법률 제68조 제3항의 위임에 따라 협의취득의 보상액 산정에 관한 구체적 기준을 정하고 있는 공익사업을 위한 토지 등의 취득 및 보상에 관한 법률 시행규칙 제22조(대판 2011다104253) [14지방9급]	
⑭ '청소년유해매체물의 표시방법'에 관한 정보통신부고시(2004.1.29, 2001헌마894)	
⑮ 문화관광부고시 '게임제공업소의 경품취급기준' 중 '사행성 간주 게임물'의 개념을 설정하고 이에 해당하는 경우 경품제공 등을 금지한 규정(2008.11.27, 2005헌마161 등)	
⑯ '품질경영 및 공산품안전관리법' 및 법 시행령 조항에 근거하여 PVC관 안전기준의 적용범위를 정한 국가기술표준원장의 고시(2015.3.26, 2014헌마372)	

5. 법규명령에 대한 입법적 통제

① 중앙행정기관의 장은 법률에서 위임한 사항이나 법률을 집행하기 위하여 필요한 사항을 규정한 대통령령·총리령·부령·훈령·예규·고시 등이 제정·개정 또는 폐지되었을 때에는 10일 이내에 이를 국회 소관 상임위원회에 제출하여야 한다.
  ⇨ 대통령령의 경우에는 입법예고를 할 때(입법예고를 생략하는 경우에는 법제처장에게 심사를 요청할 때를 말한다)에도 그 입법예고안을 10일 이내에 제출하여야 한다.
  ⇨ 제출 대상은 대통령령·총리령·부령 뿐만 아니라 훈령·예규·고시 등도 제출 함.
  ⇨ 상임위원회는 위원회 또는 상설소위원회를 정기적으로 개회하여 그 소관 중앙행정기관이 제출한 대통령령·총리령 및 부령의 법률 위반 여부 등을 검토

② 대통령령·총리령의 경우
  ⇨ 상임위원회는 검토결과 대통령령 또는 총리령이 법률의 취지 또는 내용에 합치되지 아니한다고 판단되는 경우에는 검토의 경과와 처리 의견 등을 기재한 검토결과보고서를 의장에게 제출
  ⇨ 의장이 국회 본회의에 보고하고 국회가 본회의의 의결로 처리하고 정부로 송부
  ⇨ 정부는 처리결과를 국회에 제출

③ 부령의 경우
  ⇨ 상임위원회가 검토 후 소관 중앙행정기관의 장에게 통보
  ⇨ 중앙행정기관의 장은 처리결과를 소관 상임위원회에 보고

6. 법규명령에 대한 사법적 통제

(1) 재판의 전제가 된 경우 – 구체적 규범통제

① 명령·규칙 또는 처분이 헌법이나 법률에 위반되는 여부가 재판의 전제가 된 경우에는 대법원은 이를 최종적으로 심사할 권한을 가진다(헌법 제107조 제2항).
② 위헌·위법 결정이 난 법령의 효력 – 개별적 효력부인(당해사건에 한하여 적용거부)

(2) 재판의 전제 없이 직접적이고 구체적 효력을 갖는 경우 – 처분적 법규명령

① 항고소송의 대상이 된다.
② 처분적 조례가 항고소송이 되는 경우 피고적격 지방자치단체의 장(지방의회 ✕)
③ 헌법재판소는 헌법재판소법 제68조 제1항에 의한 헌법소원의 대상 인정

(3) 행정입법부작위

부작위 위법확인소송으로 다툴수 없고, 헌법재판소에 부작위 위헌확인소원인 헌법소원으로만 다툴 수 있다.

(4) 위헌·위법 법령의 관보게재(행정소송법 제6조)

① 행정소송에 대한 대법원판결에 의하여 명령·규칙이 헌법 또는 법률에 위반된다는 것이 확정된 경우에는 대법원은 지체없이 그 사유를 행정안전부장관에게 통보하여야 한다.
② 통보를 받은 행정안전부장관은 지체 없이 이를 관보에 게재하여야 한다.

7. 행정심판위원회에 의한 통제

중앙행정심판위원회는 심판청구를 심리·재결할 때에 처분 또는 부작위의 근거가 되는 명령 등(대통령령·총리령·부령·훈령·예규·고시·조례·규칙 등을 말한다)이 **법령에 근거가 없거나 상위 법령에 위배되거나 국민에게 과도한 부담을 주는 등 크게 불합리하면 관계 행정기관에 그 명령 등의 개정·폐지 등 적절한 시정조치를 요청할 수 있다.** 이 경우 중앙행정심판위원회는 시정조치를 요청한 사실을 법제처장에게 통보하여야 한다(행정심판법 제59조 제1항).

8. 지방자치단체의 자치입법

(1) 조례제정의 범위

① 지방자치단체는 주민의 복리에 관한 사무를 처리하고 재산을 관리하며, 법령의 범위 안에서 자치에 관한 규정을 제정할 수 있다(헌법 제117조 제1항).
② 지방자치단체는 법령의 범위 안에서 그 사무에 관하여 조례를 제정할 수 있다. 다만, 주민의 권리제한 또는 의무부과에 관한 사항이나 벌칙을 정할 때에는 법률의 위임이 있어야 한다(지방자치법 제22조).
③ 주민의 권리제한 또는 의무부과에 관한 사항이나 벌칙에 관한 사항이 아니면 법률의 위임이 없어도 법령의 범위 안에서 조례를 정할 수 있다.
④ 지방자치단체가 자치조례를 제정할 수 있는 것은 원칙적으로 자치사무와 단체위임사무에 한하므로, 국가사무나 지방자치단체의 장에게 위임된 기관위임사무와 같이 지방자치단체의 장이 국가기관의 지위에서 수행하는 사무일 뿐 지방자치단체 자체의 사무라고 할 수 없는 것은 원칙적으로 자치조례의 제정범위에 속하지 않는다.
⑤ 다만 기관위임사무에 있어서도 그에 관한 개별 법령에서 일정한 사항을 조례로 정하도록 위임하고 있는 경우에는 지방자치단체의 자치조례 제정권과 무관하게 이른바 위임조례를 정할 수 있다.

(2) 법령의 범위 안에서의 의미

① '법령'이란 헌법·법률·법규명령을 포함한 것이고, 헌법 제6조 제1항에 의하여 국내법령과 동일한 효력을 가지는 조약도 포함된다. 또한 개별법령의 특정조항만이 아니라 법령의 여러 조항을 고려한 경우는 물론 헌법의 원칙 및 일반원칙까지도 포함하며, 상위법령과 결합하여 대외적인 구속력을 갖는 법규명령으로 기능하는 행정규칙이 포함된다(2002.10.31., 2002헌라2).
② 특정 지방자치단체의 초·중·고등학교에서 실시하는 학교급식을 위해 위 지방자치단체에서 생산되는 우수 농수축산물과 이를 재료로 사용하는 가공식품(이하 '우수농산물'이라고 한다)을 우선적으로 사용하도록 하고 그러한 우수농산물을 사용하는 자를 선별하여 식재료나 식재료 구입비의 일부를 지원하며 지원을 받은 학교는 지원금을 반드시 우수농산물을 구입하는 데 사용하도록 하는 것을 내용으로 하는 위 지방자치단체의 조례안이 내국민대우원칙을 규정한 '1994년 관세 및 무역에 관한 일반협정'(General Agreement on Tariffs and Trade 1994)에 위반되어 그 효력이 없다.
③ 갑 지방의회가 의결한 학생인권조례는 교사나 학생의 권리를 새롭게 제한하는 것이라고 볼 수 없으므로, 국민의 기본권이나 주민의 권리 제한에서 요구되는 법률유보원칙에 위배된다고 할 수 없고, 내용이 법령의 규정과 모순·저촉되어 법률우위원칙에 어긋난다고 볼 수 없다(대판 2015.5.14. 2013추98).

CHAPTER 2 행정행위

I 행정행위의 개념

1. 행정행위

행정청이 구체적인 사실에 대한 법집행행위로서 행하는 외부에 대하여 직접적·구체적인 법적 효과를 발생시키는 권력적 단독행위인 공법행위

2. 학설

	의의	행정행위로 인정되는 범위
최광의	행정청이 행하는 일체의 행위	공법행위, 사법행위, 법정립행위, 법집행행위, 법률행위, 사실행위 모두 포함
광의	행정청이 행하는 행정작용 중 공법행위만을 의미	최광의의 행정행위에서 사법행위와 사실행위를 제외. 즉 행정입법, 공법상 계약, 합동행위, 행정계획, 통치행위까지만 포함
협의	행정청의 구체적 사실에 대한 법집행행위로서 공법행위를 의미	광의의 행정행위에서 입법행위(행정입법)와 통치행위를 제외. 공법상계약이나 합동행위는 포함 [17국가9급]
최협의 (다수설)	행정청의 구체적 사실에 대한 법집행행위로서 공법상의 단독행위	협의의 행정행위에서 공법상 계약과 공법상 합동행위를 제외 [16서울9급]

3. 행정쟁송법상 처분과의 관계

행정쟁송법상 처분 = 행정행위 + 그 밖의 행정작용 + 재결
⇨ 행정쟁송법상 처분이 강학상 행정행위 보다 넓은 개념이다(다수설).

4. 행정행위의 구체적 요소

(1) 행정청

(2) 공법상 행위

(3) 구체적 사실에 대한 집행행위
⇨ 구체적 사실에 관련한 불특정 다수인을 대상으로 행해지는 일반처분도 포함(ex ; 횡단보도설치)

(4) 외부에 대하여 직접적인 법적 효과를 발생
⇨ 행정조직 내부에서의 상관의 명령, 중간처분, 기관간의 협의, 행정규칙 등은 행정행위에서 제외

(5) 권력적 단독행위
⇨ 공법상 계약, 사법상 행위, 단순한 사실행위 등은 제외

Ⅱ 기속행위와 재량행위

1. 개념

(1) 기속행위

법규상 구성요건에서 정한 요건이 충족되면 행정청이 반드시 어떠한 행위를 발하거나 발하지 말아야 하는 의무를 지는 행정행위(예 ~하여야 한다).

(2) 재량행위

행정권 행사에 있어서 행정청에게 복수행위 간에 행위 여부나 행위내용에 대한 선택의 자유가 인정되는 행정행위(예 ~할 수 있다) ⇨ 결정재량 / 선택재량

(3) 기속재량행위

원칙적으로 기속행위이지만 예외적으로 특별한 사정이 있는 경우에는 공익을 고려하여 거부할 수 있는 행위

⇨ **원칙적으로 부관을 붙일 수 없다.(판례 → 부관을 붙이면 무효)**
⇨ **판례는** 기속재량행위를 "기속행위 내지 기속재량행위와 재량행위 내지 자유재량행위로 구분…"이라고 하여 기속행위의 일종으로 본 듯한 예도 있고, "재량행위라고 할지라도 기속재량행위인지 또는자유재량행위에 속하는 것인지의 여부는 일률적으로 규정지울 수는 없고, …"라고 하여 재량행위의 일종으로 본 듯한 예도 있다.

(4) 기속행위와 재량행위의 구별실익

	내용	행정심판 대상	행정소송 대상
재량권의 위법	재량권 행사의 일탈 또는 남용	○	○
재량권의 부당	재량권 행사에 일탈 또는 남용의 한계를 넘지 않고 재량을 그르침	○	×

	기속행위	재량행위
법원의 독자적 결론 도출	○	×
행정청이 한 판단의 적법 여부 판정	○	× (재량권의 일탈·남용이 있는지 여부만을 심사)
위반효과	위법	부당(일탈·남용시는 위법)
사법심사	가능	일탈·남용시 가능
부관가능성	불가	가능
공권성립	발생	원칙적 불발생 (단, 무하자재량행사청구권, 행정개입청구권은 가능)
요건충족시 효과부여	반드시 효과 부여	공익과 이익형량을 통하여 결정
입증책임	처분의 적법성 – 행정청	• 처분의 적법성 – 행정청 • 재량일탈남용 – 원고

(5) 기속행위와 재량행위의 구별기준에 대한 학설

	요건재량설	효과재량설
재량의 인정영역	요건	효과
기속행위	중간목적	침익적 행정행위
재량행위	공백규정, 종국목적	수익적 행정행위, 직접 국민의 권리의무와 관계없는 행위
비판	• 행정재량은 주로 효과의 선택에서 나타난다. • 종국목적과 중간목적의 구분이 불명확하다.	급부행정의 영역에서 수익적 행정행위에 대한 요건이 일의적으로 규정되어 기속행위로 되는 예가 증가

(6) 기속행위와 재량행위의 구체적 예

기속행위		재량행위
• 건축법상 건축허가 • 식품위생법상 일반음식점영업허가 [12국가7급] • 일반주점영업허가 • 주유소허가 • 광천음료수제조업허가 • 공중위생법상 위생접객업허가 • 약사면허취소 • 화약류 판매업 및 저장소 설치 허가 • 기부금품 모집허가 • 운전면허 • 한의사면허	허가	• 총포 등 소지허가 • 토지형질변경허가 [14국회8급·14지방7급] • 토지형질변경을 수반하는 건축허가 • 개발제한구역 내에서의 건축허가·용도변경허가 [14경행·14국가7급] • 전자유기장업허가의 취소(철회) • 농지전용허가 • 학교보건법상 학교환경위생정화구역 내에서의 유흥주점이나 터키탕허가
• 사립학교법인 이사 취임 승인 처분	인가	• 민법상 재단법인 정관변경 허가 • 주택개량사업 관리처분계획 인가 • 비영리법인 설립인가

	특허	• 개인택시운송사업면허 [12국가7급·15국회8급] • 마을버스운송사업면허 • 귀화허가 [12국가7급] • 공유수면매립면허 • 공유수면점용허가 [15서울7급] • 어업면허 • 토지수용을 위한 사업인정 • 주택건설사업계획의 승인 [12국가7급]
	판단여지	• 감정평가사시험의 합격기준선택 • 사법시험 문제 출제행위 • 교과서 검정불합격처분 • 유적발굴신청거부처분
• 경찰공무원임용시험 부정행위자에 대한 응시자격제한처분 • 음주측정거부 운전면허취소 [15국회8급] • 감사원의 변상판정 • 국유재산의 무단점유 등에 대한 변상금의 징수 • 명의신탁자에 대한 과징금부과처분징수 • 국가공무원법 제73조 제2항에 따른 복직 명령 • 구 국유재산법 제51조 제2항에 따른 변상금 연체료 부과처분	기타	• 운전면허취소 • 도시계획변경결정 등 행정계획 • 공정거래위원회의 과징금 부과처분 • 공무원의 징계

2. 재량의 하자

재량권의 행사는 행정청의 의무이므로 재량권을 행사하지 않거나, 잘못행사 하면 하자있는 행정행위가 된다.

(1) 재량권의 일탈(유월)

법령상 주어진 재량의 한계를 벗어난 재량하자(외적 한계를 넘어선 경우). ⇨ 법령에서 정한 액수 이상의 과태료를 부과하거나, 법령은 과태료 부과만을 예정하고 있으나 행정청이 영업허가를 취소한 경우

(2) 재량권의 남용

법령상 주어진 재량권의 범위 내에서 재량권이 고려되었으나 잘못된 방향으로 사고되어 재량행사가 이루어진 경우(내적 한계를 넘어선 경우). ⇨ 비례·평등의 원칙 위반의 재량행사, 목적 위반이나 부정한 동기 등에 의한 재량행사, 사회통념상 현저하게 타당성을 잃은 재량행사, 사실의 오인에 기인한 재량행사

(3) 재량권의 불행사

행정청이 자신에게 부여된 재량권을 고려 가능한 모든 관점을 고려하지 않은 경우 ⇨ 재량권을 전혀 행사하지 아니하는 경우, 재량권을 충분히 행사하지 아니한 경우

3. 판단여지

(1) 개념

① 행정기관이 행정행위의 요건 중 불확정개념을 해석·적용함에 있어 둘 이상의 상이한 판단이 행해질 수 있는 경우에 행정기관에게 판단여지가 인정되는 경우가 있고, 행정기관에게 판단여지가 인정되는 경우(예컨대 고도의 전문적·기술적·정책적 판단이 요구되는 영역)에는 판단의 여지 내에서 이루어진 행정기관의 판단은 법원에 의한 통제의 대상이 되지 않는다는 것
② 효과재량설을 보완하는 이론이다. ⇨ 효과재량설은 재량은 효과에 있는 것이라고 하여 요건에 재량을 인정하지 않기 때문에 행정행위의 요건에 "불확정개념"이 사용된 경우 예외적으로 판단여지를 인정하므로서 사실상 요건에 재량을 인정하게 되기 때문
③ 판례는 재량과 판단여지를 구분하지 않고 재량권의 일탈·남용에 해당하는지 여부로 심사하고 있다.

(2) 판단여지와 재량의 구별

	재량	판단여지
필요성	구체적으로 타당한 행정 보장	행정의 책임성·전문성 보장
인정근거	입법자의 수권	입법자의 수권(판단수권설), 법원에 의한 행정의 책임성·전문성의 존중
내용	행정청의 선택의 자유	행정청의 판단의 여지
인정기준	법률규정, 행위의 성질 및 기본권 관련성	고도의 전문적·기술적 판단요구 또는 고도의 정책적 판단요구
인정범위	법률효과의 선택	법률요건 중 일정한 불확정 개념의 판단
부관	효과를 제한하는 부관을 붙일 수 있다.	명문의 근거가 없는 한 효과를 제한하는 부관을 붙일 수 없다.
사법심사	재량의 유월, 남용, 불행사 등 재량의 하자가 존재하는 경우에 사법심사의 대상이 됨	원칙 - 사법심사 불가 판단여지가 인정되는 범위 내에서는 사법심사의 대상이 되지 않는다. 예외 - 사법심사 가능 ① 합의제 행정기관의 적정한 구성 ② 법에서 정한 절차의 준수여부 ③ 정확한 사실관계에 기초하였는가 ④ 올바른 법해석과 일반적으로 인정된 기준 적용 여부에 대한 심사

Ⅲ. 법률행위적 행정행위

1. 명령적 행정행위(하명 / 허가 / 면제)

(1) 하명
① 반드시 법령의 근거 필요 - 법규하명, 처분하명 모두 가능
② 원칙적 기속행위
③ 사실행위, 법률행위 모두 가능
④ 하명위반의 효과
　㉠ 행정상 강제집행, 행정벌 부과
　㉡ 하명에 위반한 행위라도 사법상 효력까지 부인되는 것은 아니다.

(2) 허가

(가) 경찰금지의 해제 : 법규허가는 없다.

(나) 원칙적 기속행위
① 법령에 규정하지 않은 사유를 들어 허가를 거부할 수 없다.
② 신청내용과 다른 수정허가라도 당연무효 아니다.

(다) 예외적 재량행위인 경우 : 중대한 공익이 있을 때
① 토지의 형질변경을 수반하는 건축허가
② 산림훼손금지 또는 제한지역에 해당하지 않아도 산림훼손허가신청 대상 토지의 현상과 위치 및 주위의 상황 등을 고려하여 국토 및 자연의 유지와 환경의 보전 등 중대한 공익상 필요가 있다고 인정될 때에는 허가를 거부할 수 있고, 그 경우 법규에 명문의 근거가 없더라도 거부처분을 할 수 있다(대판 1997.8.29. 96누15123).

(라) 허가요건의 충족 판단시점
① 원칙 - 처분시 법령 ⇨ 신청 후 법령변경으로 불허가 사유가 된 경우 불허가할 수 있다.
② 예외 - 행정청이 고의로 지연시킨 경우에는 변경전 법령에 정한 허가기준에 의함

(마) 허가의 효과
① 경업자 소송.원칙적으로 원고적격 없음
　담배일반소매인 상호간에는 경업자 소송 가능. but 일반소매인과 구내소매인은 경업자소송 불가.
② 허가에 의해 다른 법률상의 제한이 해제되는 것은 아니다.
③ 무허가행위는 강제집행이나 행정벌 부과. but 무허가행위의 사법적 효력까지 부인되지는 않는다.

(바) 허가의 갱신
① 허가갱신은 기한도래 전에 갱신신청이 있어야 한다. ⇨ 허가의 갱신은 새로운 허가가 아니므로 갱신전의 위법사유를 이유로 갱신 후에도 제재조치할 수 있다.
② 허가기한 지난 후 갱신신청은 새로운 허가신청에 해당한다.

③ 허가기간이 사업의 성질상 부당하게 짧은 경우에는 허가자체의 존속기간이 아니라 허가조건의 존속기간이다. ⇨ 그러나 종기가 도래하기 전에는 연장신청이 있어야 한다.

(사) 허가의 양도와 지위승계
① 대물적 허가의 경우 양도인의 법령위반 사실을 이유로 양수인에게 제재처분을 할 수 있다.
② 단, 식품위생법은 책임승계 인정하면서도, 양수인이 양도인의 제재처분 사유를 알지 못하였음을 입증하면 승계를 부정하는 규정을 두고 있다.

(아) 예외적 승인

구분	허가	예외적 승인(허가)
개념	허가란 법령에 의해 개인의 자유가 제한되고 있는 경우에 그 제한을 해제하여 자유를 적법하게 행사할 수 있도록 회복하여 주는 행정행위(일반적으로 해제가 예정되어 있는 경우의 금지를 해제)	예외적 승인은 사회적으로 유해하거나 바람직하지 않은 행위를 법령상 원칙적으로 금지하고 예외적인 경우에 이러한 금지를 해제하여 당해 행위를 적법하게 할 수 있게 해주는 행위(원칙적 금지, 예외적 허용)
성질	상대적 금지의 해제 예방적 금지의 해제 잠정적 금지의 해제	억제적 금지의 해제
재량성 여부	원칙적 기속행위	원칙적 재량행위
효과	자연적 자유의 회복	권리의 범위 확대
예	1. 자동차운전면허 2. 일반음식점영업의 허가, 유흥주점의 허가 3. 의사면허, 한의사면허, 약사면허 4. 건축허가 5. 양곡가공업허가 6. 수렵면허 7. 화약제조허가	1. 치료목적의 아편사용허가 2. 카지노사업의 영업허가 3. 학교환경위생정화구역 내에서의 유흥주점업·여관 등 허가 4. 개발제한구역 내의 건축허가 5. 자연공원법 내에서의 단란주점영업 허가·산림훼손허가

(자) 인·허가 의제제도
① 주된 인·허가를 받으면 다른 법률의 인·허가를 받은 것으로 의제되는 제도
② 법률에 명시적인 근거가 있어야 한다.
③ 절차만 집중된다.
  ⇨ 따라서 신청된 주된 인·허가 절차만 거치면 되고 의제되는 인·허가의 절차를 거칠 필요가 없다.
  ⇨ 다만 관련 인허가에 필요한 심의, 의견 청취 등 절차에 관하여는 법률에 인허가의제 시에도 해당 절차를 거친다는 명시적인 규정이 있는 경우에만 인·허가 의제 법률에서 정한 거친다 (행정기본법 제24조 제5항).
④ 실체적 요건은 주된 행정행위의 요건뿐만 아니라 의제되는 인·허가의 요건을 모두 갖춰야 한다.
⑤ 인허가의제를 받으려면 주된 인허가를 신청할 때 관련 인허가에 필요한 서류를 함께 제출하여야 한다(행정기본법 제24조 제2항).

⇨ 관련 인허가 의제 제도는 사업시행자의 이익을 위하여 만들어진 것이므로, 사업시행자가 반드시 관련 인허가 의제 처리를 신청할 의무가 있는 것은 아니다(대판 2020.7.23. 2019두31839).

⑥ 인허가의제의 효과는 주된 인허가의 해당 법률에 규정된 관련 인허가에 한정된다(행정기본법 제25조 제2항).

⑦ 허가거부시 주된 인·허가의 거부처분을 대상으로 다투어야 한다. 다만 위법사유는 의제되는 인·허가 관련된 위법사유도 주장할 수 있다.

⑧ '부분 인허가 의제'가 허용되는 경우에는 그 효력을 제거하기 위한 법적 수단으로 의제된 인허가의 취소나 철회가 허용될 수 있고, 이러한 직권 취소·철회가 가능한 이상 그 의제된 인허가에 대한 쟁송취소가 허용된다(대판 2018.11.29. 2016두38792).

⇨ 주택건설사업계획 승인처분에 따라 의제된 인허가가 위법함을 다투고자 하는 이해관계인은, 주택건설사업계획 승인처분의 취소를 구할 것이 아니라 의제된 인허가의 취소를 구하여야 하며, 의제된 인허가는 주택건설사업계획 승인처분과 별도로 항고소송의 대상이 되는 처분에 해당한다(대판 2018.11.29. 2016두38792).

⇨ 중소기업창업법에 따른 사업계획승인의 경우 의제된 인허가만 취소 내지 철회함으로써 사업계획에 대한 승인의 효력은 유지하면서 해당 의제된 인허가의 효력만을 소멸시킬 수 있으므로 의제된 산지전용허가 취소가 항고소송의 대상이 된다(대판 2018.7.12. 2017두48734).

(차) 행정기본법상 인·허가 의제 절차와 내용

행정기본법 제24조 [인허가의제의 기준] [시행일: 2023. 3. 24]

① 이 절에서 "인허가의제"란 하나의 인허가(이하 "주된 인허가"라 한다)를 받으면 법률로 정하는 바에 따라 그와 관련된 여러 인허가(이하 "관련 인허가"라 한다)를 받은 것으로 보는 것을 말한다.

② 인허가의제를 받으려면 주된 인허가를 신청할 때 관련 인허가에 필요한 서류를 함께 제출하여야 한다. 다만, 불가피한 사유로 함께 제출할 수 없는 경우에는 주된 인허가 행정청이 별도로 정하는 기한까지 제출할 수 있다.

③ 주된 인허가 행정청은 주된 인허가를 하기 전에 관련 인허가에 관하여 미리 관련 인허가 행정청과 협의하여야 한다.

④ 관련 인허가 행정청은 제3항에 따른 협의를 요청받으면 그 요청을 받은 날부터 20일 이내(제5항 단서에 따른 절차에 걸리는 기간은 제외한다)에 의견을 제출하여야 한다. 이 경우 전단에서 정한 기간(민원 처리 관련 법령에 따라 의견을 제출하여야 하는 기간을 연장한 경우에는 그 연장한 기간을 말한다) 내에 협의 여부에 관하여 의견을 제출하지 아니하면 협의가 된 것으로 본다.

⑤ 제3항에 따라 협의를 요청받은 관련 인허가 행정청은 해당 법령을 위반하여 협의에 응해서는 아니 된다. 다만, 관련 인허가에 필요한 심의, 의견 청취 등 절차에 관하여는 법률에 인허가의제 시에도 해당 절차를 거친다는 명시적인 규정이 있는 경우에만 이를 거친다.

제25조 [인허가의제의 효과] [시행일: 2023. 3. 24]

① 제24조제3항·제4항에 따라 협의가 된 사항에 대해서는 주된 인허가를 받았을 때 관련 인허가를 받은 것으로 본다.

② 인허가의제의 효과는 주된 인허가의 해당 법률에 규정된 관련 인허가에 한정된다.

제26조 [인허가의제의 사후관리 등] [시행일: 2023. 3. 24]

① 인허가의제의 경우 관련 인허가 행정청은 관련 인허가를 직접 한 것으로 보아 관계 법령에 따른 관리·감독 등 필요한 조치를 하여야 한다.

② 주된 인허가가 있은 후 이를 변경하는 경우에는 제24조·제25조 및 이 조 제1항을 준용한다.

(3) 면제

법령에 의하여 과하여진 작위·급부·수인의 의무를 특정한 경우에 해제하여 주는 행정행위 ⇨ 허가는 부작위의무의 면제, 면제는 작위의무의 면제

2. 형성적 행정행위(특허/인가/대리)

(1) 특허

(가) 의의

특정 상대방에게 새로운 권리·능력, 법적 지위, 포괄적 법률관계를 설정하는 행위

(나) 종류

권리를 설정하는 행위	• 특허기업의 특허(예 버스운송사업면허, 개인택시운송사업면허,[12경행1차] 국제항공운송사업면허, 통신사업허가, 폐기물처리업허가, 전기·가스공급사업 등) [13지방7급] • 공기업특허 • 공물사용특허 • 행정재산의 사용·수익에 대한 허가[11국회9급] • 광업허가[09국가9급] • 어업면허[09국가9급] • 도로점용허가 • 하천점용허가[09국가9급] • 공유수면사용허가[09국가9급] • 공유수면매립면허(허가)[09국가9급·12경행1차·14사회복지] • 토지수용권의 설정
능력을 설정하는 행위	공법인을 설립하는 행위 등
포괄적인 법률관계를 설정하는 행위	공무원임명, 귀화허가[09국가9급] 등

(다) 법적 성격

① 원칙적으로 재량행위이다.

② 특허는 언제나 신청을 전제로 한다. ⇨ 다만 법규특허도 가능. 법규특허는 신청 불요

(라) 특허의 효과

(i) 기존업자는 경업자 소송에서 원고적격이 있다.

① 기존 시내버스업자가 시외버스의 시내버스로의 전환을 허용하는 사업계획변경인가처분의 취소를 구할 법률상 이익이 있다(대판 1987.9.22. 85누985).

② 한정면허를 받은 시외버스운송사업자가 일반면허를 받은 시외버스운송사업자에 대한 사업계획변경 인가처분으로 수익감소가 예상되는 경우, 일반면허 시외버스운송사업자에 대한 사업계획변경인가처분의 취소를 구할 법률상의 이익이 있다(2018.4.26. 2015두53824).

(ii) 양립할 수 없는 2중의 특허가 있게 되면, 특별한 사유가 없는 한 후행의 특허는 무효이다.
① 광업법상 이미 광업권이 설정된 동일한 구역에 대하여 동일한 광물에 대한 광업권을 중복설정할 수 없고, 이종광물이라고 할지라도 기존광업권이 적법히 취소되거나 그 존속기간이 만료되지 않는 한 별도로 광업권을 설정할 수 없다(대판 1986.2.25, 85누712).
② 먼저 설정되어 있는 어업권의 목적인 어장과 위치가 중복되는 어장에 관하여 뒤에 이루어진 어업권 면허는 당연무효이다(대판 2007.5.10, 2007다8211).

(마) 특허와 허가의 구별

구분	허가	특허
의의	• 금지의 해제·자연적 권리 회복	• 새로운 권리 형성(부여)
목적	• 경찰목적(소극적 질서유지)	• 복리목적(적극적 공공복리)
성질	• 명령적 행위 • 기속행위의 성격이 강함	• 형성적 행위 • 재량행위의 성격이 강함
상대방	• 특정인 • 불특정인도 가능(일반처분)	• 특정인만 가능
신청	• 원칙적 신청 要 • 예외적으로 신청없이도 가능(일반처분) • 선원주의 적용 ○	• 반드시 신청 要 • 예외적으로 법규신청은 신청 不要 • 선원주의 적용 ×
요건	• 비교적 확정적	• 비교적 불확정적
효과	• 공법적 효과(사법적 효과 ×)	• 공법적 효과 • 광업권, 어업권 등 일부 사법적 효과
기존업자의 이익	• 영업허가(자유회복) - 법률상 이익 • 경영상 이익 - 반사적 이익	• 법률상 이익
기존업자의 원고적격	• 원칙적 부정 • 예외적 인정	• 인정
국가의 감독	소극적	• 적극적
예	• 일반음식점영업허가 • 의사·한의사면허 • 운전면허 • 주유소허가	• 공익성이 강한 특허기업 　(전기·가스·버스운송사업 등) • 개인택시운송사업 • 공물사용권 • 토지수용권 • 어업면허 • 광업허가 • 귀화허가

(바) 구체적인 예
① 도시 및 주거환경정비법 상 재개발조합설립인가신청에 대한 행정청의 조합설립인가처분은 설권적 처분의 성질을 가진다(대판 2010.1.28, 2009두4845).

② 개발촉진지구 안에서 시행되는 지역개발사업에서 지정권자의 실시계획승인처분은 시행자에게 구 지역균형개발법상 지구개발사업을 시행할 수 있는 지위를 부여하는 일종의 설권적 처분의 성격을 가진 독립된 행정처분으로 보아야 한다(대판 2014.9.26, 2012두5619).

③ 공유수면매립면허는 설권행위인 특허의 성질을 갖는 것이므로 원칙적으로 행정청의 자유재량에 속한다(대판 1989.9.12, 88누9206).

④ 개인택시운송사업면허는 특정인에게 권리나 이익을 부여하는 행정행위로서 법령에 특별한 규정이 없는 한 재량행위이다(대판 2005.4.28, 2004두8910).

⑤ 마을버스운송사업면허는 법령이 특별히 규정한 바가 없으면 행정청의 재량에 속하는 것이라고 보아야 할 것이고, 마을버스 한정면허시 확정되는 마을버스 노선을 정함에 있어서도 기존 일반노선버스의 노선과의 중복 허용 정도에 대한 판단도 행정청의 재량에 속한다(대판 2002.6.28, 2001두10028).

⑥ 관세법 제78조 소정의 보세구역의 설영특허는 보세구역의 설치, 경영에 관한 권리를 설정하는 이른바 공기업의 특허로서 그 특허의 부여 여부는 행정청의 자유재량에 속한다(대판 1989.5.9, 88누4188).

(2) 인가

(가) 의의

타인의 법률적 행위를 보충하여 그 법률적 효력을 완성시켜 주는 행정행위

- 사립학교법인의 임원에 대한 감독청의 취임승인처분
- 사립대학의 설립인가
- 민법상 재단법인의 정관변경허가
- 사회복지법인의 정관변경허가
- 도시및주거환경정비법상 정관변경 '인가'
- 특정기업의 운임·요금의 인가
- 공익법인의 기본재산에 대한 감독관청의 처분허가
- 토지거래허가구역 내에서 토지거래계약허가
- 주택재개발정비사업조합의 사업시행계획인가
- 주택재개발조합설립추진위원회 구성승인
- 도시 및 주거환경정비법 상 관리처분계획에 대한 행정청의 인가
- 개인택시운송사업의 양도·양수에 대한 인가
  ⇨ 관할 관청이 개인택시운송사업의 양도·양수에 대한 인가를 하였을 경우 거기에는 양도인과 양수인 간의 양도행위를 보충하여 그 법률효과를 완성시키는 의미에서의 인가처분뿐만 아니라 양수인에 대해 양도인이 가지고 있던 면허와 동일한 내용의 면허를 부여하는 처분이 포함되어 있다(대판 2010.11.11, 2009두14934).

(나) 허가와 인가의 구별

	허가	인가
의의	금지의 해제·자유회복	타인의 법률행위를 보충완성
성질	원칙적 기속행위 명령적 행위	원칙적 재량행위 형성적 행위
신청	원칙적 신청 要 예외적 不要(일반처분)	반드시 신청 要
수정	수정허가 가능	수정인가 불가능
상대방	불특정 다수인도 가능	특정인
대상	사실행위, 법률행위	법률행위
위반시 사법(법률) 행위의 효과	원칙적 유효 (행정벌이나 강제집행의 대상)	무효 (행정벌이나 강제집행의 대상 아님)

(다) 법적 성질

① 형성적 행위
② 공익적 목적이 강하면 재량행위, 사익보호목적이 강하면 기속행위
  - 재단법인의 임원취임에 대한 주무관청의 승인행위 → 재량행위
  - 사립학교법인이사취임승인처분 → 기속행위
  - 토지거래계약 허가 → 기속행위
③ 재량행위면 부관을 붙일 수 있고, 기속행위인 경우 정지조건부 부관은 붙일 수 있다.
④ 수정인가는 불가

(라) 인가의 대상

법률행위만 인가의 대상이 되고 사실행위는 제외된다.

(마) 형식

보충행위이므로 언제나 신청을 전제로 한다. ⇨ 법규인가는 없다.

(바) 인가의 효력

① 인가가 있는 때에 효력이 발생한다. 기본행위시로 소급하는 것 아님
② 무인가 행위는 무효이다. ⇨ 강제집행이나 처벌의 대상이 되지는 않고 인가받지 못한 행위가 효력을 발생하지 않을 뿐이다.
③ 인가는 타인에게 이전되지 않는다.

(사) 인가의 하자와 기본행위의 하자 관계

① 인가가 있어도 기본행위의 하자를 치유하는 것은 아니다.
② 기본행위가 성립하지 않거나 무효인 경우 ⇨ 인가는 무효
③ 기본행위에 취소원인이 있는 경우 ⇨ 인가는 취소사유 ⇨ but 인가가 취소되거나, 기본행위가 취소될 때까지 인가는 유효. 기본행위가 취소되면 인가도 실효

④ 기본행위는 적법하지만 인가가 무효인 경우 ⇨ 무효
⑤ 기본행위는 적법하지만 인가에 취소사유가 있는 경우 ⇨ 인가가 취소될 때까지는 기본행위는 유효, 그러나 인가가 취소되면 무인가 행위가 된다.

(아) 인가 및 기본행위의 하자와 소송의 대상
① 기본행위에 하자가 있으나 인가는 적법한 경우 ⇨ 기본행위의 하자를 소송으로 다투어야 하고 인가를 다툴 수 없다.
② 기본행위는 적법하지만 인가에 하자가 있는 경우 ⇨ 인가처분의 무효나 취소를 다투어야 한다.

(3) 대리
제3자가 행할 행위를 행정청이 대리하여 행할 경우에, 그 제3자가 스스로 행한 것과 동일한 효과를 발생시키는 행위

Ⅳ 준법률행위적 행정행위

1. 확인

① 특정의 사실 또는 법률관계의 존재 여부에 관해 의문이 있거나 다툼이 있는 경우에 공권적으로 판단하여 이것을 확정하는 행위
② 종류

조직법상의 확인	당선인결정, 장애등급결정, 국가시험합격자결정
급부행정법상 확인	도로구역결정, 발명권특허, 교과서검인정
재정법상의 확인	소득세부과를 위한 소득세금액 결정
쟁송법상의 확인	이의신청의 재결, 행정심판의 재결

③ 준사법적 행정행위 / 요식행위 / 기속행위 but 교과서 검인정은 재량행위(헌재는 특허로 본다)
④ 언제나 처분의 형식 → 법규확인은 없다.
⑤ 효력 - 불가변력, 소급효 있음

2. 공증

① 의문이나 다툼이 없는 것을 전제로 하여, 특정의 사실 또는 법률관계의 존재를 공적으로 증명하는 행정행위 ⇨ 공증의 대상은 진실이 아닐 수도 있으므로 공증행위는 반증에 의해 번복될 수 있다.
② 기속행위 / 요식행위
③ 공적 증거력이 부여된다.

④ 처분성이 인정된 경우와 부정된 경우

처분성이 긍정된 경우	처분성이 부정된 경우
• 지목변경신청 반려행위 • 지적 소관청의 토지분할신청 거부행위 • 건축물대장의 용도변경신청 거부행위 • 토지면적등록 정정신청에 대한 반려처분 • 건축물대장을 직권말소	• 무허가건물관리대장에서 삭제하는 행위 • 토지대장의 소유자명의변경신청거부 • 자동차운전면허대장상의 등재행위 • 인감증명행위

3. 통지

① 특정인 또는 불특정 다수인에게 특정한 사실을 알리는 행위
② 당연퇴직의 통보와 같이 단순한 사실행위로서의 통지행위 처럼 법적 효과가 주어지지 않는 것은 준법률행위적 행정행위로서의 통지가 아니다.
③ 통지는 그 자체로 독립된 행정행위이므로 이미 성립한 행정행위의 효력발생요건으로서의 교부나 송달은 통지가 아니다.
④ 처분성 긍정 ⇨ 항고소송 가능

4. 수리

① 법상 행정청에게 수리의무가 있는 경우에 신고, 신청 등 타인의 행위를 행정청이 유효한 행위로서 받아들이는 행위
② **행위요건적 신고에서의 수리를 말한다.**
③ 기속행위이다.
④ 수리의 거부는 행정쟁송의 대상이 된다.

V 부관

1. 의의

① 행정행위의 효과를 제한 또는 보충하기 위하여 행정기관에 의하여 주된 행정행위에 부가되는 종된 규율
② 법정부관은 행정행위로서의 부관이 아님 ⇨ 부관 부과의 한계가 적용되지 않는다. ⇨ 법정부관이 위법하면 규범통제의 대상이 될 뿐이다. 다만 법정부관이 처분성을 가지는 경우에는 항고소송의 대상이 된다.
③ 행정기본법은 "행정청은 처분에 재량이 있는 경우에는 부관(조건, 기한, 부담, 철회권의 유보 등을 말한다)을 붙일 수 있다. 행정청은 처분에 재량이 없는 경우에는 법률에 근거가 있는 경우에 부관을 붙일 수 있다."라고 규정하고 있다.

2. 종류

(1) 조건
① 행정행위의 효력의 발생 또는 소멸을 장래의 불확실한 사실에 의존시키는 부관
② 정지조건 : 조건이 성취되어야 행정행위가 비로소 효력이 발생하는 조건
③ 해제조건 : 행정행위가 일단 효력을 발생하고 조건이 성취되면 행정행위가 효력을 상실하는 조건

(2) 기한
① 행정행위의 효력의 발생 또는 소멸을 장래의 발생이 확실한 사실에 의존시키는 부관
② 시기·종기 / 확정기한·불확정 기한

(3) 부담
① 주된 행정행위에 부가하여 그 행정행위의 상대방에 대하여 작위·부작위·급부·수인의무를 부과하는 부관
② 부관 중에서 부담만은 독립된 행정행위로서 항고소송의 대상이 된다.
③ 조건인지 부담인지 불확실하면 부담으로 본다.
④ 수익적 행정행위에는 법령에 특별한 근거규정이 없어도 부담을 붙일 수 있다.
⑤ 행정청이 일방적으로 붙일 수 있고, 협약의 형식으로도 붙일 수 있다.
⑥ 부담의 불이행이 있어도 행정행위는 당연히 효력이 소멸되는 것이 아니라 철회사유가 된다.
⑦ 부담의 불이행이 있으면 이후의 행정처분을 거부할 수도 있고, 행정행위를 철회하지 않고 부담만 별도로 강제집행을 하거나 행정벌을 가할 수 있다.

(4) 철회권유보
① 장래 일정한 사유가 발생하는 경우에는 그 행정행위를 철회할 수 있는 권리를 유보하는 부관
② 철회권이 유보된 경우 원칙적으로 신뢰보호원칙에 기하여 철회의 제한을 주장하거나 철회로 인한 손실보상을 요구할 수 없다.
③ 해제조건은 장래에 일정한 사실이 성취되면 행정청의 별도의 의사표시 없이 당연히 행정행위의 효력이 소멸하나 철회권 유보는 유보된 사실이 발생하는 경우에 행정청의 별도의 의사표시, 즉 철회를 하여야만 비로소 그 효력이 소멸한다.
④ 법령의 근거가 없어도 철회권을 유보할 수 있다.
⑤ 판례는 법령에 명시되어 있는 사유 이외의 사유로 철회권을 유보할 수 있다고 함
   ⇨ 행정청은 그 취소사유가 법령에 규정되어 있는 경우뿐만 아니라 의무위반이 있는 경우, 사정변경이 있는 경우, 좁은 의미의 취소권이 유보된 경우, 또는 중대한 공익상의 필요가 발생한 경우 등에도 그 행정처분을 취소할 수 있는 것이다(대판 1984.11.13, 84누269).
⑥ 철회권 유보에 기한 철회행위는 그 자체가 독립된 행정행위이므로 그 철회처분에 하자가 있으면 그에 대해 다투어야지 본체인 행정행위를 다툴 수 없다.

(5) 사후부담의 유보(부담유보)

행정행위를 발하면서 사후에 부담을 부가할 수 있는 권한을 유보하거나 이미 부가된 부담의 내용을 사후에 변경할 수 있는 권한을 유보하는 부관

(6) 수정부담(=수정허가) - 부담 아님

(7) 법률효과의 일부배제

① 법률이 예정하고 있는 행정행위의 효과의 일부를 행정기관이 배제하는 부관
② 공유수면매립지인가처분을 하면서 매립지 일부에 대하여 국가에 귀속처분

3. 부관을 붙일 수 있는 행정행위

① 개별법령에 부관을 붙일 수 있다는 규정이 있는 경우에는 그 행정행위의 성질 여하를 불문하고 부관을 붙일 수 있다.
② 법률행위적 행정행위에만 부관을 붙일 수 있으나, 법률행위적 행정행위라 할지라도 부관에 친숙하지 아니한 경우가 있다(귀화, 공무원 임명).
③ 준법률행위에는 부관을 붙일 수 없는 것이 원칙이나, 확인·공증행위에 종기 정도의 부관은 붙일 수 있다.
④ 재량행위에만 부관을 붙일 수 있고 기속행위에는 법령에 근거가 없는 한 부관을 붙일 수 없다. ⇨ 재량적 행정행위에는 법률상의 근거가 없다고 하더라도 부관을 붙일 수 있다(대판 1982.12.28, 80다731). ⇨ 기속행위에 부관을 붙이기 위해서는 법령상의 근거가 있어야 한다.
④ 수익적 행정행위에 있어서는 법령에 특별한 근거규정이 없다고 하더라도 그 부관으로서 부담을 붙일 수 있다(대판 1997.3.11, 96다49650).

4. 부관의 한계

① 법령에 저촉되지 않아야 한다.
② 당해 행정행위를 규율하는 법령 및 행정행위의 목적상 필요한 범위를 넘어서는 아니된다.
③ 부관의 내용은 명확하여야 하며, 처분의 상대방이 이를 이행하는 것이 현실적으로 가능하여야 한다.
④ 부관의 내용은 비례의 원칙, 평등의 원칙, 부당결부금지원칙 등 행정법의 일반원칙에 반하지 않아야 한다.

5. 행정행위가 행해진 후에 새로이 부관을 붙이거나 이미 붙여진 부관의 내용을 변경 또는 보충할 수 있는가?

① 부관의 사후변경은, 법률에 명문의 규정이 있거나 그 변경이 미리 유보되어 있는 경우 또는 상대방의 동의가 있는 경우에 한하여 허용되는 것이 원칙이지만, 사정변경으로 인하여 당초에 부담을 부가한 목적을 달성할 수 없게 된 경우에도 그 목적달성에 필요한 범위 내에서 예외적으로 허용된다(대판 1997.5.30, 97누2627).
② 여객자동차법 제85조 제1항 제38호에 의하면, 운송사업자에 대한 면허에 붙인 조건을 위반한 경우 감차명령을 할 수 있는데, 감차명령의 사유가 되는 '면허에 붙인 조건을 위반한 경우'에서 '조건'에

는 운송사업자가 준수할 일정한 의무를 정하고 이를 위반할 경우 감차명령을 할 수 있다는 내용의 '부관'도 포함된다. 그리고 이러한 부관은 면허 발급 당시에 붙이는 것뿐만 아니라 면허 발급 이후에 붙이는 것도 법률에 명문의 규정이 있거나 그 변경이 미리 유보되어 있는 경우 또는 상대방의 동의가 있는 경우 등에는 특별한 사정이 없는 한 허용된다.

⇨ 감차명령은 행정소송법 제2조 제1항 제1호가 정한 처분으로서 항고소송의 대상이 된다(대판 2016.11.24. 2016두45028).

③ 행정기본법도 사후부관 및 부관의 사후변경을 규정하고 있다.

행정기본법 제17조 [부관]
③ 행정청은 부관을 붙일 수 있는 처분이 다음 각 호의 어느 하나에 해당하는 경우에는 그 처분을 한 후에도 부관을 새로 붙이거나 종전의 부관을 변경할 수 있다.
1. 법률에 근거가 있는 경우
2. 당사자의 동의가 있는 경우
3. 사정이 변경되어 부관을 새로 붙이거나 종전의 부관을 변경하지 아니하면 해당 처분의 목적을 달성할 수 없다고 인정되는 경우

6. 위법한 부관의 효력

(1) 무효인 부관
① 부관이 본질적인 부분에 따라 주된 행정행위가 무효인지 여부를 판단
② 부담은 독립한 행정행위이므로 부담이 무효라고 해서 주된 행정행위까지 무효가 되는 것은 아니지만, 무효인 부담이 주된 행정행위의 본질적인 부분인 경우에는 주된 행정행위도 무효다.
③ 도로점용허가의 점용기간은 행정행위의 본질적인 요소에 해당한다고 볼 것이어서 부관인 점용기간을 정함에 있어서 위법사유가 있다면 이로써 도로점용허가 처분 전부가 위법하게 된다(대판 1985.7.9. 84누604).

(2) 취소사유가 있는 부관
① 취소사유 있는 부관은 권한 있는 기관에 의해 취소되기 전까지는 유효한 부관으로 주된 행정행위도 유효한 부관이 붙은 행정행위로서 효력을 갖는다.
② 취소사유 있는 부관이 권한 있는 행정기관에 의해 취소된 경우에는 소급하여 무효인 부관이 된다.

(3) 기속행위와 재량행위에 부가된 위법한 부관
① 기속행위에 행정행위의 효과를 제한하는 부관이 법령의 근거 없이 붙여졌다면 그 부관은 무효이고 부관만이 무효이다.
② 재량행위에 위법한 부관이 부가되었다면 위법인 부관이 주된 행정행위의 본질적인 부분인지 여부에 따라 주된 행정행위도 취소 여부를 판단

7. 부관에 대한 행정쟁송

(1) 부담 이외의 부관

부관은 독립하여 행정쟁송의 대상이 되지 않으며, 부관부 행정행위 전체의 취소를 구하든지(대판 1985.7.9, 84누604), 아니면 먼저 행정청에 부관이 없는(또는 부관의 내용을 변경하는) 처분으로 변경해 줄 것을 청구한 다음 그것이 거부된 경우에 거부처분취소소송을 제기해야 한다(대판 1990.4.27, 89누6808).

(2) 부담

부담은 주된 행정행위로부터 독립된 처분의 성질을 가지므로 독립하여 취소소송의 대상이 될 수 있다(진정일부취소소송).

8. 위법한 부담의 이행으로 이루어진 사법상 법률행위의 효력

(1) 부담이 유효한 경우

기부채납의 부관이 당연무효이거나 취소되지 아니한 이상 토지소유자는 위 부관으로 인하여 증여계약의 중요부분에 착오가 있음을 이유로 증여계약을 취소할 수 없다(대판 1999.5.25, 98다53134).

(2) 부담이 무효인 경우

처분을 받은 사람이 부담의 이행으로 사법상 매매 등의 법률행위를 한 경우에는 그 부관은 특별한 사정이 없는 한 법률행위를 하게 된 동기 내지 연유로 작용하였을 뿐이므로 이는 법률행위의 취소사유가 될 수 있음은 별론으로 하고 그 법률행위 자체를 당연히 무효화하는 것은 아니다(대판 2009.6.25, 2006다18174).
⇨ 따라서 사법상 법률행위 자체를 대상으로 별도의 민사소송을 제기하여야 한다.

(3) 부담이 불가쟁력이 발생한 경우

행정처분에 붙은 부담인 부관이 제소기간의 도과로 확정되어 이미 불가쟁력이 생겼다면 그 하자가 중대하고 명백하여 당연 무효로 보아야 할 경우 외에는 누구나 그 효력을 부인할 수 없을 것이지만, 부담의 이행으로서 하게 된 사법상 매매 등의 법률행위는 부담을 붙인 행정처분과는 어디까지나 별개의 법률행위이므로 그 부담의 불가쟁력의 문제와는 별도로 법률행위가 사회질서 위반이나 강행규정에 위반되는지 여부 등을 따져보아 그 법률행위의 유효 여부를 판단하여야 한다(대판 2009.6.25, 2006다18174).

VI 행정행위의 성립요건

1. 정당한 권한을 가진 기관의 행위일 것

⇨ 시장으로부터 압류처분권한을 내부위임받은 구청장이 자신의 명의로 한 압류처분은 권한 없는 자에 의하여 행하여진 위법무효의 처분이다(대판 1993.5.27, 93누6621).
⇨ 적법한 권한 위임 없이 세관출장소장에 의하여 행하여진 관세부과처분은 위법하지만 당연무효는 아니다(대판 2004.11.26, 2003두2403).

2. 의사결정과정에 흠결이 없는 정상적 의사작용에 기한 것일 것

3. 적법성, 실현가능성, 명확성을 가질 것

4. 법에서 요구하는 절차를 거칠 것
   ⇨ 환경영향평가를 거치지 아니하였음에도 승인 등 처분을 하였다면 그 처분은 위법하다 할 것이나, 그러한 절차를 거쳤다면, 비록 그 환경영향평가의 내용이 다소 부실하다 하더라도, 그 부실의 정도가 환경영향평가제도를 둔 입법 취지를 달성할 수 없을 정도이어서 환경영향평가를 하지 아니한 것과 다를 바 없는 정도의 것이 아닌 이상, 그 부실로 인하여 당연히 당해 승인 등 처분이 위법하게 되는 것이 아니다(대판 2006.3.16, 2006두330 전원합의체).

5. 원칙적 서면주의
   → 전자문서는 당사자의 동의필요 → 신속을 요하거나 사안이 경미한 경우 구술 기타 방법으로 할 수 있다.

6. 처분의 근거와 이유제시를 하여야 한다.

7. 외부로 표시되어야 한다.

VII 행정행위의 효력발생요건

1. 송달(도달주의)
① 상대방에 대한 통지를 요하는 행정행위는 상대방에게 통지되어 도달되어야 효력이 발생한다. 그러나 제3자에 대한 통지는 효력발생요건이 아니다.
② 도달이란 상대방이 행정행위를 수령하여 그 내용을 알 수 있어야 함을 뜻하는 것이 아니고 상대방이 객관적으로 알 수 있는 상태에 놓이는 것을 의미한다(대판 1989.9.26., 89누4963).
③ 교부에 의한 송달은 수령확인서를 받고 문서를 교부
④ 정보통신망을 이용한 송달은 송달받을 자가 동의하는 경우에만 한다.
⑤ 송달은 해당 문서가 송달받을 자에게 도달됨으로써 그 효력이 발생한다.
⑥ 정보통신망을 이용하여 전자문서로 송달하는 경우에는 송달받을 자가 지정한 컴퓨터 등에 입력된 때에 도달된 것으로 본다.

적법한 송달 관련판례	부적법한 송달 관련판례
• 우편물이 등기취급의 방법으로 발송된 경우에는 반송되는 등의 특별한 사정이 없는 한 그 무렵 수취인에게 배달되었다고 보아야 한다(대판 2007.12.27, 2007다51758). • 보통우편의 방법으로 발송되었다는 사실만으로는 그 우편물이 상당기간 내에 도달하였다고 추정할 수 없고 송달의 효력을 주장하는 측에서 증거에 의하여 도달사실을 입증하여야 한다(대판 2002.7.26, 2000다25002). • 납세고지서의 교부송달 및 우편송달에 있어서는 반드시 납세의무자 또는 그와 일정한 관계에 있는 사람의 현실적인 수령행위를 전제로 하고 있다고 보아야 하며, 납세자가 과세처분의 내용을 이미 알고 있는 경우에도 납세고지서의 송달은 필요하다(대판 2004.4.9, 2003두13908). • 수감중인 자의 처가 수령한 경우 처가 위 통지서를 전달하지 아니하고 폐기해 버렸더라도 처가 통지서를 수령한 때에 그 내용을 알 수 있는 상태에 있었다고 볼 것이다(대판 1989.9.26, 89누4963). • 아파트 경비원이 관례에 따라 부재중인 납부의무자에게 배달되는 과징금부과처분의 납부고지서를 수령한 경우, 납부의무자가 아파트 경비원에게 우편물 등의 수령권한을 위임한 것으로 볼 수는 있으므로 송달은 적법하다. ⇨ 그러나 처분을 알았다고 볼 수 없으므로 행정심판의 청구기간의 기산점인 안날에 해당하는 것은 아니다. • 아르바이트 직원이 납부고지서를 수령한 이상, 원고로서는 그 때 처분이 있음을 알 수 있는 상태에 있었다고 볼 수 있고, 따라서 원고는 그 때 처분이 있음을 알았다고 추정함이 상당하다(대판 1999.12.28, 99두9742).	• 등기우편이라도 수취인이 주민등록지에 실제로 거주하지 않는 경우에는 우편물이 수취인에게 도달하였다고 추정할 수는 없다. 따라서 이러한 경우에는 우편물의 도달사실을 과세관청이 입증해야 할 것이다(대법원 1998.2.13. 97누8977). • 만 8세 1개월 남짓의 어린이에게 교부한 경우 송달은 부적법하다(대판 2011.11.10, 2011재두148).

2. 고시 또는 공고

① 송달받을 자의 주소등을 통상적인 방법으로 확인할 수 없는 경우 또는 송달이 불가능한 경우에는 관보, 공보, 게시판, 일간신문 중 하나 이상에 공고하고 인터넷에도 공고하여야 한다. ⇨ 공고일부터 14일이 지난 때에 그 효력이 발생한다.

② 불특정 다수인에 대한 처분인 일반처분의 경우에는 고시나 공고의 방법에 의한다. ⇨ 고시 또는 공고 등이 있은 날부터 5일이 경과한 때 효력이 발생한다.

3. 통지나 공고의 하자 ⇨ 무효

4. 통지나 공고에 절차적 하자가 있는 경우 ⇨ 취소사유

행정행위의 효력

1. 구속력
⇨ 행정행위의 당사자를 구속하는 실체법적 효력(행정행위의 내용에 구속됨)

2. 공정력

(1) 의의
① 행정행위에 하자가 있더라고 하자가 중대하고 명백하여 무효가 되지 않는 한, 권한 있는 기관에 의하여 취소되기까지 유효한 행위로서 통용되는 효력(=예선적 효력)
② 행정기본법은 "처분은 권한이 있는 기관이 취소 또는 철회하거나 기간의 경과 등으로 소멸되기 전까지는 유효한 것으로 통용된다. 다만, 무효인 처분은 처음부터 그 효력이 발생하지 아니한다."(행정기본법 제15조)라고 하여 공정력에 관하여 규정하고 있다.
③ 집행부정지의 원칙은 공정력과 관계가 없다는 견해가 다수설
④ 취소할 수 있는 행위에만 공정력 인정 → 무효인 행위에는 공정력 없음
⑤ 비권력적 행위, 사법행위, 사실행위 등에는 공정력이 인정되지 않는다.

(2) 공정력과 선결문제
① 공정력은 실체적으로 적법하다는 것을 추정시키는 것이 아니므로 행정법원이 아닌 **민사법원이나 형사법원도 행정행위의 위법성은 판단할 수 있다**.
② **국가배상소송**에서 민사법원은 행정행위의 취소 여부와 상관없이 위법 여부를 판단하여 손해배상을 명할 수 있다.
③ 무효인 행정행위에는 공정력이 발생하지 않으므로 **부당이득반환청구소송**에서 민사법원은 행정행위의 무효여부를 판단하여 부당이득반환에 대한 본안판단을 할 수 있다.
④ 취소할 수 있는 행정행위인 경우 민사법원은 공정력 때문에 부당이득반환청구소송에서 과세처분을 취소할 수 없으므로 부당이득반환에 대한 본안판단을 할 수 없다. 따라서 원고는 과세처분취소소송을 먼저 제기하여 과세처분이 취소되어야 민사법원에 부당이득 반환청구를 할 수 있다.
⑤ **시정명령위반죄**로 기소된 사안에서 위법한 명령에 따르지 않은 것은 죄가 성립되지 않으므로 형사법원은 시정명령이 위법한 것이지를 판단하여 위법한 시정명령인 경우에는 무죄를 선고하고, 적법한 시정명령인 경우에는 시정명령위반죄로 유죄를 선고한다.
⑥ **무효인 행정행위에 위반되어 기소된 경우** 형사법원은 행정행위가 무효인지 판단하여 무효인 경우에는 무죄를 선고한다.
⑦ **취소할 수 있는 행정행위 위반으로 기소된 경우** 형사법원은 당해 행정행위를 취소할 수 없으므로 행정행위가 유효하다는 것을 전제로 판단하여야 한다.
⇨ 연령미달의 피고가 다른사람의 이름으로 운전면허를 발급받아 운전한 경우 운전면허는 취소사유에 불과하므로 무면허운전에 해당하지 않아서 처벌 할 수 없다(대판 1982.6.8, 80도2646).

⇨ 물품을 수입하고자 하는 자가 일단 세관장에게 수입신고를 하여 그 면허를 받고 물품을 통관한 경우에는, 세관장의 수입면허가 중대하고도 명백한 하자가 있는 행정행위이어서 당연무효가 아닌 한 관세법 제181조 소정의 무면허수입죄가 성립될 수 없다(대판 1989.1.28, 89도149).

3. 존속력(불가쟁력과 불가변력)

(1) 불가쟁력(형식상 존속력)
① 하자 있는 행정행위라도 그에 대한 불복기간 또는 제소기간이 경과하거나 쟁송절차가 종료된 경우에는 더 이상 그 행정행위의 효력을 다툴 수 없게 하는 효력이다.
　⇨ 따라서 불가쟁력이 발생한 행정행위에 대하여 행정쟁송을 제기하면 부적법 각하된다.
② 행정행위의 상대방이나 이해관계인을 구속하는 효력이므로 취소권을 가진 행정청은 불가쟁력이 발생한 이후에도 직권으로 행정행위를 취소 또는 철회할 수 있다.
③ 불가쟁력이 발생한 이후에도 국가배상청구소송은 제기할 수 있다.
④ 불가쟁력이 발생하면 처분청에 직권취소 등을 촉구할 수 있을 뿐 취소 또는 철회를 신청할 권리는 인정되지 않는다는 것이 판례입장이다.
⑤ 그러나 2023년 개정된 행정기본법은 "당사자는 처분이 행정심판, 행정소송 및 그 밖의 쟁송을 통하여 다툴 수 없게 된 경우(법원의 확정판결이 있는 경우는 제외한다)라도 일정한 경우에 해당하는 경우에는 해당 처분을 한 행정청에 처분을 취소·철회하거나 변경하여 줄 것을 신청할 수 있다"고 하여 불가쟁력이 발생한 행정처분에 대하여도 재심신청권을 인정하였다.

행정기본법 제37조 [처분의 재심사] [시행일: 2023.3.24]
① 당사자는 처분(제재처분 및 행정상 강제는 제외한다. 이하 이 조에서 같다)이 행정심판, 행정소송 및 그 밖의 쟁송을 통하여 다툴 수 없게 된 경우(법원의 확정판결이 있는 경우는 제외한다)라도 다음 각 호의 어느 하나에 해당하는 경우에는 해당 처분을 한 행정청에 처분을 취소·철회하거나 변경하여 줄 것을 신청할 수 있다.
1. 처분의 근거가 된 사실관계 또는 법률관계가 추후에 당사자에게 유리하게 바뀐 경우
2. 당사자에게 유리한 결정을 가져다주었을 새로운 증거가 있는 경우
3. 「민사소송법」제451조에 따른 재심사유에 준하는 사유가 발생한 경우 등 대통령령으로 정하는 경우
② 제1항에 따른 신청은 해당 처분의 절차, 행정심판, 행정소송 및 그 밖의 쟁송에서 당사자가 중대한 과실 없이 제1항 각 호의 사유를 주장하지 못한 경우에만 할 수 있다.
③ 제1항에 따른 신청은 당사자가 제1항 각 호의 사유를 안 날부터 60일 이내에 하여야 한다. 다만, 처분이 있은 날부터 5년이 지나면 신청할 수 없다.
④ 제1항에 따른 신청을 받은 행정청은 특별한 사정이 없으면 신청을 받은 날부터 90일(합의제행정기관은 180일) 이내에 처분의 재심사 결과(재심사 여부와 처분의 유지·취소·철회·변경 등에 대한 결정을 포함한다)를 신청인에게 통지하여야 한다. 다만, 부득이한 사유로 90일(합의제행정기관은 180일) 이내에 통지할 수 없는 경우에는 그 기간을 만료일 다음 날부터 기산하여 90일(합의제행정기관은 180일)의 범위에서 한 차례 연장할 수 있으며, 연장 사유를 신청인에게 통지하여야 한다.
⑤ 제4항에 따른 처분의 재심사 결과 중 처분을 유지하는 결과에 대해서는 행정심판, 행정소송 및 그 밖의 쟁송수단을 통하여 불복할 수 없다.
⑥ 행정청의 제18조에 따른 취소(위법 또는 부당한 처분의 취소)와 제19조에 따른 철회(적법한 처분의 철회)는 처분의 재심사에 의하여 영향을 받지 아니한다.

⑦ 제1항부터 제6항까지에서 규정한 사항 외에 처분의 재심사의 방법 및 절차 등에 관한 사항은 대통령령으로 정한다.
⑧ 다음 각 호의 어느 하나에 해당하는 사항에 관하여는 이 조를 적용하지 아니한다.
1. 공무원 인사 관계 법령에 따른 징계 등 처분에 관한 사항
2. 「노동위원회법」 제2조의2에 따라 노동위원회의 의결을 거쳐 행하는 사항
3. 형사, 행형 및 보안처분 관계 법령에 따라 행하는 사항
4. 외국인의 출입국·난민인정·귀화·국적회복에 관한 사항
5. 과태료 부과 및 징수에 관한 사항
6. 개별 법률에서 그 적용을 배제하고 있는 경우

행정기본법 시행령 제12조 [처분의 재심사 신청 사유]
법 제37조제1항제3호에서 "「민사소송법」 제451조에 따른 재심사유에 준하는 사유가 발생한 경우 등 대통령령으로 정하는 경우"란 다음 각 호의 어느 하나에 해당하는 경우를 말한다.
1. 처분 업무를 직접 또는 간접적으로 처리한 공무원이 그 처분에 관한 직무상 죄를 범한 경우
2. 처분의 근거가 된 문서나 그 밖의 자료가 위조되거나 변조된 것인 경우
3. 제3자의 거짓 진술이 처분의 근거가 된 경우
4. 처분에 영향을 미칠 중요한 사항에 관하여 판단이 누락된 경우

(2) 불가변력(실질적 존속력)

① 처분행정청이 스스로 취소·변경·철회를 할 수 없는 효력이다. ⇨ 불가변력은 당해 처분행정청 또는 상급행정청에 대한 구속력이다. ⇨ 따라서 행정행위의 상대방은 행정쟁송의 제기기간 내에 쟁송을 제기 할 수 있다.
② 불가변력은 모든 행정행위에 공통된 효력이 아니라 특별한 행정행위에 대해서만 인정된다.
　⇨ ・준사법적 행정행위(행정심판의 재결, 토지수용재결, 징계처분에 대한 소청심사위원회의 결정)
　　・확인행위(국가시험합격자결정, 당선인 결정)

구분	불가쟁력	불가변력
목적	법적의 안정성과 행정의 능률성	법적 안정성과 신뢰보호
성질	절차법상 효력	실체법상 효력
상대방	상대방이나 이해관계인	처분청 등 행정기관
인정범위	모든 행정행위	준사법적 행정행위 등 제한적
효력발생시점	쟁송기간 도과시	행정행위의 효력발생시
직권취소	○	×
취소소송제기	×	○

4. 강제력(집행력)

(1) 자력집행력

① 행정대집행 등
② 하명의 경우에만 자력집행력이 인정됨

(2) 제재력

의무 위반에 대하여 행정형벌이나 행정질서벌 등을 부과하는 효력

IX 행정행위의 하자

1. 하자의 판단시기

처분시 / 단순한 오기나 계산의 착오는 하자 아님

2. 무효와 취소

(1) 무효

행정행위란 행정행위가 외관상 성립하였으나, 중대하고 명백한 하자로 인하여 처음부터 아무런 법적 효과를 발생하지 아니하는 행정행위

(2) 취소

하자가 중대하고 명백하지 않은 행정행위

(3) 무효와 취소의 공통점과 차이점

구분	무효인 행정행위	취소할 수 있는 행정행위
공정력, 불가쟁력 등	×	○
신뢰보호원칙	×	○
하자치유	×	○
하자전환	○	×
하자승계	• 선행행위가 무효인 경우 후행행위 당연무효 • 하자승계문제가 생기지 않음	선·후행행위가 하나의 효과를 목적으로 하는 경우만 인정
공무방해죄 성립	×	○
소송형태	• 무효확인심판과 무효확인소송 • 무효선언적 의미의 취소소송	취소심판과 취소소송
불복제기기간 제약	×	○
행정심판전치주의	×	○
선결문제 판단	○	×
사정재결, 사정판결	×	○
간접강제	×	○

(4) 무효와 취소의 구별기준

① 중대·명백설 - 중대한 하자 - 행정행위의 내용적 하자 / 명백한 하자 - 행정행위의 외관적 하자
② 대법원 - 중대·명백설의 입장이면서 예외적으로 제3자의 보호가 특별히 문제되지 않은 경우 중대한 하자만 있어도 무효로 봄으로써 명백성보충설을 따르는 경우도 있음

3. 위헌법률에 근거한 행정처분의 효력

① 법률이 이미 위헌으로 결정된 후 그 법률에 근거하여 행정처분을 하면 당연무효
② 행정처분이 있은 후 그 처분의 근거 법률이 나중에 위헌결정이 된 경우에는 취소사유에 불과하다.
 ⇨ 다만 행정처분 자체의 효력이 쟁송기간 경과 후에도 존속 중인 경우, 특히 그 처분이 위헌법률에 근거하여 내려진 것이고 그 행정처분의 목적달성을 위하여서는 후행 행정처분이 필요한데 후행 행정처분 아직 이루어지지 않은 경우와 같이 그 행정처분을 무효로 하더라도 법적 안정성을 크게 해치지 않는 반면에 그 하자가 중대하여 그 구제가 필요한 경우에 대하여서는 그 예외를 인정하여 이를 당연무효사유로 보아서 쟁송기간 경과 후에라도 무효확인을 구할 수 있다(헌재결 1994.6.30, 92헌바23).
③ 과세처분 후 조세부과의 근거법률이 위헌결정이 내려진 경우에는 그 조세채권의 집행을 위한 체납처분도 당연무효이다.
④ 위헌법률에 기한 행정처분의 집행이나 집행력을 유지하는 것을 위헌결정의 기속력에 위반되어 허용되지 않는다. ⇨ 위헌결정 이전에 이미 부담금 부과처분과 압류처분 및 이에 기한 압류등기가 이루어지고 위의 각 처분이 확정되었다고 하여도, 위헌결정 이후에는 별도의 행정처분인 매각처분, 분배처분 등 후속 체납처분절차를 진행할 수 없는 것은 물론이고, 특별한 사정이 없는 한 기존의 압류등기나 교부청구만으로는 다른 사람에 의하여 개시된 경매절차에서 배당을 받을 수도 없다(대판 2002.8.23, 2001두2959).
⑤ 행정처분 이후에 처분의 근거법률이 위헌결정이 난 경우 그 행정처분은 위법하여 취소사유에 해당하지만 공무원의 고의 또는 과실을 인정할 수 없다(국가배상 성립하지 않는다).

4. 무효로 본 판례와 취소로 본 판례

무효로 본 판례	취소로 본 판례
• 구 폐기물처리시설 설치촉진 및 주변지역 지원 등에 관한 법률에 정한 입지선정위원회가 그 구성방법 및 절차에 관한 같은 법 시행령의 규정에 위배하여 군수와 주민대표가 선정·추천한 전문가를 포함시키지 않은 채 임의로 구성되어 의결을 한 경우, 그에 터잡아 이루어진 폐기물처리시설 입지결정처분 • 구 환경영향평가법상 환경영향평가를 실시하여야 할 사업에 대하여 환경영향평가를 거치지 아니하였음에도 승인 등 처분을 한 경우, 그 처분의 하자가 행정처분의 당연무효사유에 해당한다. • 환지계획 인가 후에 당초의 환지계획에 대한 공람과정에서 토지소유자 등 이해관계인이 제시한 의견에	• 임면권자가 아닌 국가정보원장이 5급 이상의 국가정보원직원에 대하여 한 의원면직처분 • 세무조사가 과세자료의 수집 또는 신고내용의 정확성 검증이라는 그 본연의 목적이 아니라 부정한 목적을 위하여 행하여진 것이라면 이는 세무조사에 중대한 위법사유가 있는 경우에 해당하고 이러한 세무조사에 의하여 수집된 과세자료를 기초로 한 과세처분 역시 위법하다. • 도시계획사업의 실시계획인가 고시에 정해진 사업시행기간 경과 후 변경인가 고시를 하면서 일부 사항을 종전의 것과 같다는 취지에서 생략한 경우, 그 하자는 변경인가에 의한 새로운 사업실시계획인가의 무

- 따라 수정하고자 하는 내용에 대하여 다시 공람절차 등을 밟지 아니한 채 수정된 내용에 따라 한 환지예정지 지정처분은 환지계획에 따르지 아니한 것이거나 환지계획을 적법하게 변경하지 아니한 채 이루어진 것이어서 당연 무효라고 할 것이다.
- 과세예고 통지 후 과세전적부심사청구나 그에 대한 결정이 있기도 전에 과세처분을 하는 것은 절차상의 하자가 중대하고도 명백하여 무효이다.
- 소청심사위원회가 소청 사건을 심사할 때에는 소청인 등에게 진술 기회를 주어야 하며, 진술 기회를 주지 아니한 결정은 무효로 한다.
- 국가공무원법 상 소청심사위원회가 소청 사건을 심사할 때에는 소청인 등에게 진술 기회를 주어야 하며, 진술 기회를 주지 아니한 결정은 무효로 한다.
- 행정절차법 제24조는, 행정청이 처분을 하는 때에는 다른 법령 등에 특별한 규정이 있는 경우를 제외하고는 문서로 하여야 하고 전자문서로 하는 경우에는 당사자 등의 동의가 있어야 하며, 다만 신속을 요하거나 사안이 경미한 경우에는 구술 기타 방법으로 할 수 있다고 규정하고 있는데, 이는 행정의 공정성·투명성 및 신뢰성을 확보하고 국민의 권익을 보호하기 위한 것이므로 위 규정을 위반하여 행하여진 행정청의 처분은 하자가 중대하고 명백하여 원칙적으로 무효이다.
- 납세자가 아닌 제3자의 재산을 대상으로 한 압류처분은 당연무효이다.
- 과세관청이 납세자에 대한 체납처분으로서 국내은행 해외지점에 예치된 예금에 대한 반환채권을 대상으로 한 압류처분은 국세징수법에 따른 압류의 대상이 될 수 없는 재산에 대한 것으로서 무효이다.
- 임용당시 공무원임용결격사유가 있었다면 비록 국가의 과실에 의하여 임용결격자임을 밝혀내지 못하였다 하더라도 그 임용행위는 당연무효로 보아야 한다.
- 행정재산에 대한 국가의 매각처분
- 음주운전을 단속한 경찰관 명의로 행한 운전면허정지처분
- 부동산을 양도한 사실이 없음에도 행한 양도소득세 부과처분
- 개발부담금 납부의무자도 아닌 조합원들에게 개발부담금을 부과·고지한 처분
- 당연무효인 인가처분에 기초한 수용재결

- 효사유가 아니라 취소사유에 지나지 아니한다.
- 택지개발촉진법 소정의 택지개발계획의 공람절차를 거치지 아니하였다거나 수용할 토지의 세목을 고시하고 토지소유자에게 이를 통지하는 절차를 취하지 아니하였다는 등의 하자들은 취소사유에 해당한다.
- 납세의무자가 세금을 납부기한까지 납부하지 아니하자 과세청이 그 징수를 위하여 압류처분에 이른 것이라면 비록 독촉절차없이 압류처분을 하였다 하더라도 이러한 사유만으로는 압류처분을 무효로 되게 하는 중대하고도 명백한 하자로는 되지 않는다.
- 행정청이 침해적 행정처분을 함에 즈음하여 청문을 실시하지 않아도 되는 예외적인 경우에 해당하지 않는 한 반드시 청문을 실시하여야 하고, 그 절차를 결여한 처분은 위법한 처분으로서 취소사유에 해당한다.
- 건설부장관이 관계 중앙행정기관의 장과 협의를 거치지 아니하고 택지개발예정지구를 지정한 경우, 그 지정처분이 당연무효가 되는 하자에 해당하는 것은 아니다.
- 과세관청이 과세처분을 함에 있어서 납세고지서에 그 세액산출근거를 명시하지 아니하였을 때에는 그 하자는 취소사유일 뿐 그 하자가 중대하고 명백한 무효사유에는 해당하지 않는다.
- 구 학교보건법상 학교환경위생정화구역에서의 금지행위 및 시설의 해제 여부에 관한 행정처분을 함에 있어 학교환경위생정화위원회의 심의를 거치도록 한 취지 및 그 심의절차를 누락한 행정처분은 취소사유에 해당한다.

5. 취소권자

① 직권취소 - 처분청·감독청 / 쟁송취소 - 행정심판위원회 / 법원
② 취소소송이 진행 중이라도 행정청은 위법한 처분을 스스로 취소할 수 있다.

6. 취소청구권 인정여부

① 취소의 사유가 존재한다고 하여도 사인인 제3자는 권한행정청에 대하여 원칙적으로 직권취소청구권을 갖는다고 보기 어렵다. 판례도 취소청구권을 인정하지 않는다(대판 2006.6.30, 2004두701).
② 다만 처분의 당사자에게는 일정한 요건 하에 처분의 취소·철회신청권이 인정된다(행정기본법 제37조).

7. 전부취소와 일부취소

① 전부취소 – 원칙적으로 전부취소
② 일부취소 – 행정행위가 가분성이 있거나 그 목적물의 일부가 특정될 수 있는 경우에는 일부취소가 가능하다.
  ⇨ 실지거래가액이 불분명한데도 이를 기준으로 하여 양도소득세를 부과한 과세처분은 과세표준액을 잘못 산정한 위법이 있는 것 뿐이므로 정당한 세액의 범위를 초과하는 부분만을 위법하다 하여 취소하여야 한다(대판 1983.10.25, 83누454).
  ⇨ 과징금 부과 관청이 재량권을 일탈·남용하여 과징금 부과처분이 위법하다고 인정될 경우, 법원으로서는 과징금 부과처분 전부를 취소할 수밖에 없고, 법원이 적정하다고 인정되는 부분을 초과한 부분만 취소할 수는 없다(대판 2005.9.15, 2005두3257).

8. 취소의 효과

(1) 직권취소

행정청은 위법 또는 부당한 처분의 전부나 일부를 소급하여 취소할 수 있다. 다만, 당사자의 신뢰를 보호할 가치가 있는 등 정당한 사유가 있는 경우에는 장래를 향하여 취소할 수 있다(행정기본법 제18조).

(2) 쟁송취소

쟁송취소는 주로 부담적 행정행위가 대상이고 상대방의 신뢰보호에 반하지 않으므로 원칙적으로 소급효가 인정된다.

9. 취소의 제한

직권취소는 취소로 인하여 상대방 또는 이해관계인 받게 되는 불이익과 취소로 인하여 달성되는 공익 및 관계이익을 이익형량하여야 한다.

10. 취소의 취소

① 판례는 '침익적 행정행위의 취소의 취소'는 인정하지 않지만, '수익적 행정행위의 취소의 취소'는 가능한 것으로 본다.
② 수익적 행정행위의 직권취소의 취소로 수익적 행정행위의 취소 후 새롭게 형성된 제3자의 권익이 침해되는 경우에 직권취소의 취소를 인정하지 않는다.

11. 행정행위의 철회

① 적법하게 성립한 행정행위의 효력을 사후적으로 발생한 사유를 이유로 그 행정행위의 효력을 장래

에 향하여 소멸시키는 원행정행위와 독립된 행정행위이다.
② 취소사유는 행정행위의 성립 당시에 존재하였던 하자를 말하고, 철회사유는 행정행위가 성립된 이후에 새로이 발생한 사유에 기인한다.
③ 취소는 원칙적으로 소급하여 효력이 소멸되지만 철회는 장래를 향하여 효력이 소멸된다.
④ 취소는 처분청과 감독청이 취소권을 갖지만, 철회는 특별한 규정이 없는 한 처분청만 할 수 있다.
⑤ 다수설과 판례는 행정의 합목적성에 비추어 행정행위의 철회는 반드시 법률의 근거를 요하지 않는다고 본다.
⑥ 수익적 행정처분을 취소 또는 철회하는 경우에는 기득권의 침해를 정당화할 만한 중대한 공익상의 필요 또는 제3자의 이익보호의 필요가 있는 때에 한하여 상대방이 받는 불이익과 비교·교량하여 결정하여야 한다.
⑦ 행정기본법은 처분에 불가쟁력이 발생하여 더 이상 행정쟁송을 통하여 다툴 수 없게 된 경우로서 처분이 있은 후 5년이 지나지 않은 경우에도 일정한 요건에 해당하면 당사자는 그 사유를 안 날부터 60일 이내에 해당 처분을 한 행정청에 대하여 처분을 취소·철회하거나 변경하여 줄 것을 신청할 수 있도록 하였다. 다만, 제재처분, 행정상 강제, 법원의 확정판결이 있는 처분에 대해서는 재심사를 신청할 수 없도록 하였다(행정기본법 제37조 참조).
⇨ 다만 판례는 처분청은 별도의 법적 근거가 없어도 철회·변경할 수 있지만 이는 그러한 철회·변경의 권한을 처분청에게 부여하는 데 그치는 것일 뿐 상대방 등에게 그 철회·변경을 요구할 신청권까지를 부여하는 것은 아니라고 한다.

X 하자의 치유

1. 의의

성립당시에 적법요건을 결여한 하자 있는 행정행위라 하더라도 사후에 그 하자의 원인이 된 적법요건을 보완하거나 그 하자가 취소사유가 되지 않을 정도로 경미해진 경우에 성립 당시의 하자에도 불구하고 본래의 행정행위는 하자 없는 적법한 행위로 그 효력을 그대로 유지시키는 것

2. 주요 내용

① 원칙적으로 허용될 수 없고, 행정행위의 무용한 반복을 피하고 당사자의 법적 안정성을 보호하기 위하여 국민의 권익을 침해하지 아니하는 범위 내에서 예외적으로만 허용된다.
② 취소할 수 있는 행정행위에만 인정되고 무효인 행정행위에는 인정되지 않는다.
⇨ 무효인 이상, 상대방이 내용을 알았다거나 또는 알 수 있었다 하더라도 하자가 치유되는 것은 아니다.
③ 형식상·절차상 하자는 하자의 치유의 대상이 되지만, 행정처분의 내용상의 하자에 대해서는 하자의 치유를 허용하지 않는다.

⇨ 행정청이 청문서 도달기간을 다소 어겼다하더라도 영업자가 이에 대하여 이의하지 아니한 채 스스로 청문일에 출석하여 그 의견을 진술하고 변명하는 등 방어의 기회를 충분히 가졌다면 청문서 도달기간을 준수하지 아니한 하자는 치유되었다고 봄이 상당하다(대판 1992.10.23, 92누2844).
④ 의견진술절차 불이행의 하자는 원칙상 치유되지 않는다. 다만 의견진술자체의 하자가 아니라 의견진술통지기간의 불준수와 같은 의견진술절차상의 하자는 이해관계인에게 방어기회가 주어졌다는 측면에서 하자가 치유된다.
⑤ 행정처분의 적법여부는 처분당시의 사유와 사정을 기준으로 판단하여야 하고 처분청이 처분 이후에 추가한 새로운 사유를 보태어 당초처분의 흠을 치유시킬 수는 없다.
⑥ 하자의 치유는 행정쟁송 제기 이전에만 가능하다.
⑦ 하자의 치유는 행정행위 처분시로 소급하여 적법한 행정행위가 된다.

XI 하자의 전환

1. 의의
① 행정행위가 본래의 행정행위로서는 무효이나 다른 행정행위로 보면 그 요건이 충족되는 경우에 하자 있는 행정행위를 하자 없는 다른 행정행위로 인정하는 것
② 무효인 행정행위에만 인정된다는 것이 통설

2. 요건
① 전환 전과 후의 행위 간에 요건·목적·효과 등에서 실질적 공통성 존재
② 전환 전과 후의 행위 간의 절차와 형식이 동일할 것
③ 전환되는 행정행위의 성립·적법·효력요건을 갖추고 있을 것
④ 하자 있는 행정행위를 한 행정청의 의도에 반하지 아니할 것, 즉 행정청이 본래의 행정행위의 위법성을 알았더라면 당해 행정청이 전환되는 행정행위와 같은 내용의 처분을 하였을 것이 인정되어야 한다.
⑤ 당사자가 그 전환을 의욕할 것, 즉 당사자에게 불이익한 법적 효과를 초래하지 않아야 한다.
⑥ 제3자의 권익을 침해하지 않을 것
⑦ 기속행위를 재량행위로 전환해서는 안된다.

3. 전환권자
처분청 / 행정심판기관 / 법원

4. 전환된 새로운 행정행위의 효력
① 무효인 행정행위 시로 소급하여 효력을 발생한다.

② 무효인 행위와 전환되는 행정행위 사이에는 하자의 승계가 인정되지 않는다.
③ 소송계속 중에도 전환할 수 있다.
⇨ 소송계속 중 전환이 이루어지면 처분의 변경으로 인한 소의 변경이 가능하다.

XII 하자의 승계

1. 의의
① 두 개 이상의 행정행위가 연속적으로 행해지는 경우, 선행행위가 위법하지만 제소기간 등의 경과로 더 이상 다투게 될 수 없게 된 때 후행행위 자체에 하자가 없음에도 불구하고 선행행위의 하자를 이유로 후행행위를 다툴 수 있게 하는 것
② 선행행위와 후행행위는 모두 항고소송의 대상이 되는 처분이어야 한다.
③ 선행행위는 무효사유가 아닌 취소사유에 해당하는 하자가 존재해야 한다.
④ 선행행위에는 하자가 존재하여 위법하나 후행행위에는 하자가 없어 적법하여야 한다.
⑤ 선행행위의 하자를 제소기간 내에 다투지 않아 불가쟁력이 발생한 경우여야 한다.
⑥ 통설은 선행행위와 후행행위가 하나의 법률효과의 발생을 목적으로 하는 일련의 절차를 이루는 경우에만 하자가 승계되고 양 행위가 별개의 독립된 법률효과의 발생을 목적으로 하는 독립된 절차를 이루는 경우에는 하자가 승계되지 않는다고 한다.
⑦ 판례는 두 개 이상의 행정처분이 연속적으로 행하여지는 경우 선행처분과 후행처분이 서로 결합하여 1개의 법률효과를 완성하는 때에 인정하고 별개의 법률효과를 목적으로 하는 경우에는 하자의 승계를 인정하지 않는다.
⇨ 다만 별개의 법률효과를 목적으로 하는 경우에도 선행처분의 불가쟁력이나 구속력이 그로 인하여 불이익을 입게 되는 자에게 수인한도를 넘는 가혹함을 가져오며, 그 결과가 당사자에게 예측 가능한 것이 아닌 경우에는 선행행위의 하자를 이유로 후행행위의 효력을 다툴 수 있다고 한다 (선행행위의 구속력이론).

2. 선행행위의 구속력(규준력)이론에 의한 하자승계
① 선행행위의 내용과 효과가 후행행위를 구속함으로써 상대방은 후행행위를 다툼에 있어 선행행위의 내용과 대립되는 주장이나 판단을 할 수 없게 하는 효과 ⇨ 원칙적으로 하자의 승계 부정
② 선행행위의 후행행위에 대한 구속력의 예외(구속력 차단)가 인정되는 경우(구속력을 인정할 수 없는 경우)에는 하자의 승계를 인정
③ 선행행위와 후행행위의 목적 및 법효과가 동일한 경우에 선행행위의 구속력 인정 ⇨ 하자승계 부정
④ 선행행위의 상대방과 후행행위의 상대방이 일치하는 경우에 선행행위의 구속력 인정 ⇨ 하자승계 부정
⑤ 선행행위의 사실적·법적 상태가 유지되는 한도에서 선행행위의 구속력 인정 ⇨ 하자승계 부정

⑥ 선행행위의 후행행위에 대한 구속력을 인정하는 것이 개인에게 지나치게 가혹하며 예측 가능하지 않은 경우에는 구속력 부정(차단) ⇨ 하자승계 긍정

3. 하자승계 인정여부에 대한 판례

하자의 승계를 인정	① 행정대집행에 있어서 계고처분과 비용납부명령(대판 1993.11.9, 93누14271) ② 행정대집행의 계고·대집행영장에 의한 통지·대집행의 실행·대집행 비용의 납부명령(대판 1993.11.9, 93누14271) ③ 압류처분과 공매처분(대판 1991.6.28, 89다카28133) ④ 국세체납에 따른 독촉처분과 가산금, 중가산금의 징수처분(대판 1986.10.28, 86누147) ⑤ 개별공시지가결정과 과세처분(대판 1996.6.25, 93누17935) ⑥ 개별공시지가 결정과 이에 근거한 개발부담금부과처분(대판 2001.6.26, 99두11592) ⑦ 표준지공시지가결정과 수용재결처분(대판 2008.8.21, 2007두13845) ⑧ 기준지가고시처분과 토지수용처분(대판 1997.4.24, 78누242) ⑨ 선행 귀속재산의 임대처분과 후행 매각처분(대판 1963.2.7, 62누215) ⑩ 국립보건원장의 안경사 시험합격 무효처분과 보건사회부장관의 안경사면허 취소처분(대판 1993.2.9, 92누4567) ⑪ 선행 암매장분묘개장명령과 후행 계고처분(대판 1961.2.21, 4293행상31) ⑫ 부정한 방법에 의한 한지의사 시험 응시자격인정의 결정과 한지의사면허처분(대판 1975.12.9, 75누123) ⑬ 친일반민족행위자로 결정한 친일반민족행위진상규명위원회의 최종발표(선행처분)와 독립유공자 예우에 관한 법률 적용배제자 결정(후행처분)(대판 2013.3.14, 2012두6964)
하자의 승계를 부정	① 과세처분과 압류 등의 체납처분(대판 1988.6.28, 87누1009) ② 신고납세방식의 취득세의 신고행위와 징수처분(대판 2006.9.8, 2005두14394) ③ 건물철거명령과 대집행계고처분(대판 1982.7.27, 81누293) ④ 경찰관 직위해제처분과 면직처분(대판 1984.9.11., 84누191) ⑤ 토지수용에 있어서 사업인정과 수용재결(대판 1993.6.29, 91누2342) ⑥ 택지개발예정지구의 지정과 수용재결처분(대판 2000.10.13., 99두653) ⑦ 도시계획결정과 수용재결(대판 1990.1.23., 87누947) ⑧ 재개발사업시행인가처분과 토지수용재결처분(대판 1992.12.11, 92누5584) ⑨ 택지개발예정지구의 지정과 택지개발계획의 승인처분(대판 1996.3.22., 95누10075) ⑩ 도시계획시설변경 및 지적승인고시처분과 사업계획승인처분(대판 2000.9.5, 99두9889) ⑪ 토지등급의 설정 또는 수정처분과 과세처분(대판 1995.3.28, 93누23565) ⑫ 표준공시지가결정과 개별공시지가결정(대판 1996.12.6, 96누1832) ⑬ 표준공시지가와 과세처분(대판 1995.11.10, 93누16468) ⑭ 변상판정과 변상명령사이(대판 1963.7.25, 63누65) ⑮ 액화석유가스판매업허가처분과 사업개시신고반려처분(대판 1991.4.23, 90누8756) ⑯ 대학의 수강거부처분과 수료처분(대판 1994.12.23, 94누477) ⑰ 조교수 임용행위와 그 후의 부교수 임용행위(대판 1993.9.10, 93누487) ⑱ 보충역편입처분과 공익근무요원소집처분(대판 2002.12.20, 2001두5422) ⑲ 주택재건축사업시행계획과 관리처분계획(대판 2012.8.23., 2010두13463)

구분	표준지공시지가	개별공시지가
주체	국토교통부장관	시장, 군수, 구청장
목적	일반적 기준지표	특정 목적(과세 등)
대상	표준지	개별 토지
처분성 (행정행위)	긍정	긍정
하자승계 (판례)	표준지공시지가와 수용재결 – 긍정 표준지공시지가와 과세처분 – 부정 표준지공시지가와 개별공시지가 – 부정	개별공시지가와 과세처분 – 긍정
기능	① 여러가지 시가평가제도의 일원화를 통한 각종 과세의 현실화 ② 손실보상금 기준 ③ 토지시장에 대한 각종 정보제공	① 과세 부과 기준 ② 개발 부담금 부과 기준

XIII 처분에 대한 이의신청제도

① 2023년 개정 행정기본법은 처분에 대한 이익신청제도를 명문으로 규정하였다.
② 행정심판법 제3조에 따라 행정심판의 대상이 되는 처분을 받은 당사자는 처분을 받을 날부터 30일 이내에 해당행정청에 이의신청을 할 수 있다.
③ 이의신청을 한 경우라도 행정심판이나 행정소송을 제기하는데는 지장이 없다.

행정기본법 제36조 [처분에 대한 이의신청] [시행일: 2023.3.24]
① 행정청의 처분(행정심판법 제3조에 따라 같은 법에 따른 행정심판의 대상이 되는 처분을 말한다. 이하 이 조에서 같다)에 이의가 있는 당사자는 처분을 받은 날부터 30일 이내에 해당 행정청에 이의신청을 할 수 있다.
② 행정청은 제1항에 따른 이의신청을 받으면 그 신청을 받은 날부터 14일 이내에 그 이의신청에 대한 결과를 신청인에게 통지하여야 한다. 다만, 부득이한 사유로 14일 이내에 통지할 수 없는 경우에는 그 기간을 만료일 다음 날부터 기산하여 10일의 범위에서 한 차례 연장할 수 있으며, 연장 사유를 신청인에게 통지하여야 한다.
③ 제1항에 따라 이의신청을 한 경우에도 그 이의신청과 관계없이 「행정심판법」에 따른 행정심판 또는 「행정소송법」에 따른 행정소송을 제기할 수 있다.
④ 이의신청에 대한 결과를 통지받은 후 행정심판 또는 행정소송을 제기하려는 자는 그 결과를 통지받은 날(제2항에 따른 통지기간 내에 결과를 통지받지 못한 경우에는 같은 항에 따른 통지기간이 만료되는 날의 다음 날을 말한다) 부터 90일 이내에 행정심판 또는 행정소송을 제기할 수 있다.
⑤ 다른 법률에서 이의신청과 이에 준하는 절차에 대하여 정하고 있는 경우에도 그 법률에서 규정하지 아니한 사항에 관하여는 이 조에서 정하는 바에 따른다.
⑥ 제1항부터 제5항까지에서 규정한 사항 외에 이의신청의 방법 및 절차 등에 관한 사항은 대통령령으로 정한다.
⑦ 다음 각 호의 어느 하나에 해당하는 사항에 관하여는 이 조를 적용하지 아니한다.
1. 공무원 인사 관계 법령에 따른 징계 등 처분에 관한 사항
2. 「국가인권위원회법」 제30조에 따른 진정에 대한 국가인권위원회의 결정

3. 「노동위원회법」 제2조의2에 따라 노동위원회의 의결을 거쳐 행하는 사항
4. 형사, 행형 및 보안처분 관계 법령에 따라 행하는 사항
5. 외국인의 출입국·난민인정·귀화·국적회복에 관한 사항
6. 과태료 부과 및 징수에 관한 사항

XIV 단계적 행정행위

1. 가행정행위

① 사실관계와 법률관계의 계속적인 심사를 유보한 상태에서 당해 행정법관계의 권리와 의무를 잠정적으로 확정하는 행위
  ⇨ 징계의결이 요구중인 공무원에 대한 잠정적 직위해제
② 법령에 명시적 규정이 없더라도 본처분 권한이 있으면 됨
  ⇨ 기속행위 뿐만 아니라 재량행위에 대해서도 허용
③ 본행정행위가 있게 되면 본행정행위에 의해 대체되고 효력을 상실한다.
④ 가행정행위로 인해 권익침해를 받은 자는 취소소송을 제기할 수 있다. 가행정행위에 대한 취소소송 제기 중 본행정행위가 행해지면 본 행정행위에 대한 소송으로 소변경 가능

2. 사전결정

① 종국적인 행정행위를 하기에 앞서 종국적인 행정행위에 요구되는 여러 요건 중 일부 요건들에 대해 사전적으로 심사하여 내려지는 결정
② 사전결정은 신청자인 사인에게 어떠한 종국적인 행위를 허용하는 것이 아니라는 점에서 부분승인과 구별 됨
  ⇨ 따라서 사전결정을 받은 자는 사전결정을 받은 것만으로는 어떠한 행위를 할 수 없다
③ 판례는 처분성 긍정
  ⇨ 폐기물처리업 허가권자의 부적정통보는 허가신청 자체를 제한하는 등 개인의 권리 내지 법률상의 이익을 개별적이고 구체적으로 규제하고 있어 행정처분에 해당한다(대판 1998.4.28, 97누21086).
④ 법령의 규정 없어도 본처분권 있으면 할 수 있다.
⑤ 행정청은 사전결정에 구속되기 때문에 합리적 사유 없이 종국결정에서 사전결정의 내용과 상충되는 결정을 할 수 없다.
  ⇨ 폐기물관리법상의 사업계획에 대한 적정통보가 있는 경우 폐기물사업의 허가 단계에서는 나머지 허가요건만을 심사하면 족하다(대판 1998.4.28, 97누21086). 다만 공익을 현저히 위반하여 신뢰보호원칙을 적용할 수 없는 경우에는 구속되지 않는다.
  ⇨ 주택건설사업계획의 사전결정이 있었다 하더라고 공익을 현저히 침해할 우려가 있어 신뢰보호원칙을 적용할 수 없는 경우에는 사전결정에 기속되지 않고 다시 사익과 공익을 비교형량하여 승인여부를 결정할 수 있다(대판 1999.5.25. 99두1052).

⑥ 사전결정도 하나의 독립한 행정행위이다.
⇨ 사전결정에 대해서는 취소쟁송으로 다툼
⇨ 사전결정을 하지 않은 경우에는 의무이행심판·부작위위법확인소송·거부처분취소소송으로 다툼
⑦ 사전결정에 대한 종국결정이 있게 되면 사전결정은 종국결정에 흡수되어 예비결정을 다툴 소의 이익이 없다. 따라서 종국결정에 대해 취소소송을 제기하여야 한다.

3. 부분허가

① 원자력발전소 건설 등과 같이 대규모·장기간 사업에 있어서 단계적으로 시설의 일부분에 대하여 부여하는 허가
② 허가에 대한 권한을 가진 행정청은 부분허가에는 별도의 법적 근거없이도 부분허가를 할 수 있다
③ 부분허가는 그 자체가 규율하는 내용에 대한 종국적 결정인 행정행위이다(처분성 긍정).
⇨ 부분허가를 받은 자는 허가를 받은 범위 안에서 허가를 받은 행위를 행할 수 있다.
④ 선행부분허가는 후속하는 최종적 결정에 구속력을 미친다.
⇨ 행정청은 나머지 부분에 대한 결정에서 부분허가에 모순되는 결정을 할 수 없다.
⑤ 원자로 및 관계 시설의 부지사전승인처분은 그 자체로서 건설부지를 확정하고 사전공사를 허용하는 법률효과를 지닌 독립한 행정처분이기는 하지만 나중에 건설허가처분이 있게 되면 그 건설허가처분에 흡수되어 독립된 존재가치를 상실함으로써 그 건설허가처분만이 쟁송의 대상이 되는 것이므로, 부지사전승인처분의 취소를 구하는 소는 소의 이익을 잃게 되고, 따라서 부지사전승인처분의 위법성은 나중에 내려진 건설허가처분의 취소를 구하는 소송에서 이를 다투면 된다(대판 1998.9.4, 97누19588).

CHAPTER 3 행정계획

I 행정계획의 성질

행정계획은 법규범으로 나타날 수도 있고, 행정행위로 나타날 수도 있고, 또는 단순한 사실행위로 나타날 수도 있다.

처분성이 인정된 것	처분성이 부정된 것
• 개발제한구역지정행위 • 도시계획(도시관리계획)결정 • 도시재개발법상의 관리처분계획 • 주택재건축정비사업조합이 수립한 사업시행계획 • 택지개발예정지구지정 및 택지개발사업시행자에 대한 택지개발계획승인 • 도시계획시설결정 • 건설교통부장관이 정한 택지개발업무지침에 따른 토지이용에 관한 계획	• 도시기본계획 • 토지구획정리사업법상 환지계획(※환지예정지 지정 및 환지처분은 처분성 긍정) • 택지공급방법결정행위 • 농어촌도로기본계획 • 혁신도시 최종입지선정 • 4대강 살리기 마스터플랜

II 행정계획절차

① 행정절차법은 행정계획에 관한 규정을 가지고 있다. 따라서 행정계획도 행정절차법이 정하는 절차를 거쳐야 한다.

행정절차법 제3조 [적용 범위]
① 처분, 신고, 확약, 위반사실 등의 공표, 행정계획, 행정상 입법예고, 행정예고 및 행정지도의 절차(이하 "행정절차"라 한다)에 관하여 다른 법률에 특별한 규정이 있는 경우를 제외하고는 이 법에서 정하는 바에 따른다.

행정절차법 제40조의4 [행정계획]
행정청은 행정청이 수립하는 계획 중 국민의 권리·의무에 직접 영향을 미치는 계획을 수립하거나 변경·폐지할 때에는 관련된 여러 이익을 정당하게 형량하여야 한다.

② 행정계획절차에 하자가 있으면 위법한 행정계획이다.
  ⇨ 공고 및 공람 절차에 하자가 있는 도시계획결정은 위법하다(대판 2000.3.23, 98두2768).
  ⇨ 도시계획결정등의 처분을 하였다고 하더라도 이를 공보에 게재하여 고시하지 아니한 이상 대외적으로는 아무런 효력도 발생하지 아니한다(대판 1985.12.10, 85누186).

III. 계획재량

1. 의의
행정주체가 계획법률에 근거한 구체적인 계획을 책정하는 과정에서 가지는 형성의 자유(재량권)

2. 일반 행정재량과의 구별

(1) 구별긍정설(다수설)

	행정재량	계획재량
규범구조	조건프로그램(요건과 효과) 법이 정한 요건이 충족되는 경우에 그 효과발생 여부가 행정청의 의사에 맡겨져 있다(~하면, ~한다.).	목적프로그램(목적과 수단) 목표와 수단만으로 구성되어 있고, 요건 및 효과에 관한 규정이 없다(~하기 위하여, ~할 수 있다.).
판단대상	현재의 구체적 생활관계	장래의 새로운 질서 형성
재량범위	상대적으로 좁다(요건과 효과규정 내에서 재량권 판단).	상대적으로 넓다(요건과 효과규정을 공백으로 두는 경우가 많으므로).
통제방법	절차적 통제와 실제적 통제 모두 중요	절차적 통제가 중심
위법성판단	재량권의 일탈·남용	형량명령

(2) 판례의 입장

판례는 계획재량과 행정재량의 질적차이는 부정하지만 계획재량이 행정재량에 비해 폭넓은 재량을 인정하는 양적 차이는 인정한다.
⇨ 행정청이 행정계획을 수립함에 있어서는 일반 재량행위의 경우에 비하여 더욱 광범위한 판단 여지 내지는 형성의 자유, 즉 계획재량이 인정되는바, 이 경우 일반적인 행정행위의 요건을 규정하는 경우보다 추상적이고 불확정적인 개념을 사용하여야 할 필요성이 더욱 커진다(헌재결 2007.10.4, 2006헌바91).

3. 형량명령

① 행정계획을 수립함에 있어서 관련된 이익을 정당하게 형량하여야 한다는 원칙
② 형량의 해태 ⇨ 형량이 전혀 없었던 경우
③ 형량의 흠결 ⇨ 형량에서 반드시 고려되어야 할 특정이익 고려되지 않은 경우
④ 평가의 과오 ⇨ 관련된 공익 또는 사익의 가치를 잘못 평가한 경우
⑤ 오형량 ⇨ 형량에 있어서 비례원칙을 위반한 경우(이익형량을 하였으나 정당성과 객관성이 결여된 경우)
⑥ 형량조사의 결함 ⇨ 조사의무를 이행하지 않은 하자
⑦ 행정주체가 행정계획을 입안·결정함에 있어서 이익형량을 전혀 행하지 아니하거나 이익형량의 고려 대상에 마땅히 포함시켜야 할 사항을 누락한 경우 또는 이익형량을 하였으나 정당성과 객관성이 결여된 경우에는 그 행정계획결정은 형량에 하자가 있어 위법하다(대판 2006.9.8, 2003두5426).

Ⅳ 계획보장청구권, 계획변경청구권

1. 계획보장청구권

① 계획존속보장청구권 ⇨ 일반적인 형태로는 인정되지 않는다
② 계획이행청구권 ⇨ 일반적인 형태로는 인정되지 않는다
③ 경과조치청구권 ⇨ 일반적인 형태로는 인정되지 않는다
④ 손해전보청구권 ⇨ 손해입증하면 가능

2. 계획변경청구권

(1) 원칙적 부정

도시계획 변경신청 거부행위는 항고소송의 대상이 되는 처분이 아니다(대판 1994.1.28, 93누22029).

(2) 예외적 긍정

① 장래 일정한 기간 내에 관계 법령이 규정하는 시설 등을 갖추어 일정한 행정처분을 구하는 신청을 할 수 있는 법률상 지위에 있는 자의 국토이용계획변경신청을 거부하는 것이 실질적으로 당해 행정처분 자체를 거부하는 결과가 되는 경우에는 예외적으로 그 신청인에게 국토이용계획변경을 신청할 권리가 인정된다고 봄이 상당하므로, 이러한 신청에 대한 거부행위는 항고소송의 대상이 되는 행정처분에 해당한다(대판 2003.9.23, 2001두10936).
② 도시계획구역 내 토지 등을 소유하고 있는 주민으로서는 입안권자에게 도시계획입안을 요구할 수 있는 법규상 또는 조리상의 신청권이 있다고 할 것이고, 이러한 신청에 대한 거부행위는 항고소송의 대상이 되는 행정처분에 해당한다(대판 2004.4.28, 2003두1806).
③ 도시관리계획 구역 내 토지 등을 소유하고 있는 주민의 납골시설에 관한 도시관리계획의 입안제안을 반려한 군수의 처분은 항고소송의 대상이 되는 행정처분에 해당한다(대판 2010.7.22, 2010두5745).
④ 문화재보호구역 내에 있는 토지소유자 등으로서는 위 보호구역의 지정해제를 요구할 수 있는 법규상 또는 조리상의 신청권이 있다고 할 것이고, 이러한 신청에 대한 거부행위는 항고소송의 대상이 되는 행정처분에 해당한다(대판 2004.4.27, 2003두8821).

3. 구속적 행정계획에 대한 헌법소원

① 국민적 구속력을 갖는 행정계획은 공권력의 행사로 볼 수 있지만, 구속력을 갖지 않고 사실상의 준비행위나 사전안내 또는 행정기관 내부의 지침에 지나지 않는 행정계획은 원칙적으로 헌법소원의 대상이 되는 공권력의 행사라 할 수 없다. 하지만, 비구속적 행정계획안이나 행정지침이라도 국민의 기본권에 직접적으로 영향을 끼치고, 앞으로 법령의 뒷받침에 의하여 그대로 실시될 것이 틀림없을 것으로 예상될 수 있을 때에는, 공권력행위로서 예외적으로 헌법소원의 대상이 된다(헌재결 2012.4.30, 2012헌마164).
② 2012년도와 2013년도 대학교육역량강화사업 기본계획은 헌법소원의 대상이 되는 공권력 행사에 해당하지 아니한다(2016.10.27. 2013헌마576).

CHAPTER 4 그 밖의 행정작용

I 확약

1. 의의

확약이란 행정주체가 장차 일정한 행정작용을 행하거나 행하지 않겠다고 하는 것을 내용으로 하는 공법상 일방적인 자기구속의 의사표시를 말한다.

2. 법적 근거

① 행정절차법에 규정
  ⇨ "법령등에서 당사자가 신청할 수 있는 처분을 규정하고 있는 경우 행정청은 당사자의 신청에 따라 장래에 어떤 처분을 하거나 하지 아니할 것을 내용으로 하는 의사표시(이하 확약이라 한다)를 할 수 있다."(동법 제40조의2)
② 통설은 확약은 처분권에 속하는 예비적인 권한행사로서 본처분권에 당연히 포함되므로 본 처분권이 있으면 별도의 법적 근거 없이도 인정된다고 한다.

3. 법적 성질

① 대법원은 확약의 처분성 부정
  ⇨ 어업권면허에 선행하는 우선순위결정은 행정청이 우선권자로 결정된 자의 신청이 있으면 어업권면허처분을 하겠다는 것을 약속하는 행위로서 강학상 확약에 불과하고 행정처분은 아니다(대판 1995.1.20. 94누6529).
② 행정청이 내인가를 한 다음 이를 취소하는 행위는 인가신청을 거부하는 처분에 해당한다(대판 1991.6.28. 90누4402).

4. 확약이 가능한 행정행위

① 재량행위에 관하여 확약을 할 수 있다는 것에 대해서는 이론이 없으나, 기속행위에 있어서도 요건충족 여부가 불분명한 경우가 적지 않으므로 예측가능성을 확보하기 위한 기속행위에서도 확약이 허용될 수 있다.
② 본처분의 요건사실이 완성된 후에도 확약을 할 수 있는지가 문제되나, 요건사실이 완성된 후에도 확약이 상대방에게 준비이익·대처이익을 줄 수 있으므로 허용된다.
③ 확약은 본처분에 대한 정당한 권한을 가진 행정청만이 할 수 있고, 확약이 당해 행정청의 권한 범위 내에 있어야 한다.

5. 행정절차법 상 확약의 요건

① 확약은 문서로 하여야 한다.
② 행정청은 다른 행정청과의 협의 등의 절차를 거쳐야 하는 처분에 대하여 확약을 하려는 경우에는 확약을 하기 전에 그 절차를 거쳐야 한다.

6. 확약의 효력

① 행정청은 상대방에게 확약된 행위를 하여야 할 의무를 진다.
② 다만 (i) 확약을 한 후에 확약의 내용을 이행할 수 없을 정도로 법령등이나 사정이 변경된 경우, (ii) 확약이 위법한 경우에는 행정청은 확약에 기속되지 않는다(행정절차법 제40조의2 제4항).
　⇨ 행정청이 확약을 이행할 수 없는 경우에는 지체 없이 당사자에게 그 사실을 통지하여야 한다.
③ 행정청이 상대방에게 장차 어떤 처분을 하겠다고 확약 또는 공적인 의사표명을 하였다고 하더라도, 그 자체에서 상대방으로 하여금 언제까지 처분의 발령을 신청을 하도록 유효기간을 두었는데도 그 기간 내에 상대방의 신청이 없었다거나 확약 또는 공적인 의사표명이 있은 후에 사실적·법률적 상태가 변경되었다면, 그와 같은 확약 또는 공적인 의사표명은 행정청의 별다른 의사표시를 기다리지 않고 실효된다(대판 1996.8.20, 95누10877).

II 공법상 계약

1. 의의

① 공법상 계약이란 공법영역에서 공법적 효과의 발생을 목적으로 하는 복수 당사자 사이의 서로 반대방향의 의사표시의 합치에 의해 성립되는 공법행위를 말한다.
② 공법상 계약은 비권력적 행위이며 법적 행위이다 ⇨ 공정력·존속력·집행력 등이 인정되지 않는다.
③ 공법상 계약과 사법상 계약

공법상 계약	사법상 계약
• 계약직·전문직 공무원 채용계약 • 공중보건의 채용계약 • 서울특별시립무용단 단원의 위촉 • 국립중앙극장 전속단원 채용 • 광주시립합창단원의 재위촉 • 행정사무, 교육사무, 징수사무 등 위탁 • 별정우체국장의 지정 • 임의적 공용부담 • 도로하천 관리 및 경비 분담 협의 • 보조금지원계약 • 환경보존에 관한 협정	• 전화가입계약 • 물품구입계약 • 토지수용협의취득 • 국·공유재산의 매각계약 • 공사의 도급계약 • 국·공립병원 입원 치료 • 국·공영 철도, 시영버스 이용 • 창덕궁 비원안내원 채용

2. 법적 근거

① 행정기본법은 공법상 계약의 일반원칙에 대하여 규정하고 있다. 행정절차법에는 공법상 계약에 관한 규정은 없다.

> **행정기본법 제27조 [공법상 계약의 체결]**
> ① 행정청은 법령등을 위반하지 아니하는 범위에서 행정목적을 달성하기 위하여 필요한 경우에는 공법상 법률관계에 관한 계약(이하 "공법상 계약"이라 한다)을 체결할 수 있다. 이 경우 계약의 목적 및 내용을 명확하게 적은 계약서를 작성하여야 한다.
> ② 행정청은 공법상 계약의 상대방을 선정하고 계약 내용을 정할 때 공법상 계약의 공공성과 제3자의 이해관계를 고려하여야 한다.

② 공법상 계약에도 법률우위의 원칙은 적용된다. 그러나 법률유보원칙은 적용되지 않는다. 따라서 법적 근거가 없어도 자유롭게 체결 할 수 있다.

3. 내용

① 공법상 계약은 구두나 문서로도 할 수 있다. ⇨ 행정기본법은 계약서를 작성하도록 규정
② 국민의 생활에 필수불가결한 경우(예 수도, 전기, 가스 등)에는 계약체결이 강제되기도 한다. 이러한 경우 계약의 일방당사자가 미리 계약의 내용을 정한 약관에 따라 체결되는 부합계약의 형태가 일반적이다.
③ 공법상 계약에는 행정절차법이 적용되지 않는다. 따라서 이유제시의무는 없다.
④ 위법한 공법상 계약은 민법에서처럼 원칙상 무효이다.
⑤ 행정주체는 공익상의 사유로 일방적으로 계약을 해제변경할 수 있다.
⑥ 상대방은 그 계약해제의 효과가 공익상 영향이 없는 경우(예 국공립대학교 자퇴)를 제외하고는 해제할 수 없는 경우가 많다.

4. 국가를 당사자로 하는 계약의 성격과 관련문제

① 국가계약법에 따라 국가가 당사자가 되는 이른바 공공계약은 사경제의 주체로서 상대방과 대등한 위치에서 체결하는 사법상의 계약으로서 그 본질적인 내용은 사인 간의 계약과 다를 바가 없으므로, 그에 관한 법령에 특별한 정함이 있는 경우를 제외하고는 사적 자치와 계약자유의 원칙 등 사법의 원리가 그대로 적용된다(대결 2012.9.20. 2012마1097).
② 「국가를 당사자로 하는 계약에 관한 법률」상 중앙관서의 장의 부정당업자에 대한 입찰참가자격정지는 권력적 사실행위이므로 취소소송의 대상이 된다(대판 1983.12.27. 81누366).
③ 한국전력공사가 정부투자기관회계규정에 의하여 행한 입찰참가자격을 제한하는 내용의 부정당업자제재처분은 사법상 통지행위이지만, 한국전력공사가 공공기관의 운영에 관한 법률 제39조 제2항, 제3항에 따라 입찰참가자격 제한기준을 정하고 있는 구 공기업·준정부기관 계약사무규칙 제15조 제2항, 국가를 당사자로 하는 계약에 관한 법률 시행규칙에 따라 공기업·준정부기관으로서 입찰참가자격을 제한하는 것은 취소소송의 대상이 되는 처분이다(대법원 2014.11.27. 2013두18964).

5. 소송유형

① 공법상 계약에 관한 소송은 당사자소송이다(대판 2021.2.4. 2019다277133).
② **지방전문직공무원 채용계약** 해지의 의사표시에 대하여는 대등한 당사자간의 소송형식인 공법상 당사자소송으로 그 의사표시의 무효확인을 청구할 수 있다(대판 1993.9.14. 92누4611).
③ **공중보건의사 채용계약** 해지의 의사표시에 대하여는 대등한 당사자간의 소송형식인 공법상의 당사자소송으로 그 의사표시의 무효확인을 청구할 수 있는 것이지, 이를 항고소송의 대상이 되는 행정처분이라는 전제하에서 그 취소를 구하는 항고소송을 제기할 수는 없다(대판 1996.5.31. 95누10617).
④ **서울특별시립무용단 단원의 위촉**은 공법상의 계약이라고 할 것이고, 따라서 그 단원의 해촉에 대하여는 공법상의 당사자소송으로 그 무효확인을 청구할 수 있다(대판 1995.12.22. 95누4636).
⑤ **광주광역시문화예술회관장의 단원 위촉**은 광주광역시문화예술회관장이 행정청으로서 공권력을 행사하여 행하는 행정처분이 아니라 공법상의 근무관계의 설정을 목적으로 하여 광주광역시와 단원이 되고자 하는 자 사이에 대등한 지위에서 의사가 합치되어 성립하는 공법상 근로계약에 해당한다(대판 2001.12.11. 2001두7794).
⑥ **중소기업 정보화지원사업에 따른 지원금 출연을 위하여 중소기업청장이 체결하는 협약**은 공법상 대등한 당사자 사이의 의사표시의 합치로 성립하는 **공법상 계약에 해당**하므로 협약의 해지 및 그에 따른 환수통보는 공법상 계약에 따라 행정청이 대등한 당사자의 지위에서 하는 의사표시로 보아야 하고, 이를 행정청이 우월한 지위에서 행하는 공권력의 행사로서 행정처분에 해당한다고 볼 수는 없다(대판 2015.8.27. 2015두41449).
⑦ **「사회기반시설에 대한 민간투자법」에 따라 지방자치단체와 유한회사 간 체결한 터널 민간투자사업 실시협약**은 공법상 계약에 해당한다. 민간투자사업 실시협약을 체결한 당사자가 공법상 당사자소송에 의하여 그 실시협약에 따른 재정지원금의 지급을 구하는 경우에, 수소법원은 단순히 주무관청이 재정지원금액을 산정한 절차 등에 위법이 있는지 여부를 심사하는 데 그쳐서는 아니 되고, 실시협약에 따른 적정한 재정지원금액이 얼마인지를 구체적으로 심리·판단하여야 한다(대판 2019.1.31. 2017두46455).

참고 구별해야 할 판례

① 국립의료원 부설주차장에 관한 이 사건 위탁관리용역운영계약의 실질은 강학상 특허에 해당한다 할 것이지 사법상의 계약으로 보기 어렵다(대판 2006.3.9. 2004다31074).
② 「사회기반시설에 대한 민간투자법」상 민간투자사업의 사업시행자 지정은 행정처분에 해당한다(대판 2009.4.23. 2007두13159).
③ 지방자치단체가 A 주식회사를 자원회수시설과 부대시설의 운영·유지관리 등을 위탁할 민간사업자로 선정하고 A 주식회사와 체결한 위 시설에 관한 위 수탁 운영 협약은 사법상 계약에 해당한다(대판 2019.10.17. 2018두60588).
④ '두뇌한국(BK)21 사업' 협약의 해지를 통보는 단순히 대등 당사자의 지위에서 형성된 공법상계약을 계약당사자의 지위에서 종료시키는 의사표시에 불과한 것이 아니라 행정청이 우월적 지위에서 연구개발비의 회수 및 관련자에 대한 국가연구개발사업 참여제한 등의 법률상 효과를 발생시키는 행정처분에 해당한다(대판 2014.12.11., 2012두28704).

Ⅲ 공법상 사실행위

1. 의의
공법상 사실행위란 일정한 법률적 효과의 발생을 의도하는 것이 아니라, 도로의 청소, 교량의 건설과 같이 직접적으로 일정한 사실상의 결과의 발생만을 목적으로 하는 행정주체의 일체의 행위

2. 종류 및 내용
① 권력적 사실행위와 비권력적 사실행위

권력적 사실행위	• 권력적 사실행위란 행정주체가 우월적 지위에서 공권력의 행사로서 행하는 사실행위 • 예 무허가건물의 철거·대집행의 실행, 압류행위, 경찰관의 무기사용, 전염병환자의 강제격리 등
비권력적 사실행위	• 비권력적 사실행위란 행정주체가 사인과 대등한 지위에서 공권력의 행사와 관계없이 행하는 사실행위 • 예 금전출납·쓰레기수거·경비 등 비권력적 집행행위, 도로의 건설 등과 같은 단순한 사실행위, 행정지도 등

② 권력적 사실행위에는 엄격히 법률유보원칙이 적용되어 법적근거가 필요하지만, 비권력적 사실행위에는 원칙적으로 법적 근거를 필요로 하지 않는다.
③ 권력적 사실행위는 행정쟁송 가능, 단 소의 이익이 부정되는 경우 많음. 헌법소원 가능
④ 비권력적 사실행위는 행정쟁송 불가

Ⅳ 행정지도

① 행정지도는 법률의 근거가 없이도 가능하다.
② 행정절차법에는 행정지도에 관한 규정이 있다.
③ 위법한 행정지도에 의하여 상대방이 위법한 행위를 한 경우라도 위법성이 조각되지 않는다.
   ⇨ 행정관청이 토지거래계약신고에 관하여 공시된 기준지가를 기준으로 매매가격을 신고하도록 행정지도하여 왔고 그 기준가격 이상으로 매매가격을 신고한 경우에는 거래신고서를 접수하지 않고 반려하는 것이 관행화되어 있다 하더라도 이는 법에 어긋나는 관행이라 할 것이므로 그와 같은 위법한 관행에 따라 허위신고행위에 이르렀다고 하여 그 범법행위가 사회상규에 위배되지 않는 정당한 행위라고는 볼 수 없다(대판 1992.4.24, 91도1609).
④ 행정지도는 항고소송의 대상이 되지 않는다.
⑤ 행정지도가 단순한 행정지도로서의 한계를 넘어 구체적·구속적 성격을 상당히 강하게 갖는 것이면 헌법소원의 대상이 된다.

CHAPTER 5 행정절차

I 행정절차의 의의

1. 의의
행정의사결정에 관한 제1차적 결정과정인 사전적 절차를 말한다(협의의 행정절차).
⇨ 따라서 행정기관 내부에 있어서의 사무처리절차는 행정절차에 포함되지 않음

2. 우리나라 행정절차법의 특징
① 행정절차법은 행정절차에 관한 일반법으로서 총칙 외에 처분, 신고, 확약, 위반사실 등의 공표, 행정계획, 행정상 입법예고, 행정예고 및 행정지도의 절차 등에 관해 규정하고 있다.
② 우리나라 행정절차법은 행정법의 총칙에 해당하는 규정은 없고 신뢰보호의 원칙, 행정지도의 방식 등 일부 실체법적인 규정만 두고 있다.
③ 우리나라 행정절차법에는 행정조사절차, 공법상 계약 등에 관한 규정은 없다.
④ 행정절차법은 적용범위와 관련하여 광범위한 예외규정을 두고 있다(행정절차법 제3조 제2항).

행정절차법에 규정된 내용	행정절차법에 규정이 없는 내용
• 처분 • 의견제출 및 청문 • 신고 • 확약 • 위반사실 등이 공표 • 행정계획 • 행정상 입법예고 • 행정예고 • 행정지도 [15경행] • 신뢰보호의 원칙 • 신의성실의 원칙	• 부당결부금지원칙 • 행정행위의 취소와 철회의 제한 • 절차상 하자 있는 행정행위의 효력 • 절차상 하자의 치유와 전환 • 공법상 계약절차, [13지방9급·14사회복지], 행정계약 • 행정조사절차 • 행정집행절차와 행정강제절차 • 재심사제도 • 제3자에 대한 통지

II 행정절차법의 내용

1. 행정절차법의 적용예외

행정절차법 제3조 [적용 범위]
② 이 법은 다음 각 호의 어느 하나에 해당하는 사항에 대하여는 적용하지 아니한다.
1. 국회 또는 지방의회의 의결을 거치거나 동의 또는 승인을 받아 행하는 사항
2. 법원 또는 군사법원의 재판에 의하거나 그 집행으로 행하는 사항
3. 헌법재판소의 심판을 거쳐 행하는 사항
4. 각급 선거관리위원회의 의결을 거쳐 행하는 사항
5. 감사원이 감사위원회의의 결정을 거쳐 행하는 사항
6. 형사(刑事), 행형(行刑) 및 보안처분 관계 법령에 따라 행하는 사항
7. 국가안전보장·국방·외교 또는 통일에 관한 사항 중 행정절차를 거칠 경우 국가의 중대한 이익을 현저히 해칠 우려가 있는 사항
8. 심사청구, 해양안전심판, 조세심판, 특허심판, 행정심판, 그 밖의 불복절차에 따른 사항
9. 「병역법」에 따른 징집·소집, 외국인의 출입국·난민인정·귀화, 공무원 인사 관계 법령에 따른 징계와 그 밖의 처분, 이해 조정을 목적으로 하는 법령에 따른 알선·조정·중재(仲裁)·재정(裁定) 또는 그 밖의 처분 등 <u>해당 행정작용의 성질상 행정절차를 거치기 곤란하거나 거칠 필요가 없다고 인정되는 사항</u>과 <u>행정절차에 준하는 절차를 거친 사항으로서 대통령령으로 정하는 사항</u>

행정절차법 시행령 제2조 (적용제외)
법 제3조 제2항 제9호에서 "대통령령으로 정하는 사항"이라 함은 다음 각 호의 어느 하나에 해당하는 사항을 말한다.
1. 「병역법」, 「예비군법」, 「민방위기본법」, 「비상대비자원 관리법」에 따른 징집·소집·동원·훈련에 관한 사항
2. 외국인의 출입국·난민인정·귀화·국적회복에 관한 사항
3. <u>공무원 인사관계법령에 의한 징계 기타 처분에 관한 사항</u>
4. 이해조정을 목적으로 법령에 의한 알선·조정·중재·재정 기타 처분에 관한 사항
5. 조세관계법령에 의한 조세의 부과·징수에 관한 사항
6. 「독점규제 및 공정거래에 관한 법률」, 「하도급거래 공정화에 관한 법률」, 「약관의 규제에 관한 법률」에 따라 공정거래위원회의 의결·결정을 거쳐 행하는 사항
7. 「국가배상법」, 「공익사업을 위한 토지 등의 취득 및 보상에 관한 법률」에 따른 재결·결정에 관한 사항
8. 학교·연수원등에서 교육·훈련의 목적을 달성하기 위하여 학생·연수생등을 대상으로 행하는 사항
9. 사람의 학식·기능에 관한 시험·검정의 결과에 따라 행하는 사항
10. 「배타적 경제수역에서의 외국인어업 등에 대한 주권적 권리의 행사에 관한 법률」에 따라 행하는 사항
11. 「특허법」, 「실용신안법」, 「디자인보호법」, 「상표법」에 따른 사정·결정·심결, 그 밖의 처분에 관한 사항

① 공무원 인사관계 법령에 의한 처분에 관한 사항 전부에 대하여 행정절차법의 적용이 배제되는 것이 아니라 성질상 행정절차를 거치기 곤란하거나 불필요하다고 인정되는 처분이나 행정절차에 준하는 절차를 거치도록 하고 있는 처분의 경우에만 행정절차법의 적용이 배제된다.
  ⇨ 군인사법령에 의하여 진급예정자명단에 포함된 자에 대하여 의견제출의 기회를 부여하지 아니한 채 진급선발을 취소하는 처분을 한 것은 절차상 하자가 있어 위법하다(대판 2007.9.21, 2006두20631).

② 군인사법상 보직해임처분은 행정절차법의 적용이 배제된다(대판 2014.10.15, 2012두5756).
③ 별정직 공무원에 대한 직권면직의 경우에는 징계처분과 달리 징계절차에 관한 구 공무원징계령의 규정도 적용되지 않는 등 행정절차에 준하는 절차를 거치도록 하는 규정이 없으며, 이 사건 처분이 성질상 행정절차를 거치기 곤란하거나 불필요하다고 인정되는 처분에도 해당하지 않는다.
⇨ 사전통지를 하지 않고 의견제출의 기회를 주지 아니하고 대통령기록물 관리에 관한 법률에서 5년 임기의 별정직 공무원으로 규정한 대통령기록관장으로 임용된 원고를 직권면직한 처분은 절차상 하자가 있어 위법하다(대판 2013.1.16, 2011두30687).
④ 정규공무원 임용처분을 취소하는 처분은 성질상 행정절차법의 적용이 배제되는 경우에 해당하지 않는다.
⇨ 그 처분을 하면서 사전통지를 하거나 의견제출의 기회를 부여하지 않은 것은 위법하다(대판 2009.1.30, 2008두16155).
⑤ 산업기능요원 편입취소처분은 '병역법에 의한 소집에 관한 사항'에는 해당하지 아니하므로 행정절차법의 적용이 배제되는 경우에 해당하지 않는다.
⇨ 따라서 행정절차법상의 '처분의 사전통지'와 '의견제출 기회의 부여' 등의 절차를 거쳐야 한다(대판 2002.9.6, 2002두554).
⑥ 행정절차법의 적용이 배제되는 경우 행정절차법을 적용하여 의견청취절차를 생략할 수 없다(대판 2001.5.8, 2000두10212).
⇨ 행정절차법 제3조 제2항, 같은법 시행령 제2조 제6호에 의하면 공정거래위원회의 의결·결정을 거쳐 행하는 사항에는 행정절차법의 적용이 제외되게 되어 있으므로, 공정거래위원회는 행정절차법을 적용하여 의견청취절차를 생략할 수는 없다.

2. 행정절차의 당사자

① 행정절차법은 "당사자등"으로 (i) 행정청의 처분에 대하여 직접 그 상대가 되는 당사자, (ii) 행정청이 직권으로 또는 신청에 따라 행정절차에 참여하게 한 이해관계인을 규정하고 있다.
⇨ 자연인, 법인, 법인이 아닌 사단 또는 재단, 그 밖에 다른 법령등에 따라 권리·의무의 주체가 될 수 있는 자는 당사자의 자격이 있다.
② 당사자등이 사망하였을 때의 상속인과 다른 법령등에 따라 당사자등의 권리 또는 이익을 승계한 자는 당사자등의 지위를 승계한다.
③ 당사자등인 법인등이 합병하였을 때에는 합병 후 존속하는 법인등이나 합병 후 새로 설립된 법인등이 당사자등의 지위를 승계한다.
④ 당사자등의 지위를 승계한 자는 행정청에 그 사실을 통지하여야 한다.
⑤ 처분에 관한 권리 또는 이익을 사실상 양수한 자는 행정청의 승인을 받아 당사자등의 지위를 승계할 수 있다.
⑥ 당사자등의 지위를 승계한 자가 행정청에 그 사실을 통지하기 전까지 사망자 또는 합병 전의 법인등에 대하여 행정청이 한 통지는 당사자등의 지위를 승계한 자에게도 효력이 있다.

3. 송달

제14조 [송달]
① 송달은 우편, 교부 또는 정보통신망 이용 등의 방법으로 하되, 송달받을 자(대표자 또는 대리인을 포함한다. 이하 같다)의 주소·거소(居所)·영업소·사무소 또는 전자우편주소(이하 "주소등"이라 한다)로 한다. 다만, 송달받을 자가 동의하는 경우에는 그를 만나는 장소에서 송달할 수 있다.
② 교부에 의한 송달은 수령확인서를 받고 문서를 교부함으로써 하며, 송달하는 장소에서 송달받을 자를 만나지 못한 경우에는 그 사무원·피용자(被傭者) 또는 동거인으로서 사리를 분별할 지능이 있는 사람(이하 이 조에서 "사무원등"이라 한다)에게 문서를 교부할 수 있다. 다만, 문서를 송달받을 자 또는 그 사무원등이 정당한 사유 없이 송달받기를 거부하는 때에는 그 사실을 수령확인서에 적고, 문서를 송달할 장소에 놓아둘 수 있다.
③ 정보통신망을 이용한 송달은 송달받을 자가 동의하는 경우에만 한다. 이 경우 송달받을 자는 송달받을 전자우편주소 등을 지정하여야 한다.
④ 다음 각 호의 어느 하나에 해당하는 경우에는 송달받을 자가 알기 쉽도록 관보, 공보, 게시판, 일간신문 중 하나 이상에 공고하고 인터넷에도 공고하여야 한다.
1. 송달받을 자의 주소등을 통상적인 방법으로 확인할 수 없는 경우
2. 송달이 불가능한 경우

제15조 [송달의 효력 발생]
① 송달은 다른 법령등에 특별한 규정이 있는 경우를 제외하고는 해당 문서가 송달받을 자에게 도달됨으로써 그 효력이 발생한다.
② 제14조 제3항에 따라 정보통신망을 이용하여 전자문서로 송달하는 경우에는 송달받을 자가 지정한 컴퓨터 등에 입력된 때에 도달된 것으로 본다.
③ 제14조 제4항의 경우에는 다른 법령등에 특별한 규정이 있는 경우를 제외하고는 공고일부터 14일이 지난 때에 그 효력이 발생한다. 다만, 긴급히 시행하여야 할 특별한 사유가 있어 효력 발생 시기를 달리 정하여 공고한 경우에는 그에 따른다.

III 처분절차의 적용범위

수익적 처분과 침익적 처분 및 공통으로 적용되는 절차

공통사항	수익적 처분에만 적용	침익적 처분에만 적용
① 처분기준의 설정·공표 ② 처분의 이유제시 ③ 처분의 방식(문서주의) ④ 처분의 정정 ⑤ 고지제도	① 처분의 신청 ② 다수의 행정청이 관여하는 처분 ③ 처리기간의 설정공표 (공통사항으로 보는 견해 있음)	① 처분의 사전통지 ② 의견청취절차(청문, 공청회, 의견제출)

Ⅳ. 공통사항으로 적용되는 절차

1. 처분기준의 설정·공표

제20조 [처분기준의 설정·공표]
① 행정청은 필요한 처분기준을 해당 처분의 성질에 비추어 되도록 구체적으로 정하여 공표하여야 한다. 처분기준을 변경하는 경우에도 또한 같다.
② 「행정기본법」 제24조에 따른 인허가의제의 경우 관련 인허가 행정청은 관련 인허가의 처분기준을 주된 인허가 행정청에 제출하여야 하고, 주된 인허가 행정청은 제출받은 관련 인허가의 처분기준을 통합하여 공표하여야 한다. 처분기준을 변경하는 경우에도 또한 같다. 〈신설 2022. 1. 11.〉
③ 제1항에 따른 처분기준을 공표하는 것이 해당 처분의 성질상 현저히 곤란하거나 공공의 안전 또는 복리를 현저히 해치는 것으로 인정될 만한 상당한 이유가 있는 경우에는 처분기준을 공표하지 아니할 수 있다. 〈개정 2022. 1. 11.〉
④ 당사자등은 공표된 처분기준이 명확하지 아니한 경우 해당 행정청에 그 해석 또는 설명을 요청할 수 있다. 이 경우 해당 행정청은 특별한 사정이 없으면 그 요청에 따라야 한다. 〈개정 2022. 1. 11.〉

① 처분기준의 설정·공표의무는 수익적 처분뿐만 아니라 침익적 처분에도 적용되며, 재량행위뿐만 아니라 기속행위에도 적용된다.
② **행정청이 행정절차법 제20조 제1항에 따라 정하여 공표한 처분기준은**, 그것이 해당 처분의 근거 법령에서 구체적 위임을 받아 제정·공포되었다는 특별한 사정이 없는 한, **원칙적으로 대외적 구속력이 없는 행정규칙에 해당한다**(대판 2020.12.24. 2018두45633).
  ⇨ 따라서 **행정청이 행정절차법 제20조 제1항의 처분기준 사전공표 의무를 위반하여 미리 공표하지 아니한 기준을 적용하여 처분을 하였다고 하더라도, 그러한 사정만으로 곧바로 해당 처분에 취소사유에 이를 정도의 흠이 존재한다고 볼 수는 없다.** 다만 해당 처분에 적용한 기준이 상위법령의 규정이나 신뢰보호의 원칙 등과 같은 법의 일반원칙을 위반하였거나 객관적으로 합리성이 없다고 볼 수 있는 구체적인 사정이 있다면 해당 처분은 위법하다고 평가할 수 있다(대판 2020.12.24. 2018두45633).
③ 사전에 공표한 심사기준 중 경미한 사항을 변경하거나 다소 불명확하고 추상적이었던 부분을 명확하게 하거나 구체화하는 정도를 뛰어넘어, 심사대상기간이 이미 경과하였거나 상당 부분 경과한 시점에서 처분상대방의 갱신 여부를 좌우할 정도로 중대하게 변경하는 것은 갱신제의 본질과 사전에 공표된 심사기준에 따라 공정한 심사가 이루어져야 한다는 요청에 정면으로 위배되는 것이므로, 갱신제 자체를 폐지하거나 갱신상대방의 수를 종전보다 대폭 감축할 수밖에 없도록 만드는 중대한 공익상 필요가 인정되거나 관계 법령이 제·개정되었다는 등의 특별한 사정이 없는 한, 허용되지 않는다(대판 2020.12.24. 2018두45633).

2. 처분의 이유제시(이유부기)

제23조 [처분의 이유 제시]
① 행정청은 처분을 할 때에는 다음 각 호의 어느 하나에 해당하는 경우를 제외하고는 당사자에게 그 근거와 이유를 제시하여야 한다.

1. 신청 내용을 모두 그대로 인정하는 처분인 경우
2. 단순·반복적인 처분 또는 경미한 처분으로서 당사자가 그 이유를 명백히 알 수 있는 경우
3. 긴급히 처분을 할 필요가 있는 경우

② 행정청은 제1항 제2호 및 제3호의 경우에 처분 후 당사자가 요청하는 경우에는 그 근거와 이유를 제시하여야 한다.

① **이유제시의 하자는 취소사유로 보는 것이 판례의 입장이다.**
② 일반적으로 당사자가 근거규정 등을 명시하여 신청하는 인·허가 등을 거부하는 처분을 함에 있어 **당사자가 그 근거를 알 수 있을 정도로 상당한 이유를 제시한 경우**에는 **당해 처분의 근거 및 이유를 구체적 조항 및 내용까지 명시하지 않았더라도 그로 말미암아 그 처분이 위법한 것이 된다고 할 수 없다**(대판 2002.5.17, 2000두8912).
  ⇨ 납세고지서에 과세대상과 그에 대한 과세표준액, 세율, 세액산출방법 등 세액산출의 구체적 과정과 기타 필요한 사항이 상세히 기재되어 있어 납세의무자가 당해 부과처분의 내용을 확연하게 파악할 수 있고 과세표준액과 세율에 관한 근거 법령이 기재되어 있다면 그 근거 법령이 다소 총괄적으로 기재되어 있다 하여도 특별한 사정이 없는 한 위 법이 요구하는 세액산출근거의 기재 요건을 충족한 것으로 보아야 할 것이다(대판 2008.11.13, 2007두160).
③ 세액산출근거가 기재되지 아니한 납세고지서에 의한 부과처분은 강행법규에 위반하여 취소대상이 된다.
  ⇨ 납세의무자가 전심절차에서 이를 주장하지 아니하였거나, 그 후 부과된 세금을 자진납부하였다거나, 또는 조세채권의 소멸시효기간이 만료되었다 하여 치유되는 것이라고는 할 수 없다(대판 1985.4.9, 84누431).
④ 하나의 납세고지서에 의하여 복수의 과세처분을 함께 하는 경우에는 과세처분별로 그 세액과 산출근거 등을 구분하여 기재함으로써 납세의무자가 각 과세처분의 내용을 알 수 있도록 해야 하는 것이므로 본세와 가산세 각각의 세액과 산출근거 및 가산세 상호 간의 종류별 세액과 산출근거 등을 제대로 구분하여 기재하지 않은 채 본세와 가산세의 합계액 등만을 기재한 경우에도 과세처분은 위법하다(대판 2018.12.13, 2018두128).
⑤ 국유재산 무단 점유자에 대하여 변상금을 부과함에 있어서 처분청이 그 납부고지서 또는 적어도 사전통지서에 그 산출근거를 밝히지 아니하였다면 위법한 것이다(대판 2001.12.14, 2000두86).
⑥ 교육부장관이 부적격사유가 없는 후보자들 사이에서 어떤 후보자를 상대적으로 총장 임용에 더 적합하다고 판단하여 임용제청하는 경우, 임용제청 행위 자체로서 행정절차법상 이유제시의무를 다한 것이라고 보아야 한다(대법원 2018.6.15. 2016두57564).
  ⇨ 교육부장관에게 개별 심사항목이나 고려요소에 대한 평가 결과를 더 자세히 밝힐 의무까지는 없다.

3. 이유제시 하자의 치유

① 이유제시 하자의 치유는 행정쟁송 전까지만 가능하다.
② 당초 개발부담금 부과처분시 발부한 납부고지서에 개발부담금의 산출근거를 누락시켰지만 그 이전에 개발부담금 예정변경통지를 하면서 산출근거가 기재되어 있는 개발부담금산정내역서를 첨부하여 통지하였다면, 그와 같은 납부고지서의 하자는 위 예정변경통지에 의하여 보완 또는 치유된다(대판 1998.11.13, 97누2153).

③ 면허의 취소처분에는 그 근거가 되는 법령이나 취소권 유보의 부관 등을 명시하여야 함은 물론 처분을 받은 자가 어떠한 위반사실에 대하여 당해 처분이 있었는지를 알 수 있을 정도로 사실을 적시할 것을 요하며 이와 같은 취소처분의 근거와 위반사실의 적시를 빠뜨린 하자는 피처분자가 처분 당시 그 취지를 알고 있었다거나 그 후 알게 되었다하여도 치유될 수 없다(대판 1990.9.11, 90누1786).

4. 문서주의

제24조 [처분의 방식]
① 행정청이 처분을 할 때에는 다른 법령등에 특별한 규정이 있는 경우를 제외하고는 문서로 하여야 하며, 전자문서로 하는 경우에는 당사자등의 동의가 있어야 한다. 다만, 신속히 처리할 필요가 있거나 사안이 경미한 경우에는 말 또는 그 밖의 방법으로 할 수 있다. 이 경우 당사자가 요청하면 지체 없이 처분에 관한 문서를 주어야 한다.
② 처분을 하는 문서에는 그 처분 행정청과 담당자의 소속·성명 및 연락처(전화번호, 팩스번호, 전자우편주소 등을 말한다)를 적어야 한다.

⇨ 문서주의에 위반되는 처분은 원칙적으로 무효이다.

5. 처분의 정정

행정청은 처분에 오기(誤記), 오산(誤算) 또는 그 밖에 이에 준하는 명백한 잘못이 있을 때에는 직권으로 또는 신청에 따라 지체 없이 정정하고 그 사실을 당사자에게 통지하여야 한다(행정절차법 제25조).

6. 고지

① 행정청이 처분을 할 때에는 당사자에게 그 처분에 관하여 행정심판 및 행정소송을 제기할 수 있는지 여부, 그 밖에 불복을 할 수 있는지 여부, 청구절차 및 청구기간, 그 밖에 필요한 사항을 알려야 한다(행정절차법 제26조).
② 제3자에 대한 고지제도는 행정절차법에 규정이 없다.
③ 행정절차법은 직권에 의한 고지제도만 인정하고 신청에 의한 고지제도는 규정이 없다.
⇨ (cf) 행정심판법은 직권고지와 신청에 의한 고지를 모두 규정하고 있다.
④ 행정절차법상 고지절차에 관한 규정은 행정처분의 상대방이 그 처분에 대한 행정심판의 절차를 밟는 데 편의를 제공하려는 것이어서 처분청이 위 규정에 따른 고지의무를 이행하지 아니하였다고 하더라도 경우에 따라 행정심판의 제기기간이 연장될 수 있음에 그칠 뿐, 그 때문에 심판의 대상이 되는 행정처분이 위법하다고 할 수는 없다(2018.2.8. 2017두66633).

V 신청에 의한 처분(수익적 처분)의 절차

1. 처분의 신청
① 행정청에 처분을 구하는 신청은 **문서로 하여야 한다**. 다만, 다른 법령등에 특별한 규정이 있는 경우와 행정청이 미리 다른 방법을 정하여 공시한 경우에는 그러하지 아니하다.
② 전자문서로 처분의 신청을 하는 경우에는 **행정청의 컴퓨터 등에 입력된 때**에 신청한 것으로 본다.
③ 행정청은 신청에 필요한 구비서류, 접수기관, 처리기간, 그 밖에 필요한 사항을 게시(인터넷 등을 통한 게시를 포함한다)하거나 이에 대한 편람을 갖추어 두고 누구나 열람할 수 있도록 하여야 한다.
④ 신청인의 행정청에 대한 신청의 의사표시는 명시적이고 확정적인 것이어야 한다고 할 것이므로 신청인이 신청에 앞서 **행정청의 허가업무 담당자에게 신청서의 내용에 대한 검토를 요청한 것만으로는 다른 특별한 사정이 없는 한 명시적이고 확정적인 신청의 의사표시가 있었다고 하기 어렵다** (대판 2004.9.24, 2003두13236).
⑤ 행정청은 신청을 받았을 때에는 다른 법령등에 특별한 규정이 있는 경우를 제외하고는 그 접수를 보류 또는 거부하거나 부당하게 되돌려 보내서는 아니 되며, 신청을 접수한 경우에는 신청인에게 접수증을 주어야 한다. 다만, 대통령령으로 정하는 경우에는 접수증을 주지 아니할 수 있다.
⑥ **행정청은 신청에 구비서류의 미비 등 흠이 있는 경우에는 보완에 필요한 상당한 기간을 정하여 지체 없이 신청인에게 보완을 요구하여야 한다.**
⑦ 행정청은 신청인의 편의를 위하여 다른 행정청에 신청을 접수하게 할 수 있다.

2. 처리기간의 설정·공표
행정청은 신청인의 편의를 위하여 처분의 처리기간을 종류별로 미리 정하여 공표하여야 한다. 행정청은 부득이한 사유로 처리기간 내에 처분을 처리하기 곤란한 경우에는 해당 처분의 처리기간의 범위에서 한 번만 그 기간을 연장할 수 있다.

VI 불이익한 처분의 절차

1. 불이익한 처분의 의미
① 행정절차법은 당사자에게 '의무를 부과하거나 권익을 제한하는 처분'에 대하여만 사전통지, 의견제출기회의 부여 등 행정절차가 적용되는 것으로 규정하고 있다(제21조 제12항).
② '권익을 제한하는 처분'이라 함은 수익적 행정행위의 취소 또는 정지처분 등을 말하고, '의무를 부과하는 처분'이라 함은 조세부과처분, 시정명령과 같이 행정법상의 의무를 부과하는 처분을 말한다.

③ 거부처분은 불이익한 처분에 해당하지 않는다.
⇨ 신청에 대한 거부처분이라고 하더라도 직접 당사자의 권익을 제한하는 것은 아니어서 신청에 대한 거부처분을 여기에서 말하는 '당사자의 권익을 제한하는 처분'에 해당한다고 할 수 없는 것이어서 처분의 사전통지대상이 된다고 할 수 없다(대판 2003.11.28, 2003두674).

2. 처분의 사전통지(제21조)

① 사전통지는 의견진술의 전치절차이다.
② 사전통지는 수익적 처분에는 적용되지 않고, 침익적 처분에만 적용된다.
⇨ 행정청이 구 식품위생법상의 영업자지위승계신고 수리처분을 하는 경우, 수리처분시 종전의 영업자에게 행정절차법 소정의 행정절차를 실시하여야 한다(대판 2003.2.14, 2001두7015).
③ 상대방의 귀책사유로 야기된 처분의 하자를 이유로 하더라도 수익적 행정행위를 취소하는 경우에는 불이익처분에 해당하므로 원칙적으로 「행정절차법」상 사전통지의 대상이 된다.
④ 행정절차법은 "당사자 등"에 대하여만 사전통지 및 의견제출에 대한 권리를 부여하고 있고, 행정처분으로 인하여 권익을 침해받게 되는 제3자에 대한 처분에 대한 사전통지에 대해서는 행정절차법에 규정되어 있지 않다.
⇨ 따라서 불이익처분의 직접 상대방인 당사자 또는 행정청이 참여하게 한 이해관계인이 아닌 제3자에 대하여는 사전통지 및 의견제출에 관한 같은 법 제21조, 제22조가 적용되지 않는다(대판 2009.4.25, 2008두686).
⑤ 사전통지를 하지 않은 경우 사전통지를 하지 않거나 의견제출의 기회를 주지 아니하여도 되는 예외적인 경우에 해당하지 아니하는 한 그 처분은 위법하여 취소를 면할 수 없다(대판 2004.5.28, 2004두1254).
⑥ **사전통지를 하지 않을 수 있는 경우**
(i) 공공의 안전 또는 복리를 위하여 긴급히 처분을 할 필요가 있는 경우
(ii) 법령등에서 요구된 자격이 없거나 없어지게 되면 반드시 일정한 처분을 하여야 하는 경우에 그 자격이 없거나 없어지게 된 사실이 법원의 재판 등에 의하여 객관적으로 증명된 경우
(iii) 해당 처분의 성질상 의견청취가 현저히 곤란하거나 명백히 불필요하다고 인정될 만한 상당한 이유가 있는 경우
⑦ 사전 통지를 하지 아니하는 경우 행정청은 **처분을 할 때** 당사자등에게 통지를 하지 아니한 사유를 알려야 한다. 다만, **신속한 처분이 필요한 경우에는 처분 후** 그 사유를 알릴 수 있다.
⑧ 국가공무원법상 직위해제처분에 처분의 사전통지 및 의견청취 등에 관한 행정절차법 규정은 적용되지 않는다(대판 2014.5.16, 2012두26180).
⑨ 행정청이 온천지구임을 간과하여 지하수개발·이용신고를 수리하였다가 행정절차법상의 사전통지를 하거나 의견제출의 기회를 주지 아니한 채 그 신고수리처분을 취소하고 원상복구명령의 처분을 한 경우, 행정지도방식에 의한 사전고지나 그에 따른 당사자의 자진 폐공의 약속 등의 사유만으로는 사전통지 등을 하지 않아도 되는 행정절차법 소정의 예외의 경우에 해당한다고 볼 수 없으므로 그 처분은 위법하다(대판 2000.11.14, 99두5870).

3. 청문

(1) 의의
청문이란 행정청이 어떠한 처분을 하기 전에 당사자등의 의견을 직접 듣고 증거를 조사하는 절차를 말한다.

(2) 청문을 하는 경우

제22조 [의견청취]
① 행정청이 처분을 할 때 다음 각 호의 어느 하나에 해당하는 경우에는 <u>청문을 한다.</u>
1. 다른 법령등에서 청문을 하도록 규정하고 있는 경우
2. 행정청이 필요하다고 인정하는 경우
3. 다음 각 목의 처분을 하는 경우 〈2022.7.12.〉
   가. 인허가 등의 취소
   나. 신분·자격의 박탈
   다. 법인이나 조합 등의 설립허가의 취소

※ 신청에 의한 청문은 없다. ⇨ 인허가 등의 취소, 신분·자격이 박탈, 법인이나 조합 등의 설립허가의 취소의 경우에도 당사자의 신청 없이 청문을 한다.

(3) 청문을 생략할 수 있는 경우(의견청취를 생략할 수 있는 경우)
(i) 공공의 안전 또는 복리를 위하여 긴급히 처분을 할 필요가 있는 경우
(ii) 법령등에서 요구된 자격이 없거나 없어지게 되면 반드시 일정한 처분을 하여야 하는 경우에 그 자격이 없거나 없어지게 된 사실이 법원의 재판 등에 의하여 객관적으로 증명된 경우
(iii) 해당 처분의 성질상 의견청취가 현저히 곤란하거나 명백히 불필요하다고 인정될 만한 상당한 이유가 있는 경우
(iv) 당사자가 의견진술의 기회를 포기한다는 뜻을 명백히 표시한 경우

(4) 청문 생략이 위법한 경우
① 행정처분의 상대방에 대한 청문통지서가 반송되었다거나, 행정처분의 상대방이 청문일시에 불출석하였다는 이유로 청문을 실시하지 아니하고 한 침해적 행정처분은 위법하다(대판 2001.4.13. 2000두3337).
② 행정청이 당사자와 사이에 협약을 체결하면서 관계 법령 및 행정절차법에 규정된 청문의 실시 등 의견청취절차를 배제하는 조항을 둔 경우, 청문의 실시에 관한 규정의 적용이 배제되거나 청문을 실시하지 않아도 되는 예외적인 경우에 해당하지 않는다(대판 2004.7.8. 2002두8350).
③ 처분상대방이 이미 행정청에 위반사실을 시인하였다거나 처분의 사전통지 이전에 의견을 진술할 기회가 있었다는 사정만으로는 '의견청취가 현저히 곤란하거나 명백히 불필요하다고 인정될 만한 상당한 이유가 있는 경우'에 해당한다고 볼 수 없다(대판 2016.10.27. 2016두41811).

(5) 청문통지 및 청문
① 행정청은 청문을 하려면 청문이 시작되는 날부터 <u>10일 전까지</u> 제1항 각 호의 사항을 당사자등에게 통지하여야 한다.

② 행정청은 소속 직원 또는 대통령령으로 정하는 자격을 가진 사람 중에서 청문 주재자를 공정하게 선정하여야 한다. 다만 행정청은 (i) 다수 국민의 이해가 상충되는 처분, (ii) 다수 국민에게 불편이나 부담을 주는 처분, (iii) 그 밖에 전문적이고 공정한 청문을 위하여 행정청이 청문 주재자를 2명 이상으로 선정할 필요가 있다고 인정하는 처분을 하려는 경우에는 청문 주재자를 2명 이상으로 선정할 수 있다. 이 경우 선정된 청문 주재자 중 1명이 청문 주재자를 대표한다.

③ 청문은 비공개를 원칙으로 하나, 당사자가 공개를 신청하거나 청문 주재자가 필요하다고 인정하는 경우 공개할 수 있다. 다만, 공익 또는 제3자의 정당한 이익을 현저히 해칠 우려가 있는 경우에는 공개하여서는 아니 된다.

④ 당사자등은 의견을 진술하고 증거를 제출할 수 있으며, 참고인이나 감정인 등에게 질문할 수 있다.

⑤ 당사자등이 의견서를 제출한 경우에는 그 내용을 출석하여 진술한 것으로 본다.

⑥ 행정청은 직권으로 또는 당사자의 신청에 따라 여러 개의 사안을 병합하거나 분리하여 청문을 할 수 있다.

⑦ 청문 주재자는 직권으로 또는 당사자의 신청에 따라 필요한 조사를 할 수 있으며, 당사자등이 주장하지 아니한 사실에 대하여도 조사할 수 있다.

⑧ 청문 주재자는 당사자등의 전부 또는 일부가 정당한 사유 없이 청문기일에 출석하지 아니하거나 의견서를 제출하지 아니한 경우에는 이들에게 다시 의견진술 및 증거제출의 기회를 주지 아니하고 청문을 마칠 수 있다.

⑨ 청문 주재자는 당사자등의 전부 또는 일부가 정당한 사유로 청문기일에 출석하지 못하거나 의견서를 제출하지 못한 경우에는 상당한 기간을 정하여 이들에게 의견진술 및 증거제출을 요구하여야 하며, 해당 기간이 지났을 때에 청문을 마칠 수 있다.

⑩ 행정청은 청문을 마친 후 처분을 할 때까지 새로운 사정이 발견되어 청문을 재개(再開)할 필요가 있다고 인정할 때에는 청문주재자로부터 받은 청문조서 등을 되돌려 보내고 청문의 재개를 명할 수 있다.

⇨ 청문을 계속할 경우에는 행정청은 당사자등에게 다음 청문의 일시 및 장소를 서면으로 통지하여야 하며, 당사자등이 동의하는 경우에는 전자문서로 통지할 수 있다. 다만, 청문에 출석한 당사자등에게는 그 청문일에 청문 주재자가 말로 통지할 수 있다.

⑪ 행정청은 처분을 할 때에 제35조 제4항에 따라 받은 청문조서, 청문 주재자의 의견서, 그 밖의 관계 서류 등을 충분히 검토하고 상당한 이유가 있다고 인정하는 경우에는 청문결과를 반영하여야 한다. ⇨ 따라서 반드시 반영하여야 하는 것 아님

⑫ 당사자등은 의견제출의 경우에는 처분의 사전 통지가 있는 날부터 의견제출기한까지, 청문의 경우에는 청문의 통지가 있는 날부터 청문이 끝날 때까지 행정청에 해당 사안의 조사결과에 관한 문서와 그 밖에 해당 처분과 관련되는 문서의 열람 또는 복사를 요청할 수 있다. 이 경우 행정청은 다른 법령에 따라 공개가 제한되는 경우를 제외하고는 그 요청을 거부할 수 없다.

⇨ 청문의 경우 뿐만 아니라 의견제출의 경우에도 문서열람·복사요청권이 있다. 공청회의 경우에는 문서열람·복사요청권이 없다.

(6) 청문절차 하자의 효과

① 법령상 요구되는 청문절차 결여 ⇨ 판례는 청문절차의 결여를 취소사유로 본다.
② 훈령(행정규칙)상 요구되는 청문절차 결여 ⇨ 위법하지 않다는 것이 판례의 주류적 입장이다.
③ 개별법령상 청문절차의 요구가 없는 경우
　　⇨ 판례는 청문절차를 거치지 아니한 것이 위법하지 아니하다는 입장

4. 공청회

(1) 의의

공청회란 행정청이 공개적인 토론을 통하여 어떠한 행정작용에 대하여 당사자등, 전문지식과 경험을 가진 사람, 그 밖의 일반인으로부터 의견을 널리 수렴하는 절차를 말한다(행정절차법 제2조 제6호).
⇨ 따라서 행정청이 아닌 단체가 그 명의로 개최한 공청회는 행정절차법에서 정한 절차를 준수하여야 하는 것은 아니다(대판 2007.4.12. 2005두1893).

(2) 공청회를 개최하는 경우

제22조 [의견청취]
② 행정청이 처분을 할 때 다음 각 호의 어느 하나에 해당하는 경우에는 공청회를 개최한다.
1. 다른 법령등에서 공청회를 개최하도록 규정하고 있는 경우
2. 해당 처분의 영향이 광범위하여 널리 의견을 수렴할 필요가 있다고 행정청이 인정하는 경우
3. 국민생활에 큰 영향을 미치는 처분으로서 대통령령으로 정하는 처분에 대하여 대통령령으로 정하는 수 이상의 당사자등이 공청회 개최를 요구하는 경우

⇨ 종전에는 청문과 달리 신청에 의한 공청회는 인정하지 않았으나, 2019년 개정된 행정절차법은 대통령령이 정하는 수 이상의 당사자 등이 공청회를 요구할 수 있도록 하였다.

(3) 공청회의 통지

행정청은 공청회를 개최하려는 경우에는 **공청회 개최 14일 전까지** 당사자 등에게 통지하여야 하고, 관보, 공보, 인터넷 홈페이지 또는 일간신문 등에 공고하는 등의 방법으로 널리 알려야 한다.

(4) 온라인공청회

① 행정청은 공청회와 병행하여서만 정보통신망을 이용한 공청회(온라인공청회)를 실시할 수 있다.
② **온라인공청회를 단독으로 개최할 수 있는 경우**
　(i) 국민의 생명·신체·재산의 보호 등 국민의 안전 또는 권익보호 등의 이유로 제38조에 따른 공청회를 개최하기 어려운 경우
　(ii) 제38조에 따른 공청회가 행정청이 책임질 수 없는 사유로 개최되지 못하거나 개최는 되었으나 정상적으로 진행되지 못하고 무산된 횟수가 3회 이상인 경우
　(iii) 행정청이 널리 의견을 수렴하기 위하여 온라인공청회를 단독으로 개최할 필요가 있다고 인정하는 경우. 다만, 제22조제2항제1호 또는 제3호에 따라 공청회를 실시하는 경우는 제외한다.

③ 온라인공청회를 실시하는 경우에는 누구든지 정보통신망을 이용하여 의견을 제출하거나 제출된 의견 등에 대한 토론에 참여할 수 있다.

(5) 공청회 결과 반영

행정청은 처분을 할 때에 공청회, 전자공청회 및 정보통신망 등을 통하여 제시된 사실 및 의견이 **상당한 이유가 있다고 인정하는 경우에는 이를 반영하여야 한다.**
⇨ **반드시 반영해야 하는 것 아님**

5. 의견제출(약식청문)

(1) 의의

"의견제출"이란 행정청이 어떠한 행정작용을 하기 전에 당사자등이 의견을 제시하는 절차로서 **청문이나 공청회에 해당하지 아니하는 절차**를 말한다.
⇨ 따라서 청문을 실시하거나 공청회를 개최하는 경우에는 당사자에게 별도의 의견제출의 기회를 주지 않을 수도 있다.

(2) 내용

① 당사자에게 의무를 부과하거나 권익을 제한하는 처분을 하는 경우에만 적용된다.
② 법령상 확정된 의무에 따른 불이익처분의 경우에는 행정청이 의견제출의 기회를 부여하지 않아도 위법하지 않다(대판 2000.11.28, 99두5443).
　⇨ 법령에 따라 당연히 환수금액이 정하여지는 퇴직연금환수결정에 앞서 당사자에게 의견진술의 기회를 주지 아니하여도 행정절차법 제22조 제3항이나 신의칙에 어긋나지 아니한다(대판 2000.11.28, 99두5443).
③ '고시'의 방법으로 불특정 다수인을 상대로 의무를 부과하거나 권익을 제한하는 처분(ex: 도로구역변경결정)은 의견제출절차의 대상이 되는 처분이 아니다(대판 2014.10.27., 2012두7745).
④ 당사자등은 처분 전에 그 처분의 관할 행정청에 서면이나 말로 또는 정보통신망을 이용하여 의견제출을 할 수 있다.
⑤ 행정청은 당사자등이 말로 의견제출을 하였을 때에는 서면으로 그 진술의 요지와 진술자를 기록하여야 한다.
⑥ 당사자등이 정당한 이유 없이 의견제출기한까지 의견제출을 하지 아니한 경우에는 의견이 없는 것으로 본다.
⑦ 행정청은 처분을 할 때에 당사자등이 제출한 의견이 **상당한 이유가 있다고 인정하는 경우에는** 이를 반영하여야 한다.

구분	청문	공청회	의견제출
의견청취의 목적	처분의 상대방 등 보호	의견수렴절차	처분의 상대방 등 보호
실시사유	• 다른 법령등에서 청문을 하도록 규정하고 있는 경우 • 행정청이 필요하다고 인정하는 경우		청문, 공청회를 실시한 경우의 외에 원칙적 실시
통지의 시기	개최 10일 전까지 통지	개최 14일 전까지 통지	처분 전 통지
의견표현의 방식	서면·구술	구술	서면·구술·정보통신망
절차진행자	청문주재자 (행정청이 소속 직원 또는 대통령령으로 정하는 자격을 가진 사람 중에서 선정)	공청회주재자 (공청회의 사안과 관련된 분야에 전문적 지식이 있거나 그 분야에 종사한 경험이 있는 사람 중에서 행정청이 지명하거나 위촉하는 사람)	
문서열람·복사 청구권	인정	규정없음	인정

6. 행정기본법 상 제재처분의 기준 및 제척기간

※ 행정절차법이 아닌 행정기본법에 규정되어 있음을 주의할 것

행정기본법 제22조 [제재처분의 기준] 〈시행일 2021.9.24.〉

① 제재처분의 근거가 되는 법률에는 제재처분의 주체, 사유, 유형 및 상한을 명확하게 규정하여야 한다. 이 경우 제재처분의 유형 및 상한을 정할 때에는 해당 위반행위의 특수성 및 유사한 위반행위와의 형평성 등을 종합적으로 고려하여야 한다.
② 행정청은 재량이 있는 제재처분을 할 때에는 다음 각 호의 사항을 고려하여야 한다.
1. 위반행위의 동기, 목적 및 방법
2. 위반행위의 결과
3. 위반행위의 횟수
4. 그 밖에 제1호부터 제3호까지에 준하는 사항으로서 대통령령으로 정하는 사항

제23조 [제재처분의 제척기간] 〈시행일 2023.3.24.〉

① 행정청은 법령등의 위반행위가 종료된 날부터 5년이 지나면 해당 위반행위에 대하여 제재처분(인허가의 정지·취소·철회, 등록 말소, 영업소 폐쇄와 정지를 갈음하는 과징금 부과를 말한다. 이하 이 조에서 같다)을 할 수 없다.
② 다음 각 호의 어느 하나에 해당하는 경우에는 제1항을 적용하지 아니한다.
1. 거짓이나 그 밖의 부정한 방법으로 인허가를 받거나 신고를 한 경우
2. 당사자가 인허가나 신고의 위법성을 알고 있었거나 중대한 과실로 알지 못한 경우
3. 정당한 사유 없이 행정청의 조사·출입·검사를 기피·방해·거부하여 제척기간이 지난 경우
4. 제재처분을 하지 아니하면 국민의 안전·생명 또는 환경을 심각하게 해치거나 해칠 우려가 있는 경우
③ 행정청은 제1항에도 불구하고 행정심판의 재결이나 법원의 판결에 따라 제재처분이 취소·철회된 경우에는 재결이나 판결이 확정된 날부터 1년(합의제행정기관은 2년)이 지나기 전까지는 그 취지에 따른 새로운 제재처분을 할 수 있다.
④ 다른 법률에서 제1항 및 제3항의 기간보다 짧거나 긴 기간을 규정하고 있으면 그 법률에서 정하는 바에 따른다.

Ⅶ 신고

① 행정절차법의 규율대상이 되는 신고는 자기완결적 신고이다.
② 신고가 행정청에 제출되어 접수된 때에는 관계법령이 정한 법적 효과가 발생하는 것이고, 행정청의 별도의 수리행위에 의해서 비로소 그 법적 효과가 발생하는 것이 아니다.

Ⅷ 입법예고

① 법령등을 제정·개정 또는 폐지하려는 경우에는 해당 입법안을 마련한 행정청은 이를 예고하여야 한다.
② 입법예고를 하지 않을 수 있는 경우
    (i) 신속한 국민의 권리 보호 또는 예측 곤란한 특별한 사정의 발생 등으로 입법이 긴급을 요하는 경우
    (ii) 상위 법령등의 단순한 집행을 위한 경우
    (iii) 입법내용이 국민의 권리·의무 또는 일상생활과 관련이 없는 경우
    (iv) 단순한 표현·자구를 변경하는 경우 등 입법내용의 성질상 예고의 필요가 없거나 곤란하다고 판단되는 경우
    (v) 예고함이 공공의 안전 또는 복리를 현저히 해칠 우려가 있는 경우
③ 법제처장은 입법예고를 하지 아니한 법령안의 심사 요청을 받은 경우에 입법예고를 하는 것이 적당하다고 판단할 때에는 해당 행정청에 입법예고를 권고하거나 직접 예고할 수 있다.
④ 행정청은 입법안의 취지, 주요 내용 또는 전문(全文)을 관보·공보나 인터넷·신문·방송 등을 통하여 널리 공고하여야 한다.
⑤ 행정청은 대통령령을 입법예고하는 경우 국회 소관 상임위원회에 이를 제출하여야 한다.
⑥ 입법예고기간은 예고할 때 정하되, 특별한 사정이 없으면 40일(자치법규는 20일) 이상으로 한다.

Ⅸ 행정예고

제46조 [행정예고]
① 행정청은 다음 각 호의 어느 하나에 해당하는 사항에 대한 정책, 제도 및 계획을 수립·시행하거나 변경하려는 경우에는 이를 예고하여야 한다. 다만, 예고로 인하여 공공의 안전 또는 복리를 현저히 해칠 우려가 있거나 그

밖에 예고하기 곤란한 특별한 사유가 있는 경우에는 예고하지 아니할 수 있다.
1. 국민생활에 매우 큰 영향을 주는 사항
2. 많은 국민의 이해가 상충되는 사항
3. 많은 국민에게 불편이나 부담을 주는 사항
4. 그 밖에 널리 국민의 의견을 수렴할 필요가 있는 사항
② 제1항에도 불구하고 법령등의 입법을 포함하는 행정예고는 입법예고로 갈음할 수 있다.
③ 행정예고기간은 예고 내용의 성격 등을 고려하여 정하되, 특별한 사정이 없으면 20일 이상으로 한다.

X 행정절차의 하자

① 국가공무원법 상 소청심사위원회가 소청 사건을 심사할 때에는 소청인 등에게 진술 기회를 주어야 하며, 진술 기회를 주지 아니한 결정은 무효로 한다(국가공무원법 제13조).
② 재량행위뿐만 아니라 기속행위에 있어서도 절차상의 하자는 독자적 위법사유가 된다. ⇨ 다만 법령상 근거 없이 단순히 훈령상 요구되는 청문절차를 결여한 것은 위법사유로 보지 아니한다(예외적인 경우도 있음).
③ 행정절차의 하자가 있는 경우 판례는 대부분 무효사유가 아닌 취소사유로 본다.
④ 절차상의 이유로 취소판결이 난 경우, 행정청이 그 절차상의 하자를 시정하여 동일한 내용의 처분을 하는 것은 기속력에 위반되지 않는다.

XI 민원사무처리

① 민원의 처리기간을 5일 이하로 정한 경우에는 민원의 접수시각부터 "시간" 단위로 계산하되, 공휴일과 토요일은 산입(算入)하지 아니한다. 이 경우 1일은 8시간의 근무시간을 기준으로 한다.
② 민원의 처리기간을 6일 이상으로 정한 경우에는 "일" 단위로 계산하고 첫날을 산입하되, 공휴일과 토요일은 산입하지 아니한다.
③ 민원의 처리기간을 주·월·연으로 정한 경우에는 첫날을 산입한다.
④ 행정기관의 장은 접수된 민원에 대한 처리를 완료한 때에는 그 결과를 민원인에게 문서로 통지하여야 한다. 다만, 기타민원의 경우와 통지에 신속을 요하거나 민원인이 요청하는 등 대통령령으로 정하는 경우에는 구술 또는 전화로 통지할 수 있다.
⑤ 민원인은 법정민원 중 신청에 경제적으로 많은 비용이 수반되는 민원 등 대통령령으로 정하는 민원에 대하여는 행정기관의 장에게 정식으로 민원을 신청하기 전에 미리 약식의 사전심사를 청구할

수 있다.
⑥ 법정민원에 대한 행정기관의 장의 거부처분에 불복하는 민원인은 그 **거부처분을 받은 날부터 60일 이내에 그 행정기관의 장에게 문서로 이의신청을 할 수 있다**.
⑦ 행정기관의 장은 **이의신청을 받은 날부터 10일 이내**에 그 이의신청에 대하여 **인용 여부를 결정**하고 그 결과를 민원인에게 지체 없이 문서로 통지하여야 한다. 다만, 부득이한 사유로 정하여진 기간 이내에 인용 여부를 결정할 수 없을 때에는 그 기간의 만료일 다음 날부터 기산(起算)하여 10일 이내의 범위에서 연장할 수 있으며, 연장 사유를 민원인에게 통지하여야 한다.
⑧ 민원인은 이의신청 여부와 관계없이 「행정심판법」에 따른 행정심판 또는 「행정소송법」에 따른 행정소송을 제기할 수 있다. ▷ 민원사무처리법 상 이의신청은 행정심판이 아니다.

CHAPTER 6 정보공개와 개인정보 보호

I 정보공개청구권

1. 정보공개청구권의 의의
① 정보공개청구권이란 사인이 공공기관에 대하여 정보를 제공해 줄 것을 요구할 수 있는 개인적 공권을 말한다.
② 개별적 정보공개청구권 ⇨ 자기와 직접적인 이해관계가 있는 특정한 사안에 관한 정보공개청구권
③ 일반적 정보공개청구권 ⇨ 자기와 직접적인 이해관계가 없는 일반적 정보공개청구권

2. 정보공개청구권의 법적 근거
① 헌법상 알권리로부터 도출
　⇨ 우리 헌법에는 알권리에 관한 명문의 규정이 없으나, 헌법재판소는 표현의 자유(제21조)를 근거로 알권리를 헌법상 기본권으로 인정(1991.5.13., 90헌마133)
　⇨ 정보공개청구권은 법률이 제정되어 있지 않다고 하더라도 헌법 제21조에 의해 직접 보장될 수 있다.
② 지방자치단체는 그 소관 사무에 관하여 법령의 범위에서 정보공개에 관한 조례를 정할 수 있다.
　⇨ 청주시의회에서 의결한 청주시행정정보공개조례안은 행정에 대한 주민의 알 권리의 실현을 그 근본내용으로 하면서도 이로 인한 개인의 권익침해 가능성을 배제하고 있으므로 이를 들어 주민의 권리를 제한하거나 의무를 부과하는 조례라고는 단정할 수 없고 따라서 그 제정에 있어서 반드시 법률의 개별적 위임이 따로 필요한 것은 아니다(대판 1992.6.23, 92추17).

3. 정보공개청구권의 주체
① 정보공개청구권을 갖는 국민에는 자연인은 물론 법인, 권리능력 없는 사단·재단도 포함되고, 법인, 권리능력 없는 사단·재단 등의 경우에는 설립목적을 불문한다(대판 2003.12.12, 2003두8050).
② 외국인도 대통령령으로 정하는 자는 정보공개청구권을 갖는다.
　⇨ (i) 국내에 일정한 주소를 두고 거주하거나 학술·연구를 위하여 일시적으로 체류하는 사람
　　 (ii) 국내에 사무소를 두고 있는 법인 또는 단체

4. 정보공개의 대상
① 공공기관이 보유·관리하는 정보라 함은 당해 공공기관이 작성하여 보유·관리하고 있는 정보뿐만 아니라 경위를 불문하고 당해 공공기관이 보유·관리하고 있는 모든 정보를 의미한다(대판 2004.12.9, 2003두12707).

② 공공기관의정보공개에관한법률상 공개청구의 대상이 되는 정보란 공공기관이 직무상 작성 또는 취득하여 현재 보유·관리하고 있는 문서에 한정되는 것이기는 하나, 그 문서가 반드시 원본일 필요는 없다(대판 2006.5.25, 2006두3049).

③ 알 권리에서 파생되는 정부의 공개의무는 특별한 사정이 없는 한 국민의 적극적인 정보수집행위, 특히 특정의 정보에 대한 공개청구가 있는 경우에야 비로소 존재한다(헌재결 2004.12.16, 2002헌마579).

④ 민사소송법 제344조 제2항'에서 '공무원 또는 공무원이었던 사람이 그 직무와 관련하여 보관하거나 가지고 있는 문서'는 국가기관이 보유·관리하는 공문서를 의미한다고 할 것이고, 이러한 공문서의 공개에 관하여는 공공기관의 정보공개에 관한 법률에서 정한 절차와 방법에 의하여야 할 것이다(대결 2010.1.19, 2008마546).

⑤ 형사소송법이 적용되는 형사재판확정기록의 공개에 관하여는 정보공개법이 적용되지 않는다(대판 2016.12.15, 2013두20882).

5. 정보공개의무를 지는 공공기관의 의미

① 공공기관정보공개에 관한 법률상 공공기관에는 사립학교도 포함된다.

② 한국방송공사도 공공기관에 포함된다.

③ **정보를 공개할 의무가 있는 '특별법에 의하여 설립된 특수법인'에 해당하는가는, 당해 법인에게 부여된 업무가 국가행정업무이거나, 이에 해당하지 않더라도 그 업무 수행으로써 추구하는 이익이 당해 법인 내부의 이익에 그치지 않고 공동체 전체의 이익에 해당하는 공익적 성격을 갖는지 여부를 중심으로 개별적으로 판단하되, 당해 법인의 설립근거가 되는 법률이 법인의 조직구성과 활동에 대한 행정적 관리·감독 등에서 민법이나 상법 등에 의하여 설립된 일반 법인과 달리 규율한 취지, 국가나 지방자치단체의 당해 법인에 대한 재정적 지원·보조의 유무와 그 정도, 당해 법인의 공공적 업무와 관련하여 국가기관·지방자치단체 등 다른 공공기관에 대한 정보공개청구와는 별도로 당해 법인에 대하여 직접 정보공개청구를 구할 필요성이 있는지 여부 등을 종합적으로 고려하여야 한다**(대판 2010.4.29, 2008두5643).

⇨ '한국증권업협회'는 공공기관의 정보공개에 관한 법률 시행령 제2조 제4호의 '**특별법에 의하여 설립된 특수법인**'에 해당한다고 볼 수 없다.

6. 비공개 대상 정보(공공기관의 정보공개에 관한 법률 제9조 제1항)

(1) 다른 법률 또는 법률에서 위임한 명령(국회규칙·대법원규칙·헌법재판소규칙·중앙선거관리위원회규칙·대통령령 및 조례로 한정한다)에 따라 비밀이나 비공개 사항으로 규정된 정보(제1호)

① 교육공무원승진규정은 공공기관의 정보공개에 관한 법률 제9조 제1항 제1호에서 말하는 법률이 위임한 명령에 해당하지 아니하므로 위 규정을 근거로 정보공개청구를 거부하는 것은 잘못이다(대판 2006.10.26, 2006두11910).

② 검찰보존사무규칙은 비록 법무부령으로 되어 있으나, 위임 근거가 없어 행정기관 내부의 사무처리 준칙으로서 행정규칙에 불과하므로, 다른 법률 또는 법률에 의한 명령에 의하여 비공개사항으로 규정된 경우'에 해당한다고 볼 수 없다(대판 2004.3.12, 2003두13816).

③ "소송에 관한 서류는 '다른 법률 또는 법률에 의한 명령에 의하여 비공개사항으로 규정된 경우'에 해당한다고 볼 수 없다(대판 2006.5.25, 2006두3049).
④ 행정정보공개운영지침(국무총리 훈령)은 공개대상에서 제외되는 정보의 범위를 규정하고 있으나, 국민의 자유와 권리는 법률로써만 제한할 수 있으므로, 이는 법률에 의하지 아니하고 국민의 기본권을 제한한 것이 되어 대외적으로 구속력이 없다(대판 1999.9.21, 97누5114).
⑤ 국방부의 한국형 다목적 헬기(KMH) 도입사업에 대한 감사원장의 감사결과보고서는 군사2급비밀에 해당하는 이상 공공기관의정보공개에관한법률 제9조 제1항 제1호에 의하여 공개하지 아니할 수 있다(대판 2006.11.10, 2006두9351).
⑥ 국가정보원의 조직·소재지 및 정원에 관한 정보는 '다른 법률에 의하여 비공개 사항으로 규정된 정보'에도 해당한다(대판 2013.1.24, 2010두18918).
⑦ 학교폭력대책자치위원회의 회의록은 '다른 법률 또는 법률이 위임한 명령에 의하여 비밀 또는 비공개 사항으로 규정된 정보'에 해당한다(대판 2010.6.10, 2010두2913).

(2) 국가안전보장·국방·통일·외교관계 등에 관한 사항으로서 공개될 경우 국가의 중대한 이익을 현저히 해칠 우려가 있다고 인정되는 정보(제2호)

(3) 공개될 경우 국민의 생명·신체 및 재산의 보호에 현저한 지장을 초래할 우려가 있다고 인정되는 정보

보안관찰법 소정의 보안관찰 관련 통계자료는 공공기관의정보공개에관한법률 제9조 제1항 제2호 소정의 공개될 경우 국가안전보장·국방·통일·외교관계 등 국가의 중대한 이익을 해할 우려가 있는 정보, 또는 제3호 소정의 공개될 경우 국민의 생명·신체 및 재산의 보호 기타 공공의 안전과 이익을 현저히 해할 우려가 있다고 인정되는 정보에 해당한다(대판 2004.3.18, 2001두8254 전원합의체).

(4) 진행 중인 재판에 관련된 정보와 범죄의 예방, 수사, 공소의 제기 및 유지, 형의 집행, 교정, 보안처분에 관한 사항으로서 공개될 경우 그 직무수행을 현저히 곤란하게 하거나 형사피고인의 공정한 재판을 받을 권리를 침해한다고 인정할 만한 상당한 이유가 있는 정보(제4호)

① 진행 중인 재판에 관련된 정보'에 해당한다는 사유로 정보공개를 거부하기 위하여는 반드시 그 정보가 진행 중인 재판의 소송기록 자체에 포함된 내용일 필요는 없다. 그러나 재판에 관련된 일체의 정보가 그에 해당하는 것은 아니고 진행 중인 재판의 심리 또는 재판결과에 구체적으로 영향을 미칠 위험이 있는 정보에 한정된다(대판 2011.11.24, 2009두19021).
② 공공기관의정보공개에관한법률 제9조 제1항 제4호는 '수사'에 관한 사항으로서 공개될 경우 그 직무수행을 현저히 곤란하게 한다고 인정할 만한 상당한 이유가 있는 정보를 비공개대상정보의 하나로 규정하고 있다. 그 취지는 수사의 방법 및 절차 등이 공개되어 수사기관의 직무수행에 현저한 곤란을 초래할 위험을 막고자 하는 것으로서, 수사기록 중의 의견서, 보고문서, 메모, 법률검토, 내사자료 등(이하 '의견서 등'이라 한다)이 이에 해당한다고 할 수 있으나, 공개청구대상인 정보가 의견서 등에 해당한다고 하여 곧바로 정보공개법 제9조 제1항 제4호에 규정된 비공개대상정보라고 볼 것은 아니고, 의견서 등의 실질적인 내용을 구체적으로 살펴 수사의 방법 및 절차 등이 공개됨으로써 수사기관의 직무수행을 현저히 곤란하게 한다고 인정할 만한 상당한 이유가 있어야만 위 비공개대상정보에 해당한다(대판 2012.7.12, 2010두7048).

(5) 감사·감독·검사·시험·규제·입찰계약·기술개발·인사관리에 관한 사항이나 의사결정 과정 또는 내부검토 과정에 있는 사항 등으로서 공개될 경우 업무의 공정한 수행이나 연구·개발에 현저한 지장을 초래한다고 인정할 만한 상당한 이유가 있는 정보. 다만, 의사결정 과정 또는 내부검토 과정을 이유로 비공개할 경우에는 의사결정 과정 및 내부검토 과정이 종료되면 제10조에 따른 청구인에게 이를 통지하여야 한다.(제5호)

① 문제은행 출제방식을 채택하고 있는 치과의사 국가시험의 문제지와 정답지는 공공기관의정보공개에관한법률상 비공개대상정보에 해당한다(대판 2007.6.15, 2006두15936).

② 사법시험 제2차 답안지는 시험문항에 대한 채점위원별 채점 결과가 열람되는 경우와 달리 그 열람으로 인하여 시험업무의 수행에 현저한 지장을 초래한다고 볼 수 없다(대판 2003.3.14. 2000두6114).
  ⇨ 시험문항에 대한 채점위원별 채점 결과의 열람은 시험업무의 공정한 수행에 현저한 지장을 초래한다고 인정할 상당한 이유가 있어 비공개정보에 해당되므로 그 열람을 거부한 이 사건 처분이 적법하지만 답안지 열람을 거부하는 것은 위법하다

③ '2002년도 및 2003년도 국가 수준 학업성취도평가 자료'는 정한 비공개대상정보에 해당하는 부분이 있으나, '2002학년도부터 2005학년도까지의 대학수학능력시험 원데이터'는 비공개대상정보에 해당하지 않는다(대판 2010.2.25, 2007두9877).

④ 학교환경위생구역 내 금지행위(숙박시설) 해제결정에 관한 학교환경위생정화위원회의 회의록에 기재된 발언내용에 대한 해당 발언자의 인적사항 부분에 관한 정보는 공공기관의정보공개에관한법률 제7조 제1항 제5호 소정의 비공개대상에 해당한다(대판 2003.8.22, 2002두12946).

⑤ 아파트재건축주택조합의 조합원들에게 제공될 무상보상평수의 사업수익성 등을 검토한 자료는 '의사결정과정 또는 내부검토과정에 있는 사항 등으로 공개될 경우 업무의 공정한 수행에 현저한 지장을 초래한다고 인정할 만한 상당한 이유가 있는 정보'에 해당한다고 할 수 없으므로 비공개대상정보에 해당하지 않는다(대판 2006.1.13. 2003두9459).

⑥ 지방자치단체의 도시공원에 관한 조례에서 규정된 도시공원위원회의 심의사항에 관한 위원회의 회의관련자료 및 회의록은 시장 등의 결정의 대외적 공표행위가 있기 전까지는 비공개대상정보에 해당하지만, 시장 등의 결정의 대외적 공표행위가 있은 후에는 공개대상이 된다.
  ⇨ 지방자치단체의 도시공원에 관한 조례안에서 공개시기 등에 관한 아무런 제한 규정 없이 위 위원회의 회의관련자료 및 회의록은 공개하여야 한다고 규정하였다면 이는 같은 법 제7조 제1항 제5호에 위반된다고 할 것이다(대판 2000.5.30, 99추85).

⑦ 국가보훈처장의 '망인들에 대한 독립유공자서훈 공적심사위원회의 심의·의결 과정 및 그 내용을 기재한 회의록'은 '공개될 경우 업무의 공정한 수행에 현저한 지장을 초래한다고 인정할 만한 상당한 이유가 있는 정보'에 해당한다(대판 2014.7.24., 2013두20301).

⑧ <u>외국 또는 외국 기관으로부터 비공개를 전제로 정보를 입수하였다는 이유만으로 이를 공개할 경우 업무의 공정한 수행에 현저한 지장을 받을 것이라고 단정할 수는 없다</u>. 다만 위와 같은 사정은 정보 제공자와의 관계, 정보 제공자의 의사, 정보의 취득 경위, 정보의 내용 등과 함께 업무의 공정한 수행에 현저한 지장이 있는지를 판단할 때 고려하여야 할 형량 요소이다(대판 2018. 9. 28. 2017두69892).

(6) 해당 정보에 포함되어 있는 성명·주민등록번호 등 개인에 관한 사항으로서 공개될 경우 사생활의 비밀 또는 자유를 침해할 우려가 있다고 인정되는 정보. 다만, 다음 각 목에 열거한 개인에 관한 정보는 제외한다. (제6호)

① 공개해야 하는 정보(제6호 각목)
  (i) 법령에서 정하는 바에 따라 열람할 수 있는 정보
  (ii) 공공기관이 공표를 목적으로 작성하거나 취득한 정보로서 사생활의 비밀 또는 자유를 부당하게 침해하지 아니하는 정보
  (iii) 공공기관이 작성하거나 취득한 정보로서 공개하는 것이 공익이나 개인의 권리 구제를 위하여 필요하다고 인정되는 정보
  (iv) 직무를 수행한 공무원의 성명·직위
  (v) 공개하는 것이 공익을 위하여 필요한 경우로서 법령에 따라 국가 또는 지방자치단체가 업무의 일부를 위탁 또는 위촉한 개인의 성명·직업

② 정보공개법 제9조 제1항 제6호 본문의 규정에 따라 비공개대상이 되는 정보에 해당하는지 여부를 판단하는 '개인식별정보'뿐만 아니라 그 외에 정보의 내용을 구체적으로 살펴 '개인에 관한 사항의 공개로 인하여 개인의 내밀한 내용의 비밀 등이 알려지게 되고, 그 결과 인격적·정신적 내면생활에 지장을 초래하거나 자유로운 사생활을 영위할 수 없게 될 위험성이 있는 정보'도 포함된다(대판 2012.6.18, 2011두2361 전원합의체).

③ 불기소처분 기록 중 피의자신문조서 등에 기재된 피의자 등의 인적사항 이외의 진술내용 역시 개인의 사생활의 비밀 또는 자유를 침해할 우려가 인정되는 경우 정보공개법 제9조 제1항 제6호 본문 소정의 비공개대상에 해당한다(대판 2012.6.18, 2011두2361 전원합의체). ⇨ 비공개

④ 사면대상자들의 사면실시건의서와 그와 관련된 국무회의 안건자료에 관한 정보는 비공개사유에 해당하지 않는다(대판 2006.12.7, 2005두241). ⇨ 공개

⑤ 지방자치단체의 업무추진비 세부항목별 집행내역 및 그에 관한 증빙서류에 포함된 개인에 관한 정보는 '공개하는 것이 공익을 위하여 필요하다고 인정되는 정보'에 해당하지 않는다(대판 2003.3.11, 2001두6425). ⇨ 비공개

⑥ 공무원이 직무와 관련 없이 개인적인 자격으로 간담회·연찬회 등 행사에 참석하고 금품을 수령한 정보는 '공개하는 것이 공익을 위하여 필요하다고 인정되는 정보'에 해당하지 않는다(대판 2003.12.12, 2003두8050). ⇨ 비공개

⑦ 공직자윤리법상의 등록의무자가 정부공직자윤리위원회에 제출한 문서에 포함되어 있는 고지거부자의 인적사항은 공개하는 것이 공익을 위하여 필요하다고 인정되는 정보에 해당하지 않는다(대판 2007.12.13, 2005두13117). ⇨ 비공개

⑧ 재개발사업에 관한 자료 중 개인의 인적사항, 재산에 관한 내용이 포함되어 있어서 공개될 경우에는 타인의 사생활의 비밀과 자유를 침해할 우려가 있다(대판 1997.5.23, 96누2439). ⇨ 비공개

(7) 법인·단체 또는 개인의 경영상·영업상 비밀에 관한 사항으로서 공개될 경우 법인등의 정당한 이익을 현저히 해칠 우려가 있다고 인정되는 정보. 다만, 다음 각 목에 열거한 정보는 제외한다.

① 공개해야하는 정보(제7호 각목)
  (i) 사업활동에 의하여 발생하는 위해(危害)로부터 사람의 생명·신체 또는 건강을 보호하기 위하여 공개할 필요가 있는 정보
  (ii) 위법·부당한 사업활동으로부터 국민의 재산 또는 생활을 보호하기 위하여 공개할 필요가 있는 정보

② 한국방송공사의 '수시집행 접대성 경비의 건별 집행서류 일체'는 공공기관의 정보공개에 관한 법률 제9조 제1항 제7호의 비공개대상정보에 해당하지 않는다(대판 2008.10.23, 2007두1798). ⇨ 공개

③ 대한주택공사의 아파트 분양원가 산출내역에 관한 정보는, 비공개대상정보에 해당하지 않는다(대판 2007.6.1, 2006두20587). ⇨ 공개

(8) 공개될 경우 부동산 투기, 매점매석 등으로 특정인에게 이익 또는 불이익을 줄 우려가 있다고 인정되는 정보

▌판례 정리

비공개대상 정보에 해당	• 국방부의 한국형 다목적 헬기(KMH) 도입사업에 대한 감사원장의 감사결과보고서 • 국가정보원의 조직·소재지 및 정원에 관한 정보 • 국가정보원이 직원에게 지급하는 현금급여 및 월초수당에 관한 정보 • 학교폭력대책자치위원회의 회의록 • 보안관찰 관련 통계자료 • 치과의사 국가시험의 문제지와 정답지 • 학교환경위생정화위원회의 회의록 • 지방자치단체의 도시공원에 관한 조례에서 규정된 도시공원위원회의 회의관련자료 및 회의록 • 불기소처분 기록 중 피의자신문조서 등에 기재된 피의자 등의 인적사항 이외의 진술내용 • 수사기록 중의 의견서, 보고문서, 메모, 법률검토, 내사자료 등 • 고속철도 역의 유치위원회에 지방자치단체로부터 지급받은 보조금의 사용 내용에 관한 서류 일체 중 개인의 성명 • 공무원이 직무와 관련 없이 개인적인 자격으로 간담회·연찬회 등 행사에 참석하고 금품을 수령한 정보 • 지방자치단체의 업무추진비 세부항목별 집행내역 및 그에 관한 증빙서류에 포함된 개인에 관한 정보 • 공직자윤리법상의 등록의무자 중 고지거부자의 인적사항 • 교원의 교원단체 및 노동조합 개별 교원의 명단
비공개대상 정보가 아닌 것	• 교육공무원의 근무성적 평정의 결과 • 검찰보존사무규칙 • 소송에 관한 서류 • 사면대상자들의 사면실시건의서와 그와 관련된 국무회의 안건자료에 관한 정보 • 사법시험 제2차 답안지 • 대한주택공사의 아파트 분양원가 산출내역에 관한 정보 • 한국방송공사의 '수시집행 접대성 경비의 건별 집행서류 일체' • 아파트재건축주택조합의 조합원들에게 제공될 무상보상평수의 사업수익성 등을 검토한 자료

7. 정보공개청구절차

① 정보공개 <u>청구서를 제출</u>하거나 <u>말</u>로써 정보의 공개를 청구할 수 있다.

② <u>말로써 정보의 공개를 청구할 때</u>에는 담당 공무원 또는 담당 임직원의 앞에서 진술하여야 하고, 담당공무원등은 정보공개 청구조서를 작성하여 이에 청구인과 함께 <u>기명날인</u>하거나 <u>서명</u>하여야 한다.

③ 공공기관은 청구를 받은 날부터 <u>10일 이내</u>에 공개 여부를 결정하여야 한다.

④ 공공기관은 부득이한 사유로 10일 이내에 공개 여부를 결정할 수 없을 때에는 그 기간이 끝나는 날의 다음 날부터 기산하여 10일의 범위에서 공개 여부 결정기간을 연장할 수 있다. 이 경우 공공기관은 연장된 사실과 연장 사유를 청구인에게 지체 없이 문서로 통지하여야 한다.

⑤ 공공기관은 공개 청구된 공개 대상 정보의 전부 또는 일부가 제3자와 관련이 있다고 인정할 때에는 그 사실을 제3자에게 지체 없이 통지하여야 하며, 필요한 경우에는 그의 의견을 들을 수 있다.

⑥ 정보공개를 청구하는 자가 공공기관에 대해 정보의 사본 또는 출력물의 교부의 방법으로 공개방법을 선택하여 정보공개청구를 한 경우, 공공기관은 공개방법을 선택할 재량권이 없다(대판 2003.12.12, 2003두8050).

⑦ 공공기관은 전자적 형태로 보유·관리하는 정보에 대하여 청구인이 전자적 형태로 공개하여 줄 것을 요청하는 경우에는 그 정보의 성질상 현저히 곤란한 경우를 제외하고는 청구인의 요청에 따라야 한다.

⑧ 공공기관은 청구인이 사본 또는 복제물의 교부를 원하는 경우에는 이를 교부하여야 한다. 다만, 공개 대상 정보의 양이 너무 많아 정상적인 업무수행에 현저한 지장을 초래할 우려가 있는 경우에는 정보의 사본·복제물을 일정 기간별로 나누어 제공하거나 열람과 병행하여 제공할 수 있다.

⑨ 공공기관은 정보를 공개하는 경우에 그 정보의 원본이 더럽혀지거나 파손될 우려가 있거나 그 밖에 상당한 이유가 있다고 인정할 때에는 그 정보의 사본·복제물을 공개할 수 있다.

⑩ 공개 청구한 정보가 비공개 부분과 공개 가능한 부분이 혼합되어 있는 경우로서 공개 청구의 취지에 어긋나지 아니하는 범위에서 두 부분을 분리할 수 있는 경우에는 비공개 정보에 해당하는 부분을 제외하고 공개하여야 한다.

⇨ 법원은 공개가 가능한 정보에 관한 부분만의 일부취소를 명할 수 있다(대판 2004.12.9, 2003두12707).

⑪ 교도관의 근무보고서는 비공개대상정보에 해당한다고 볼 수 없고, 징벌위원회 회의록 중 비공개 심사·의결 부분은 비공개사유에 해당하지만 징벌절차 진행 부분은 비공개사유에 해당하지 않는다고 보아 분리 공개가 허용된다(대판 2009.12.10, 2009두12785).

⑫ 정보의 공개 및 우송 등에 드는 비용은 실비의 범위에서 청구인이 부담한다.

8. 불복절차

① 청구인이 정보공개와 관련한 공공기관의 비공개 결정 또는 부분 공개 결정에 대하여 불복이 있거나 <u>정보공개 청구 후 20일이 경과하도록 정보공개 결정이 없는 때</u>에는 공공기관으로부터 <u>정보공개 여부의 결정 통지를 받은 날</u> 또는 <u>정보공개 청구 후 20일이 경과한 날부터 30일 이내</u>에 해당 공공기관에 <u>문서로 이의신청을 할 수 있다</u>.

② 청구인이 정보공개와 관련한 <u>공공기관의 결정에 대하여 불복이 있거나 정보공개 청구 후 20일이 경과</u>하도록 정보공개 결정이 없는 때에는 「행정심판법」에서 정하는 바에 따라 <u>행정심판을 청구할</u>

수 있다(임의적 전치주의). 이 경우 국가기관 및 지방자치단체 외의 공공기관의 결정에 대한 감독 행정기관은 관계 중앙행정기관의 장 또는 지방자치단체의 장으로 한다.
⇨ 이의신청 절차를 거치지 아니하고 행정심판을 청구할 수 있다.

③ 청구인이 정보공개와 관련한 공공기관의 결정에 대하여 불복이 있거나 정보공개 청구 후 20일이 경과하도록 정보공개 결정이 없는 때에는 「행정소송법」에서 정하는 바에 따라 행정소송을 제기할 수 있다.

④ 청구인이 공공기관에 대하여 정보공개를 청구하였다가 거부처분을 받은 것 자체가 법률상 이익의 침해에 해당한다(대판 2003.12.12, 2003두8050).
⇨ 거부처분 취소소송의 피고는 거부한 기관의 장이 피고가 된다.(정보공개심의회 아님)

⑤ 공공기관이 그 정보를 보유·관리하고 있지 아니한 경우에는 특별한 사정이 없는 한 정보공개거부처분의 취소를 구할 법률상의 이익이 없다(대판 2006.1.13, 2003두9459).

⑥ 공개청구의 대상이 되는 정보가 이미 다른 사람에게 공개되어 널리 알려져 있다거나 인터넷 등을 통하여 공개되어 인터넷검색 등을 통하여 쉽게 알 수 있다는 사정만으로는 소의 이익이 없다거나 비공개결정이 정당화될 수 없다(대판 2007.7.13, 2005두8733).

⑦ 해당 정보를 취득 또는 활용할 의사가 전혀 없이 정보공개 제도를 이용하여 사회통념상 용인될 수 없는 부당한 이득을 얻으려 하거나, 오로지 공공기관의 담당공무원을 괴롭힐 목적으로 정보공개청구를 하는 경우처럼 권리의 남용에 해당하는 것이 명백한 경우에는 정보공개청구권의 행사를 허용하지 않는다(대판 2014.12.24, 2014두9349).

⑧ 공개를 구하는 정보를 공공기관이 보유·관리하고 있을 상당한 개연성이 있다는 점에 대해서는 원칙적으로 공개청구자에게 증명책임이 있고 정보를 더 이상 보유·관리하고 있지 아니하다는 점에 대한 증명책임은 공공기관에게 있다(대판 2004.12.9, 2003두12707).

⑨ 제3자와 관련이 있는 정보라고 하더라도 당해 공공기관이 이를 보유·관리하고 있는 이상 정보공개법 제9조 제1항 단서 각 호의 비공개사유에 해당하지 아니하면 정보공개의 대상이 되는 정보에 해당하고, 제3자의 비공개요청이 있다는 사유만으로 정보공개법상 정보의 비공개사유에 해당한다고 볼 수 없다(대판 2008.9.25, 2008두8680).

9. 정보공개심의회와 정보공개위원회

① 정보공개심의회 ⇨ 국가기관, 지방자치단체, 공기업 및 준정부기관, 지방공사 및 지방공단에 설치

제12조 [정보공개심의회]

① 국가기관, 지방자치단체, 「공공기관의 운영에 관한 법률」 제5조에 따른 공기업 및 준정부기관, 「지방공기업법」에 따른 지방공사 및 지방공단(이하 "국가기관등"이라 한다)은 제11조에 따른 정보공개 여부 등을 심의하기 위하여 정보공개심의회(이하 "심의회"라 한다)를 설치·운영한다. 이 경우 국가기관등의 규모와 업무성격, 지리적 여건, 청구인의 편의 등을 고려하여 소속 상급기관(지방공사·지방공단의 경우에는 해당 지방공사·지방공단을 설립한 지방자치단체를 말한다)에서 협의를 거쳐 심의회를 통합하여 설치·운영할 수 있다. 〈개정 2020. 12. 22〉

② 정보공개위원회 ⇨ 국무총리 소속으로 설치

제22조 [정보공개위원회의 설치]
다음 각 호의 사항을 심의·조정하기 위하여 <u>국무총리 소속</u>으로 정보공개위원회(이하 "위원회"라 한다)를 둔다. 〈개정 2020. 12. 22〉
1. 정보공개에 관한 정책 수립 및 제도 개선에 관한 사항
2. 정보공개에 관한 기준 수립에 관한 사항
3. 제12조에 따른 심의회 심의결과의 조사·분석 및 심의기준 개선 관련 의견제시에 관한 사항
4. 제24조제2항 및 제3항에 따른 공공기관의 정보공개 운영실태 평가 및 그 결과 처리에 관한 사항
5. 정보공개와 관련된 불합리한 제도·법령 및 그 운영에 대한 조사 및 개선권고에 관한 사항
6. 그 밖에 정보공개에 관하여 대통령령으로 정하는 사항

Ⅱ 개인정보의 보호

1. 개인정보자기결정권

① 개인정보자기결정권의 보호대상이 되는 개인정보는 개인의 신체, 신념, 사회적 지위, 신분 등과 같이 개인의 인격주체성을 특징짓는 사항으로서 개인의 동일성을 식별할 수 있게 하는 일체의 정보라고 할 수 있고, 반드시 개인의 내밀한 영역에 속하는 정보에 국한되지 않고 공직 생활에서 형성되었거나 이미 공개된 개인정보까지 포함한다(대판 2014.7.24, 2012다49933).
② 정보자기결정권은 자신에 관한 정보가 언제 누구에게 어느 범위까지 알려지고 또 이용되도록 할 것인지를 그 정보주체가 스스로 결정할 수 있는 권리, 즉 정보주체가 개인정보의 공개와 이용에 관하여 스스로 결정할 권리를 말한다.
③ 지문도 개인정보이다. ⇨ 주민등록발급시 지문날인제도가 과잉금지의 원칙에 위배하여 청구인들의 개인정보자기결정권을 침해하였다고 볼 수 없다(헌재결 2005.5.26, 99헌마513).

2. 개인정보보호법

① 개인정보보호법 상 **"개인정보"란 살아 있는 개인에 관한 정보**로서 성명, 주민등록번호 및 영상 등을 통하여 개인을 알아볼 수 있는 정보(해당 정보만으로는 특정 개인을 알아볼 수 없더라도 다른 정보와 쉽게 결합하여 알아볼 수 있는 것을 포함한다)를 말한다.
② **"개인정보처리자"**란 업무를 목적으로 개인정보파일을 운용하기 위하여 스스로 또는 다른 사람을 통하여 개인정보를 처리하는 공공기관, 법인, 단체 및 개인 등을 말한다.
③ 개인정보처리자는 사상·신념, 노동조합·정당의 가입·탈퇴, 정치적 견해, 건강, 성생활 등에 관한 정보, 그 밖에 정보주체의 사생활을 현저히 침해할 우려가 있는 개인정보로서 대통령령으로 정하는 정보(민감정보)를 처리하여서는 아니 된다. 다만, (i) 정보주체에게 별도로 동의를 받은 경우와 (ii) 법령에서 민감정보의 처리를 요구하거나 허용하는 경우에는 처리할 수 있다.

④ 영상정보처리기기운영자는 영상정보처리기기의 설치 목적과 다른 목적으로 영상정보처리기기를 임의로 조작하거나 다른 곳을 비춰서는 아니 되며, 녹음기능은 사용할 수 없다.
⑤ **정보주체**는 개인정보처리자가 이 법을 위반한 행위로 손해를 입으면 개인정보처리자에게 **손해배상을 청구할 수 있다**. 이 경우 그 개인정보처리자는 고의 또는 과실이 없음을 입증하지 아니하면 책임을 면할 수 없다.
⑥ 개인정보보호법은 <u>단체소송을 인정</u>하고 있으나, 모든 단체가 단체소송을 제기할 수 있는 것은 아니고 일정한 요건을 단체만 소송을 제기할 수 있다.
  ⇨ 일정한 요건에 해당하는 단체는 개인정보처리자가 제49조에 따른 집단분쟁조정을 거부하거나 집단분쟁조정의 결과를 수락하지 아니한 경우에는 <u>법원에 권리침해 행위의 금지·중지를 구하는 소송을 제기할 수 있다</u>(단체의 손해배상청구소송은 없음).

3. 개인정보보호위원회

개인정보 보호에 관한 사무를 독립적으로 수행하기 위하여 <u>국무총리 소속</u>으로 개인정보 보호위원회를 둔다.

행정의 실효성 확보수단

CHAPTER 1 행정강제

I 행정상 강제집행

1. 구별개념

① '행정상 강제집행' ⇨ 의무의 존재를 전제로 의무의 불이행이 있는 경우에 행사
'행정상 즉시강제' ⇨ 구체적인 의무의 불이행이 전제되지 않고도 행사가 가능하다.

② '행정상 강제집행' ⇨ 행정법상 개별·구체적인 의무의 불이행을 전제로 그 불이행한 의무를 장래에 향해 실현시키는 것을 목적으로 한다.
"행정벌" ⇨ 과거의 의무위반에 대한 제재

2. 법적 근거

행정상 강제집행은 의무부과의 근거법규 외에 별도의 법적근거가 있어야 한다. ⇨ 행정법상의 의무를 명할 수 있는 명령권의 근거가 되는 법이 동시에 행정강제의 근거가 될 수는 없다.

3. 강제집행의 종류

(1) 수단에 따른 분류

강제집행의 수단	작용가능한 의무	일반법
대집행	대체적 작위의무	행정대집행법
이행강제금(집행벌) · 직접강제	① 작위의무 　(대체적 작위의무와 비대체적 작위의무) ② 부작위의무 ③ 수인의무	없음
강제징수	급부의무	국세징수법

(2) 의무의 종류에 따른 분류

의무의 종류		사례	강제집행의 수단
작위 의무	대체적 작위의무	① 위법건축물 철거의무 ② 교통장해물 제거의무 ③ 불법광고물 철거의무 ④ 청소의무 등	대집행, 직접강제 (※ 헌법재판소는 대체적 작위의무에도 이행강제금을 부과할 수 있다고 하였다.)

	비대체적 작위의무	① 증인출석의무 ② 의사의 진료의무 ③ 건물명도의무·퇴거의무 ④ 토지·건물의 인도·이전의무	이행강제금(집행벌), 직접강제
부작위 의무		① 무허가영업금지의무 ② 야간통행금지의무 등	이행강제금(집행벌), 직접강제
수인의무		① 전염병 예방접종의무 ② 신체검사, 건강검진을 받을 의무	
금전급부의무		조세·부담금 등의 납부의무	강제징수

II 대집행

1. 의의

법률(법률의 위임에 의한 명령, 지방자치단체의 조례를 포함)에 의하여 직접명령 되었거나 또는 법률에 의거한 행정청의 명령에 의한 행위 로서 타인이 대신하여 행할 수 있는 행위를 의무자가 이행하지 아니하는 경우 다른 수단으로써 그 이행을 확보하기 곤란하고 또한 그 불이행을 방치함이 심히 공익을 해할 것으로 인정될 때에는 당해 행정청은 스스로 의무자가 하여야 할 행위를 하거나 또는 제삼자로 하여금 이를 하게 하여 그 비용을 의무자로부터 징수하는 행위

2. 대집행 주체

① 당해 행정청(위임받은 행정청 포함)만 할 수 있다. ⇨ 상급 행정청(감독청), 법원은 대집행의 주체가 될 수 없다.
② 대집행을 현실로 수행하는 자는 반드시 당해 행정청이어야 하는 것은 아니다.

3. 대집행 요건

① 대집행의 요건은 계고할 때 이미 충족되어야 한다.
② 대집행요건충족의 주장·입증책임은 처분 행정청에 있다(대판 1996.10.11. 96누8086).
③ 대체적 작위의무의 불이행(공법상 의무의 불이행)이 있어야 한다.
⇨ 대집행절차의 개시 후에 의무의 이행이 있었다면, 대집행은 중지되어야 한다.

대집행의 대상이 될 수 있는 사례	대집행의 대상이 되지 않는 사례
• 대체적 작위의무 　- 위법건물 철거의무 　- 불법광고판 철거의무 　- 위험축대 파괴의무 　- 교통장해물 제거의무 　- 건물의 청소와 소독의무 　- 불법개간산림의 원상회복의무	• 비대체적 작위의무 　- 의사의 진료의무 　- 증인출석의무 　- 건물명도의무·퇴거의무 　- 토지·건물의 인도·이전의무 • 부작위의무 　- 무허가영업의무 　- 야간통행금지의무 • 수인의무 　- 전염병 예방접종의무 　- 신체검사, 건강검진을 받을 의무 • 금전급부의무 　- 조세·부담금 납부의무

④ 위법한 행정처분에 의한 공법상 의무도 당해 행정처분이 취소되지 않는 한 대집행의 대상이 된다.
　⇨ 행정행위의 불가쟁력은 대집행 요건이 아니다. 따라서 행정행위에 불가쟁력이 발생해야 하는 것은 아니다.
⑤ 부작위의무는 그 자체로는 대집행의 대상이 되지 않으므로, 부작위의무의 불이행시 작위의무로 전환시킨 후에 대집행의 대상이 될 수 있다.
　⇨ 따라서 부작위의무를 작위의무로 전환시킬 수 있는 법적 근거(전환규범)가 없다면, 원칙적으로 대집행은 불가능하다.
⑥ 토지나 건물 등의 인도나 명도의무는 원칙적으로 대집행의 대상이 되지 아니한다.
⑦ 대집행이 인정되기 위해서는 불이행된 의무를 다른 수단으로는 이행을 확보하기가 곤란하여야 한다.
　⇨ '다른 수단'이란 비례원칙상 의무자에 대한 침해가 대집행보다 경미한 수단을 의미한다.
⑧ 행정대집행의 절차가 인정되는 경우에는 따로 민사소송의 방법으로 피고들에 대하여 이 사건 시설물의 철거를 구하는 것은 허용되지 않는다.
⑨ 불이행을 방치함이 심히 공익을 해할 것
⑩ 대집행 요건을 구비하였다 하더라도 대집행을 할 것인가의 여부는 재량이다.

4. 대집행 절차

「계고 ⇨ 대집행영장에 의한 통지 ⇨ 대집행의 실행 ⇨ 대집행비용의 징수」

(1) 계고

① 계고는 준법률행위적 행정행위로서 통지행위 ⇨ 행정소송의 대상이 된다.
② 반복된 계고의 경우 1차계고만 처분성을 가진다.
③ 위법한 건물이 공유인 경우에는 그 공유자 1인에 대한 계고처분은 다른 공유자에 대하여는 그 효력이 없다(대판 1994.10.28, 94누5144).
④ 계고시 상당한 이행기간을 정하여야 한다. ⇨ 상당한 이행기간을 정하지 않은 경우 그 후 대집행시

기를 늦추더라도 그 대집행계고는 위법하다.
⑤ 계고는 문서로 하여야 한다. 구두에 의한 계고는 무효이다.
⑥ 계고시 대집행의 요건이 충족되고 있어야 한다.
⇨ 의무를 부과하는 행정처분과 계고를 동시에 할 수 있다. ⇨ 계고서라는 명칭의 1장의 문서로서 철거명령 및 계고처분을 할 수 있다.

(2) 대집행영장에 의한 통지
① 준법률행위적 행정행위이다.
② 대집행영장에 의한 통지는 그 자체가 독립하여 항고소송의 대상이 된다.

(3) 대집행의 실행

행정대집행법 제4조 [대집행의 실행 등]
① 행정청(제2조에 따라 대집행을 실행하는 제3자를 포함한다. 이하 이 조에서 같다)은 해가 뜨기 전이나 해가 진 후에는 대집행을 하여서는 아니 된다. 다만, 다음 각 호의 어느 하나에 해당하는 경우에는 그러하지 아니하다.
1. 의무자가 동의한 경우
2. 해가 지기 전에 대집행을 착수한 경우
3. 해가 뜬 후부터 해가 지기 전까지 대집행을 하는 경우에는 대집행의 목적 달성이 불가능한 경우
4. 그 밖에 비상시 또는 위험이 절박한 경우

(4) 비용징수
① 대집행에 소요된 비용은 원칙상 의무자가 부담하여야 한다.
⇨ 의무자에게 문서로써 비용납부를 명하고, 납기일 내에 비용을 납부하지 않으면 국세징수법의 예에 따라 강제징수할 수 있다.
② 대집행의 비용납부명령은 급부의무를 부과하는 하명에 해당한다. 따라서 처분성이 인정되고 항고소송의 대상이 된다.
③ 대집행을 실시하기 위하여 지출한 비용을 행정대집행법 절차에 따라 징수할 수 있는 경우에는 민사소송절차에 의하여 그 비용의 상환을 청구할 수 없다.

Ⅲ 이행강제금(=집행벌)

① 행정법상의 부작위의무 또는 비대체적 작위의무를 이행하지 않은 경우에 '일정한 기한까지 의무를 이행하지 않을 때에는 일정한 금전적 부담을 과할 뜻'을 미리 '계고'함으로써 의무자에게 심리적 압박을 주어 장래를 향하여 의무의 이행을 확보하려는 간접적인 행정상 강제집행의 수단
⇨ 대체적 작위의무에도 이행강제금을 부과할 수 있다는 것이 다수설과 헌법재판소의 입장이다.

② 무허가 건축행위에 대한 형사처벌과 시정명령 위반에 대한 이행강제금의 부과는 헌법 제13조 제1항이 금지하는 이중처벌에 해당한다고 할 수 없다(헌재결 2004.2.26, 2002헌바26).

③ 이행강제금의 부과행위에는 행정절차법이 적용되고, 일신전속성인 성질의 것이므로 상속의 대상이 되지 아니한다. ⇨ 이행강제금 납부의무는 상속인 기타의 사람에게 승계될 수 없는 일신전속적인 성질의 것이므로 이미 사망한 사람에게 이행강제금을 부과하는 내용의 처분이나 결정은 당연무효이다.

④ 이행강제금 부과처분에 대해 비송사건절차법에 의한 특별한 불복절차가 마련되어 있는 경우에는 이행강제금 부과처분은 항고소송의 대상이 되지 아니한다(대판 2000.9.22, 2000두5722).

⑤ 이행강제금 부과처분에 대하여 개별법에서 불복방법에 관하여 아무런 규정을 두고 있지 않은 경우에는 이행강제금 부과처분은 행정행위이므로 행정심판 또는 행정소송을 제기할 수 있다.

⑥ 공무원들이 위법건축물임을 알지 못하여 공사 도중에 시정명령이 내려지지 않아 위법건축물이 완공되었다 하더라도, 공공복리의 증진이라는 목적의 달성을 위해서는 완공 후에라도 위법건축물임을 알게 된 이상 시정명령을 할 수 있다.

⑦ 국토의 계획 및 이용에 관한 법률 제124조의2 제5항이 이행명령을 받은 자가 그 명령을 이행하는 경우에 새로운 이행강제금의 부과를 즉시 중지하도록 규정한 것은 이행강제금의 본질상 이행강제금 부과로 이행을 확보하고자 한 목적이 이미 실현된 경우에는 그 이행강제금을 부과할 수 없다는 취지를 규정한 것으로서, 이에 의하여 부과가 중지되는 '새로운 이행강제금'에는 국토계획법 제124조의2 제3항의 규정에 의하여 반복 부과되는 이행강제금뿐만 아니라 이행명령 불이행에 따른 최초의 이행강제금도 포함된다. 따라서 이행명령을 받은 의무자가 그 명령을 이행한 경우에는 이행명령에서 정한 기간을 지나서 이행한 경우라도 최초의 이행강제금을 부과할 수 없다(대판 2014.12.11, 2013두15750).

Ⅳ 직접강제

① 의무자가 행정법상 의무를 이행하지 아니하는 경우에 행정청이 직접 의무자의 신체 또는 재산에 실력을 가하여 의무의 이행이 있었던 것과 동일한 상태로 실현하는 작용 ⇨ 직접강제는 모든 행정법상 의무불이행, 즉, 대체적 작위의무 뿐만 아니라 비대체적 작위·부작위·수인의무에 대한 이행강제수단이다.

② 직접강제는 권력적 사실행위로서 처분성이 인정되므로 항고소송의 대상이 된다.

V 강제징수

① 공법상 금전급부의무를 이행하지 않은 경우에 행정청이 의무자의 재산에 실력을 가하여 의무가 이행된 것과 동일한 상태를 실현하는 작용
② 강제징수의 절차는 독촉, 재산의 압류, 압류재산의 매각, 청산의 순으로 이루어진다. 이 중 재산의 압류, 압류재산의 매각, 청산을 체납처분이라고 한다(독촉은 체납처분이 아니다).
③ 독촉은 통지행위로서 준법률행위적 행정행위에 속한다. ⇨ 소멸시효를 중단시키는 법적 효과발생 ⇨ 최초의 독촉만이 징수처분으로서 항고소송의 대상이 되는 행정처분이 되고 그 후에 한 동일한 내용의 독촉은 항고소송의 대상이 되는 행정처분이라 할 수 없다(대판 1999.7.13, 97누119).
④ 판례는 독촉을 거치지 않은 체납처분에 대하여 취소사유로 본다.
⑤ 압류는 권력적 사실행위로서 처분성이 있으므로 항고소송의 대상이 된다.
⑥ 압류된 재산에 대하여 의무자는 사실상·법률상 처분을 할 수 없다.
⑦ 판례는 공매는 공법상 대리로서 공매 그 자체가 우월한 공권력의 행사이므로 행정소송의 대상이 되는 행정처분으로 본다. ⇨ 공매하기로 한 결정(공매결정)과 공매계획의 통지(공매통지), 공매공고는 취소소송의 대상이 되는 처분이 아니다.
⑧ 공매통지를 하지 않았거나 공매통지를 하였더라도 그것이 적법하지 아니한 경우에는 절차상의 흠이 있어 그 공매처분은 위법하다 ⇨ 체납자 등은 공매통지의 결여나 위법을 들어 공매처분의 취소 등을 구할 수 있는 것이지 공매통지 자체를 항고소송의 대상으로 삼아 그 취소 등을 구할 수는 없다(대판 2011.3.24, 2010두25527).
⑨ 체납액의 징수 순위는 체납처분비 ⇒ 국세 ⇒ 가산금 순이다.
⑩ 강제징수에 대하여 이의신청을 할 수 있고(임의적 절차), 국세심사위원회에 의한 조세심사(심사청구)와 조세심판원에 의한 조세심판(심판청구) 중 하나의 결정을 거친 후 행정소송을 제기할 수 있다(예외적 행정심판전치주의).

VI 행정상 즉시강제

① 급박한 행정상의 장해를 제거할 필요가 있는 경우에 미리 의무를 명할 시간적 여유가 없을 때 또는 성질상 의무를 명하여서는 목적달성이 곤란할 때에 즉시 국민의 신체 또는 재산에 실력을 가하여 행정상의 필요한 상태를 실현하는 행정작용
② 권력적 사실행위이다. ⇨ 처분성이 인정되고 항고소송의 대상이 된다.
③ 행정상 즉시강제는 엄격한 실정법상의 근거를 필요로 할 뿐만 아니라, 그 발동에 있어서는 법규의 범위 안에서도 다시 행정상의 장해가 목전에 급박하고, 다른 수단으로는 행정목적을 달성할 수 없는 경우이어야 하며, 이러한 경우에도 그 행사는 필요 최소한도에 그쳐야 함을 내용으로 하는 조리

상의 한계에 기속된다(헌재결 2002.10.31, 2000헌가12).
④ 경찰관직무집행법 제4조 제1항 제1호에서 규정하는 술에 취한 상태로 인하여 자기 또는 타인의 생명·신체와 재산에 위해를 미칠 우려가 있는 피구호자에 대한 보호조치는 경찰 행정상 즉시강제에 해당한다. ⇨ 피구호자의 가족 등에게 피구호자를 인계할 수 있다면 특별한 사정이 없는 한 경찰관서에서 피구호자를 보호하는 것은 허용되지 않는다(대판 2012.12.13, 2012도11162).
⑤ **행정상 즉시강제에는 원칙적으로 영장주의가 적용되지 않는다.**
⇨ 만일 어떤 법률조항이 영장주의를 배제할 만한 합리적인 이유가 없을 정도로 급박성이 인정되지 아니함에도 행정상 즉시강제를 인정하고 있다면, 이러한 법률조항은 이미 그 자체로 과잉금지의 원칙에 위반되는 것으로서 위헌이라고 할 것이다(헌재결 2002.10.31, 2000헌가12).

VII 행정조사

① 행정기관이 사인으로부터 행정상 필요한 자료나 정보를 수집하기 위하여 행하는 일체의 행정작용
② 행정행위의 형식을 취하는 것 ⇨ 보고서요구명령, 장부서류제출명령, 출두명령 등 사실행위의 형식을 취하는 것 ⇨ 질문, 출입검사, 실시조사, 진찰, 검진, 앙케트조사 등
③ 세무조사결정은 항고소송의 대상이 된다(대판 2011.3.10, 2009두23617).
④ 행정기관은 법령등에서 행정조사를 규정하고 있는 경우에 한하여 행정조사를 실시할 수 있다. 다만, 조사대상자의 자발적인 협조를 얻어 실시하는 행정조사의 경우에는 그러하지 아니하다. ⇨ 조사대상자의 자발적인 협조를 얻어 실시하는 행정조사'는 개별 법령 등에서 행정조사를 규정하고 있는 경우에도 실시할 수 있다(2016.10.27. 2016두41811).
⑤ 우편물 통관검사절차에서 이루어지는 우편물의 개봉, 시료채취, 성분분석 등의 검사는 행정조사의 성격을 가지는 것으로서 수사기관의 강제처분이라고 할 수 없으므로, 압수·수색영장 없이 우편물의 개봉, 시료채취, 성분분석 등 검사가 진행되었다 하더라도 특별한 사정이 없는 한 위법하다고 볼 수 없다(대판 2013.9.26., 2013도7718).
⑥ 행정조사를 실시하고자 하는 행정기관의 장은 출석요구서, 보고요구서·자료제출요구서 및 현장출입조사서를 조사개시 7일 전까지 조사대상자에게 서면으로 통지하여야 한다.

행정벌

행정법상의 의무위반행위에 대하여 일반통치권에 근거하여 부과하는 제재로서의 처벌
⇨ 과거의 의무위반에 대한 제재를 직접적인 목적으로 하지만 간접적으로 의무자에게 심리적 압박을 가함으로써 행정법상의 의무이행을 확보하는 기능

	행정형벌	행정질서벌
종류	사형, 징역, 금고, 자격상실, 자격정지, 벌금, 구류, 과료, 몰수	과태료
형법상 형벌인지 여부	○	×
형법총칙 적용 여부	○	×
고의·과실 요구 여부	○	○
절차관련 법률	형사소송법	질서위반행위규제법
절차	• 일반절차 : 형사소송 • 특별절차 : 통고처분·즉결심판	과태료재판

I 행정형벌

1. 행정형벌의 의의

① '행정형벌' ⇨ 그 행정법규 위반이 직접적으로 행정목적과 사회공익을 침해하는 경우에 과해진다. '과태료' ⇨ 직접적으로 행정목적이나 사회공익을 침해하는 데까지는 이르지 않고 다만 간접적으로 행정상의 질서에 장해를 줄 위험성이 있는 정도의 단순한 의무(신고의무 등) 태만에 대한 제재
② 행정질서벌인 과태료를 과할 것인가 아니면 직접적으로 행정목적과 공익을 침해한 행위로 보아 행정형벌을 과할 것인가 하는 것은 입법재량의 문제
③ 행정형벌과 행정질서벌은 모두 행정벌의 일종이지만, 그 성질이나 목적을 달리하는 별개의 것이므로 과태료를 납부한 후에 형사처벌을 한다고 하여 일사부재리의 원칙에 위반되는 것은 아니다(대판 1996.4.12, 96도158).
④ 헌법재판소는 "행정질서벌로서의 과태료는 행정상 의무의 위반에 대하여 국가가 일반통치권에 기하여 과하는 제재로서 형벌(특히 행정형벌)과 목적·기능이 중복되는 면이 없지 않으므로, 동일한 행위를 대상으로 하여 형벌을 부과하면서 아울러 행정질서벌로서의 과태료까지 부과한다면 그것은

이중처벌금지의 기본정신에 배치되어 국가 입법권의 남용으로 인정될 여지가 있음을 부정할 수 없다"고 하였다.
⑤ 죄형법정주의가 적용된다.
⑥ 행정범의 경우에도 원칙적으로 고의가 있는 경우만을 처벌하고, 과실범은 예외적으로 법률에 특별한 규정이 있는 경우에 처벌할 수 있다.
  ⇨ 명문의 규정이 있는 경우 뿐만 아니라 관련 행정형벌법규의 해석에 의하여 과실행위도 처벌한다는 뜻이 도출되는 경우에는 과실행위도 처벌된다.
⑦ 위법성 인식가능성이 있어야 한다.
  ⇨ 허가를 담당하는 공무원이 허가를 요하지 않는 것으로 잘못 알려 주어 이를 믿었기 때문에 허가를 받지 아니한 것이라면 허가를 받지 않더라도 죄가 되지 않는 것으로 착오를 일으킨 데 대하여 정당한 이유가 있는 경우에 해당하여 처벌할 수 없다(대판 1993.9.14. 92도1560).
⑧ 종업원 등의 범죄행위에 대해 영업주가 비난받을 만한 행위가 있었는지 여부와는 전혀 관계없이 종업원 등의 범죄행위가 있으면 자동적으로 영업주도 처벌하도록 규정하는 것은 다른 사람의 범죄행위를 이유로 처벌하는 것으로서 형벌에 관한 책임주의에 반하므로 헌법에 위반된다(헌재결 2009.7.30., 2008헌가10).
⑨ 지방자치단체 소속 공무원이 지방자치단체 고유의 자치사무를 수행하던 중 도로법 제81조 내지 제85조의 규정에 의한 위반행위를 한 경우에는 지방자치단체는 도로법 제86조의 양벌규정에 따라 처벌대상이 되는 법인에 해당한다(대판 2005.11.10. 2004도2657). ⇨ 기관위임사무인 경우, 지방자치단체는 양벌규정의 처벌대상이 될 수 없다(대판 2009.6.11. 2008도6530).
⑩ 행정형벌의 일반적인 과벌절차는 형벌과 마찬가지로 형사소송법에 의하는 것이 원칙이다. 예외적으로 특별절차로서 통고처분이나 즉결심판 등이 활용

2. 통고처분

① 형벌을 대신하여 벌금 또는 과료에 상당하는 범칙금을 납부하도록 하여 그 범칙금을 납부하면 처벌이 종료되고, 만일 지정된 기일내에 납부하지 않으면 형사소송절차에 따라 형벌을 과하는 절차
  ⇨ 통고처분이 있는 경우에는 공소시효의 진행이 중단된다.
② 통고처분은 행정소송의 대상이 되는 처분이 아니다.
③ 통고처분권자는 검사나 법원이 아니라 국세청장, 세무서장, 관세청장, 경찰서장 같은 관할행정청이다.
④ 통고처분을 받은 자가 그 통고처분의 내용을 이행한 때에는 확정판결과 동일한 효력이 발생하게 되어 처벌절차는 종료되고, 일사부재리의 원칙이 적용되어 다시 소추하지 못한다.
  ⇨ 다만 범칙행위와 같은 때, 같은 곳에서 이루어진 행위라 하더라도 범칙행위와 별개의 형사범죄행위에 대하여는 범칙금의 납부로 인한 불처벌의 효력이 미치지 아니한다(대판 2007.4.12. 2006도4322).
⑤ 통고처분을 받은 자가 법정기간 내에 통고처분의 내용을 이행하지 아니하면 통고처분의 효력은 상실되고, 통고처분권자는 고발하여야 하고, 형사소송절차로 넘어가게 된다.

3. 즉결심판

① 범증(犯證)이 명백하고 죄질이 경미한 범죄사건을 관할경찰서장의 청구에 의해 20만원 이하의 벌금,

구류 또는 과료에 처할 수 있도록 하는 일반 형사소송절차에 비해 간소화된 절차(관할 경찰서장 또는 관할해양경비안전서장이 관할법원에 즉결심판을 청구한다)
② 피고인이나 경찰서장은 즉결심판의 선고·고지를 받은 날부터 7일 이내에 정식재판을 청구 할 수 있다.
  ⇨ 즉결심판은 정식재판의 청구에 의한 판결이 있는 때에는 그 효력을 잃는다.

II 행정질서벌

① 행정상 의무위반에 대해 과태료가 과하여지는 행정벌
② 과태료가 행정청에 의해 부과되는 경우
  ⇨ 행정행위의 성질을 가진다.
  ⇨ 질서위반행위규제법 및 행정절차법에 정해진 절차에 따라 부과된다.
  ⇨ 그러나 과태료부과처분에 이의제기가 있는 경우에는 행정청의 과태료 부과처분은 그 효력을 상실하므로 과태료부과처분은 행정소송의 대상이 되는 행정처분이 아니다.
  ⇨ 과태료부과처분의 취소를 구하는 헌법소원은 권리보호의 이익이 없다.
③ 과태료가 법원의 재판에 의해 부과되는 경우
  ⇨ 사법행위(司法行爲)의 성질을 가진다.
  ⇨ 질서위반행위규제법 및 비송사건절차법에 정해진 절차에 따라 부과되고 다투어진다.
④ 행정질서벌에는 형법총칙이 적용되지 않는다.
⑤ 행정질서벌에 관한 일반법(총칙)으로서 질서위반행위규제법이 있으나, 질서위반행위규제법은 과태료 부과의 근거법률은 아니다.
⑥ 과태료의 부과·징수, 재판 및 집행 등의 절차에 관한 다른 법률의 규정 중 질서위반행위규제법의 규정에 저촉되는 것은 질서위반행위규제법으로 정하는 바에 따른다.
  ⇨ 개별법률에서 과태료에 관한 규정을 두고 있는 경우에도 질서위반행위규제법규정이 우선 적용
⑦ 법률의 위임이 있으면, 위임의 범위 안에서 지방자치단체의 조례로 과태료를 부과할 수 있다.
⑧ 고의 또는 과실이 없는 질서위반행위는 과태료를 부과하지 아니한다.
⑨ 자신의 행위가 위법하지 아니한 것으로 오인하고 행한 질서위반행위는 그 오인에 정당한 이유가 있는 때에 한하여 과태료를 부과하지 아니한다.
⑩ 2인 이상이 질서위반행위에 가담한 때에는 각자가 질서위반행위를 한 것으로 본다.
⑪ 신분에 의하여 성립하는 질서위반행위에 신분이 없는 자가 가담한 때에는 신분이 없는 자에 대하여도 질서위반행위가 성립한다.
⑫ 신분에 의하여 과태료를 감경 또는 가중하거나 과태료를 부과하지 아니하는 때에는 그 신분의 효과는 신분이 없는 자에게는 미치지 아니한다.
⑬ 하나의 행위가 2 이상의 질서위반행위에 해당하는 경우에는 각 질서위반행위에 대하여 정한 과태료 중 가장 중한 과태료를 부과한다.

⇨ 2 이상의 질서위반행위가 경합하는 경우에는 각 질서위반행위에 대하여 정한 과태료를 각각 부과한다.

⑭ 질서위반행위의 성립과 과태료 처분은 행위 시의 법률에 따른다.

⑮ 질서위반행위 후 법률이 변경되어 그 행위가 질서위반행위에 해당하지 아니하게 되거나 과태료가 변경되기 전의 법률보다 가볍게 된 때에는 법률에 특별한 규정이 없는 한 변경된 법률을 적용한다.

⑯ 행정청의 과태료 처분이나 법원의 과태료 재판이 확정된 후 법률이 변경되어 그 행위가 질서위반행위에 해당하지 아니하게 된 때에는 변경된 법률에 특별한 규정이 없는 한 과태료의 징수 또는 집행을 면제한다.

⑰ 행정청이 질서위반행위에 대하여 과태료를 부과하고자 하는 때에는 미리 당사자에게 대통령령으로 정하는 사항을 통지하고, 10일 이상의 기간을 정하여 의견을 제출할 기회를 주어야 한다.

⑱ 행정청은 질서위반행위가 종료된 날(다수인이 질서위반행위에 가담한 경우에는 최종행위가 종료된 날을 말한다)부터 5년이 경과한 경우에는 해당 질서위반행위에 대하여 과태료를 부과할 수 없다.

⑲ 과태료는 행정청의 과태료 부과처분이나 법원의 과태료 재판이 확정된 후 5년간 징수하지 아니하거나 집행하지 아니하면 시효로 인하여 소멸한다.

⑳ 행정청의 과태료 부과에 불복하는 당사자는 제17조 제1항에 따른 과태료 부과 통지를 받은 날부터 60일 이내에 해당 행정청에 서면으로 이의제기를 할 수 있다.

⇨ 이의제기가 있는 경우에는 행정청의 과태료 부과처분은 그 효력을 상실한다.

㉑ 법원이 비송사건절차법에 따라서 하는 과태료 재판은 관할 관청이 부과한 과태료처분에 대한 당부를 심판하는 행정소송절차가 아니라 법원이 직권으로 개시·결정하는 것이므로, 원칙적으로 과태료 재판에서는 행정소송에서와 같은 신뢰보호의 원칙 위반 여부가 문제로 되지 않는다(대판 2006.4.28. 2003마715).

CHAPTER 3 새로운 실효성 확보수단

I 과징금

① 전형적 과징금 ⇨ 행정법규의 위반이나 행정법상의 의무위반으로 경제상의 이익을 얻게 되는 경우에 당해 위반으로 인한 경제상 이익을 박탈하기 위하여 부과하는 금전적 제재
변형된 과징금 ⇨ 사업의 취소·정지에 갈음하여 부과하는 금전상의 제재

구분	과태료	과징금
성질	의무위반에 대한 벌(질서벌)	의무이행확보수단(금전급부하명)
부과주체	행정청과 법원	행정청
금액책정 기준	가벌성 정도	의무위반불이행시 예상수익
불복절차	질서위반행위규제법	행정쟁송법(행정쟁송절차)
쟁송제기 효과	과태료부과처분의 효력상실	과징금부과처분의 효력유지
병과여부	과태료와 과징금은 병과할 수 있다.[04관세사]	

② 전형적 과징금은 부당이득환수와 더불어 제재적 성격을 가지고 있으므로 법령위반으로 취득한 이익이 없는 경우에도 부과할 수 있다.
③ 과징금부과행위는 금전급부하명으로 침익적 행정행위이다.
   ⇨ 과징금부과처분에는 원칙상 행정절차법이 적용되고, 과징금부과처분은 항고쟁송의 대상이 된다.
④ 과징금을 부과받은 자가 사망한 경우 그 상속인에게 포괄승계된다(대판 1999.5.14. 99두35).
⑤ 과징금의 부과권자는 행정청이며, 반드시 현실적인 행위자가 아니라도 법령상 책임자로 규정된 자에게 부과할 수 있다.
⑥ 구 청소년보호법 제49조 제1항, 제2항의 위임에 따른 같은법시행령 제40조 [별표 6]의 위반행위의 종별에따른과징금처분기준 ⇨ 법규명령
   ⇨ 액수는 최고한도액
⑦ 국민건강보험법 제85조 제1항, 제2항에 따른 같은 법 시행령 제61조 제1항 [별표 5]의 업무정지처분 및 과징금부과의 기준 ⇨ 법규명령
   ⇨ 액수는 최고한도액
⑧ 과징금부과처분이 법이 정한 한도액을 초과하여 위법할 경우 전부를 취소하여야 하며, 법원이 적정하다고 인정되는 부분을 초과한 부분만 취소할 수 없다.

⑨ 과징금을 부과하면서 추후 부과금 산정 기준인 새로운 자료가 나올 경우 과징금액을 변경할 수 있다고 유보하거나 실제로 새로운 자료가 나왔다는 이유로 새로운 부과처분을 할 수 없다(대판 1999.5.28. 99두1571).
　⇨ 관할 행정청이 여러 가지 위반행위를 인지하였다면 전부에 대하여 일괄하여 최고한도 내에서 하나의 과징금 부과처분을 하는 것이 원칙이고, 인지한 여러 가지 위반행위 중 일부에 대해서만 우선 과징금 부과처분을 하고 나머지에 대해서는 차후에 별도의 과징금 부과처분을 하는 것은 다른 특별한 사정이 없는 한 허용되지 않는다(대판 2021.2.4. 2020두48390).
⑩ 관할 행정청이 여객자동차운송사업자가 범한 여러 가지 위반행위 중 일부만 인지하여 과징금 부과처분을 하였는데 그 후 과징금 부과처분 시점 이전에 이루어진 다른 위반행위를 인지하여 이에 대하여 별도의 과징금 부과처분을 하게 되는 경우에도 행정청이 전체 위반행위에 대하여 하나의 과징금 부과처분을 할 경우에 산정되었을 정당한 과징금액에서 이미 부과된 과징금액을 뺀 나머지 금액을 한도로 하여서만 추가 과징금 부과처분을 할 수 있다(대판 2021.2.4. 2020두48390).

II. 기타 제도

1. 가산금(폐지 됨)
종래 가산금과 납부불성실가산세 폐지되고, 납부지연가산세로 통합되었다.

2. 가산세
① 법에서 규정하는 의무의 성실한 이행을 확보하기 위하여 의무위반자에 대하여 세법에 따라 산출한 세액에 가산하여 징수하는 금액
　⇨ 본래의 조세채무와는 별개로 부과되는 세금
　⇨ 무신고가산세, 과소신고가산세, 납부지연가산세 등
② 가산세를 부과함에 있어 납세자의 고의·과실은 고려되지 않지만, 그 의무해태에 정당한 사유가 있는 경우에는 부과할 수 없다.
　⇨ 법령의 부지 또는 오인은 그 정당한 사유에 해당한다고 볼 수 없으며, 또한 납세의무자가 세무공무원의 잘못된 설명을 믿고 그 신고납부의무를 이행하지 아니하였다 하더라도 그것이 관계 법령에 어긋나는 것임이 명백한 때에는 그러한 사유만으로는 정당한 사유가 있는 경우에 해당한다고 할 수 없다(대판 2002.4.12. 2000두5944).

3. 명단공표
① 일정한 행정법상의 의무위반 또는 의무불이행이 있는 경우에 위반자의 성명·위반사실 등을 일반에게 공개함으로써 그 위반자의 명예·신용의 침해를 위협함으로써 심리적인 압박을 가하여 의무이행을 확보하는 간접강제수단

② 비권력적 사실행위이므로 처분성이 없어 행정쟁송의 대상이 될 수 없다.
③ 행정절차법은 위반사실 등의 공표에 대하여 규정하고 있다.

행정절차법 제40조의3 [위반사실 등의 공표] [시행일: 2022. 7. 12.]
① 행정청은 법령에 따른 의무를 위반한 자의 성명·법인명, 위반사실, 의무 위반을 이유로 한 처분사실 등(이하 "위반사실등"이라 한다)을 법률로 정하는 바에 따라 일반에게 공표할 수 있다.
② 행정청은 위반사실등의 공표를 하기 전에 사실과 다른 공표로 인하여 당사자의 명예·신용 등이 훼손되지 아니하도록 객관적이고 타당한 증거와 근거가 있는지를 확인하여야 한다.
③ 행정청은 위반사실등의 공표를 할 때에는 미리 당사자에게 그 사실을 통지하고 의견제출의 기회를 주어야 한다. 다만, 다음 각 호의 어느 하나에 해당하는 경우에는 그러하지 아니하다.
1. 공공의 안전 또는 복리를 위하여 긴급히 공표를 할 필요가 있는 경우
2. 해당 공표의 성질상 의견청취가 현저히 곤란하거나 명백히 불필요하다고 인정될 만한 타당한 이유가 있는 경우
3. 당사자가 의견진술의 기회를 포기한다는 뜻을 명백히 밝힌 경우
④ 제3항에 따라 의견제출의 기회를 받은 당사자는 공표 전에 관할 행정청에 서면이나 말 또는 정보통신망을 이용하여 의견을 제출할 수 있다.
⑤ 제4항에 따른 의견제출의 방법과 제출 의견의 반영 등에 관하여는 제27조(의견제출) 및 제27조의2(제출의견의 반영)를 준용한다. 이 경우 "처분"은 "위반사실등의 공표"로 본다.
⑥ 위반사실등의 공표는 관보, 공보 또는 인터넷 홈페이지 등을 통하여 한다.
⑦ 행정청은 위반사실등의 공표를 하기 전에 당사자가 공표와 관련된 의무의 이행, 원상회복, 손해배상 등의 조치를 마친 경우에는 위반사실등의 공표를 하지 아니할 수 있다.
⑧ 행정청은 공표된 내용이 사실과 다른 것으로 밝혀지거나 공표에 포함된 처분이 취소된 경우에는 그 내용을 정정하여, 정정한 내용을 지체 없이 해당 공표와 같은 방법으로 공표된 기간 이상 공표하여야 한다. 다만, 당사자가 원하지 아니하면 공표하지 아니할 수 있다.

4. 공급거부

① 행정법상의 의무를 위반하거나 불이행한 자에 대하여 행정상의 일정한 재화나 서비스의 공급을 거부하는 행정작용
⇨ 의무위반자의 생활에 지장을 줌으로써 간접적으로 의무이행을 확보하려는 수단
② 침해적·권력적 사실행위 ⇨ 법률유보의 원칙상 법률의 근거를 필요로 한다.
③ 단수요청이나 단전요청은 권고적 성격에 불과하여 행정처분이 아니다.
⇨ 그러나 행정청이 직접 내린 단수처분은 권력적 사실행위로서 항고소송의 대상이 되는 행정처분에 해당한다(대판 1979.12.28, 79누218).

5. 제재적 행정처분(관허사업의 제한)

① 행정법상 의무위반자에 대하여 인가·허가 등을 거부·정지·철회함으로써 위반자에게 불이익을 가하고, 이로써 행정법상 의무의 이행을 간접적으로 행정의 실효성을 확보하려는 수단
② 종래 국세징수법 제7조가 무관련사업에 대해서도 제한을 할 수 있게 한 것에 대한 비판으로 현행 국세징수법은 체납과 관련된 사업에 한정하여 제한을 할 수 있도록 개정하였다.

6. 시정명령

① 행정법령의 위반행위로 초래된 위법상태의 제거 내지 시정을 명하는 행정행위

② 위반행위의 결과가 더 이상 존재하지 않는다면, 시정명령을 할 수 없다.

⇨ 다만 예외적으로 독점규제법상 시정명령은 과거의 위반행위에 대한 중지는 물론 가까운 장래에 반복될 우려가 있는 동일한 유형의 행위의 반복금지까지 명할 수는 있다(대판 2003.2.20, 2001두5347 전원합의체).

행정구제법 Ⅰ

CHAPTER 1 행정상 손해배상

I 국가배상

1. 법적 근거

헌법 제29조
① 공무원의 직무상 불법행위로 손해를 받은 국민은 법률이 정하는 바에 의하여 국가 또는 공공단체에 정당한 배상을 청구할 수 있다. 이 경우 공무원 자신의 책임은 면제되지 아니한다.
② 군인·군무원·경찰공무원 기타 법률이 정하는 자가 전투·훈련등 직무집행과 관련하여 받은 손해에 대하여는 법률이 정하는 보상외에 국가 또는 공공단체에 공무원의 직무상 불법행위로 인한 배상은 청구할 수 없다.

국가배상법 제2조 [배상책임]
① 국가나 지방자치단체는 공무원 또는 공무를 위탁받은 사인(이하 "공무원"이라 한다)이 직무를 집행하면서 고의 또는 과실로 법령을 위반하여 타인에게 손해를 입히거나, 「자동차손해배상 보장법」에 따라 손해배상의 책임이 있을 때에는 이 법에 따라 그 손해를 배상하여야 한다. 다만, 군인·군무원·경찰공무원 또는 예비군대원이 전투·훈련 등 직무 집행과 관련하여 전사(戰死)·순직(殉職)하거나 공상(公傷)을 입은 경우에 본인이나 그 유족이 다른 법령에 따라 재해보상금·유족연금·상이연금 등의 보상을 지급받을 수 있을 때에는 이 법 및 「민법」에 따른 손해배상을 청구할 수 없다.

국가배상법 제5조 [공공시설 등의 하자로 인한 책임]
① 도로·하천, 그 밖의 공공의 영조물(營造物)의 설치나 관리에 하자(瑕疵)가 있기 때문에 타인에게 손해를 발생하게 하였을 때에는 국가나 지방자치단체는 그 손해를 배상하여야 한다. 이 경우 제2조 제1항 단서, 제3조 및 제3조의2를 준용한다.

2. 법적 성격

대법원은 사권·사법설 ⇨ 국가배상소송을 민사소송으로 다루고 있다.

3. 공무원의 직무상 불법행위로 인한 국가배상

(1) 공무원의 행위일 것

① 국가배상법 제2조 소정의 '공무원'이라 함은 국가공무원법이나 지방공무원법에 의하여 공무원으로서의 신분을 가진 자에 국한하지 않고, 널리 공무를 위탁받아 실질적으로 공무에 종사하고 있는 일체의 자를 가리키는 것으로서, 공무의 위탁이 일시적이고 한정적인 사항에 관한 활동을 위한 것이어도 달리 볼 것은 아니다(대판 2001.1.5. 98다39060).
② **공무원으로 본 경우** ⇨ 통장, 교통할아버지, 소집 중인 향토예비군, 국가나 지방자치단체에 근무하는 청원경찰

공무원으로 보지 않은 경우 ⇨ 의용소방대원, 시영버스운전사, 대집행권한을 위탁받은 한국토지공사
③ 야간시위 중 경찰의 집단구타와 같이 가해공무원이 특정되지 않더라도 공무원의 행위라면 국가배상책임이 성립된다.

국가배상법상 공무원으로 인정	국가배상법상 공무원으로 부정
• 국회의원, 검사, 법관, 헌법재판소 재판관 • 교통할아버지 • 시청소차운전수 • 전입신고에 확인도장을 찍는 통장 • 소집중인 향토예비군 • 국가나 지방자치단체에 근무하는 청원경찰 • 강제집행하는 집행관 • 경매담당공무원 • 철도차장, 철도건널목 간수 • 미군부대 카투사	• 의용소방대원 • 공무집행에 자진협력하는 사인 • 시영버스 운전사 • 공공조합의 직원 • 영조물법인의 직원 • 법령에 의해 대집행권한을 위탁받은 한국토지공사

(2) 그 행위가 직무를 집행하면서 한 것일 것

① 국가배상청구의 요건인 '공무원의 직무'에는 권력적 작용만이 아니라 비권력적 작용도 포함되며 단지 행정주체가 사경제주체로서 하는 활동만 제외된다(대판 2001.1.5, 98다39060).
② 입법작용·사법작용·행정작용, 법률행위·사실행위, 명령적 행위·형성적 행위, 준법률행위적 행위(공증 등), 작위·부작위, 특별권력관계 등의 구별없이 모두 포함
③ 판례는 행정청의 작위의무를 위반한 직무상 부작위에 대하여 국가 등의 손해배상책임을 인정
④ 행정지도와 같은 비권력적 작용도 포함
⑤ 공법상 계약 불포함
⑥ '직무를 집행하면서'라는 것은 직접적인 직무상 범위 내의 행위뿐만 아니라 직무행위에 부수하여 행하여지는 행위도 포함
⑦ 직무행위인지의 여부(객관설)
 ⇨ 국가배상법 제2조 제1항의 "직무를 집행함에 당하여"라 함은 직접 공무원의 직무집행행위이거나 그와 밀접한 관계에 있는 행위를 포함하고, 이를 판단함에 있어서는 행위 자체의 외관을 객관적으로 관찰하여 공무원의 직무행위로 보여질 때에는 비록 그것이 실질적으로 직무행위가 아니거나 또는 행위자로서는 주관적으로 공무집행의 의사가 없었다고 하더라도 그 행위는 공무원이 "직무를 집행함에 당하여"한 것으로 보아야 한다(대판 1995.4.21, 93다14240).
⑧ 직무의 사익보호성
 ⇨ 국가배상법 제2조 제1항에서 말하는 직무란 사인의 보호를 위한 직무를 뜻하며, 사회일반의 공익만을 위한 직무는 이에 포함되지 않는다고 한다. 따라서 전적으로 또는 부수적으로 사회구성원 개인의 안전과 이익을 보호하기 위하여 설정된 것이어야 한다(대판 2010.9.9, 2008다77795).

직무관련성 인정	직무관련성 부정
• 인사업무담당 공무원이 다른 공무원의 공무원증 등을 위조한 행위(대판 2005.1.14, 2004다26805) • 공무원이 자신의 승용차를 운전하여 공무를 수행하고 돌아오던 중 교통사고로 동승한 다른 공무원을 사망하게 한 경우(대판 1998.11.19, 97다36873 전원합의체) • 미군부대 소속 선임하사관이 공무차 개인소유차를 운전하고 출장을 갔다가 퇴근하기 위하여 집으로 운행하던 중 사고가 발생한 경우(대판 1988.3.22, 87다카1163) • 교수장례식 참석을 위한 학군단 소속 차량운행 (대구고법 1968.9.26, 67나559) • 지휘관의 승낙 없이 한 차량의 운행으로 인한 사고 (대판 1967.9.5, 67다1601) • 군인이 총기를 가지고 훈련에 참가하였다가 귀대도중 잠시 다방에서 휴식하다가 일으킨 총기오발사고 (대판 1978.7.11, 78다807) • 상급자가 전입신병인 하급자에게 암기사항에 관하여 교육 중 훈계하다가 도가 지나쳐 폭행한 경우 (대판 1995.4.21, 93다14240) • 경찰서 대용감방 내에서 수감자들 간에 폭력행위가 발생하였음에도 불구하고 경찰관이 이를 제지하지 아니한 경우(대판 1993.9.28, 93다17546) • 수사 도중의 고문행위(대판 1981.10.13, 81다625) • 성폭력범죄의 수사를 담당하거나 수사에 관여하는 경찰관이 피해자의 인적사항 등을 공개 또는 누설함으로써 피해자가 손해를 입은 경우(대판 2008.6.12, 2007다64365)	• 세무과에서 근무하던 구청공무원이 무허가건물철거 세입자들에 대한 시영아파트입주권 매매행위를 한 경우(대판 1993.1.15, 92다8514) • 공무원이 자기 소유 차량을 운전하여 출근하던 중 교통사고를 일으킨 경우(대판 1996.5.31, 94다15271) • 결혼식 참석을 위한 군용차운행 (대판 1967.11.21, 67다2107) • 피해자와 서로 총을 겨누고 장난을 하다가 일으킨 오발사고(대판 1972.10.31, 72다1490) • 군인이 소속부대를 이탈하여 민간인을 사살한 행위 (대판 1980.4.22, 80다200) • 공용외출중인 군인이 소총을 불법휴대하고 보리밭에 앉은 꿩을 잡으려다 일으킨 오발사고(대판 1967.6.20, 67다785) • 가솔린 불법처분 중 발화 • 압류도중 절도행위

(3) 행위가 고의 또는 과실로 인한 행위일 것

① 공무원의 직무집행상의 과실이라 함은 공무원이 그 직무를 수행함에 있어 당해직무를 담당하는 평균인이 보통(통상) 갖추어야 할 주의의무를 게을리한 것을 말한다(대판 1987.9.22, 87다카1164).

② 어떠한 행정처분이 위법하다고 할지라도 그 자체만으로 곧바로 그 행정처분이 공무원의 고의 또는 과실로 인한 불법행위를 구성한다고 단정할 수는 없고, 공무원의 고의 또는 과실의 유무에 대하여는 별도의 판단을 요한다(대판 2004.6.11, 2002다31018).

③ 고의·과실의 입증책임은 원칙적으로 피해자인 원고에게 있다.

④ 법령에 대한 해석이 그 문언 자체만으로는 명백하지 아니하여 여러 견해가 있을 수 있는데다가 이에 대한 선례나 학설, 판례 등도 귀일된 바 없어 의의가 없을 수 없는 경우에 관계 공무원이 그 나름대로 신중을 다하여 합리적인 근거를 찾아 그 중 어느 한 견해를 따라 내린 해석이 후에 대법원이 내린 입장과 같지 않아 결과적으로 잘못된 해석에 돌아가고, 이에 따른 처리가 역시 결과적으로 위법하게 되어 그 법령의 부당집행이라는 결과를 가져오게 되었다고 하더라도, 그와 같은 처리 방법 이상의 것을 성실한 평균적 공무원에게 기대하기는 어려운 일이고, 따라서 이러한 경우에까지 국가배상법상 공무원의 과실을 인정할 수는 없다(대판 1995.10.13, 95다32747).

⑤ 영업허가취소처분이 나중에 행정심판에 의하여 재량권을 일탈한 위법한 처분임이 판명되어 취소되었다고 하더라도 그 처분이 당시 시행되던 공중위생법시행규칙에 정하여진 행정처분의 기준에 따른 것인 이상 그 영업허가취소처분을 한 행정청 공무원에게 그와 같은 위법한 처분을 한 데 있어 어떤 직무집행상의 과실이 있다고 할 수는 없다(대판 1994.11.8, 94다26141).
⑥ 어떠한 행정처분이 뒤에 항고소송에서 취소된 경우, 그 자체만으로 그 행정처분이 공무원의 고의 또는 과실로 인한 것으로서 불법행위를 구성한다고 단정할 수 없다(대판 2001.3.13, 2000다20731).
⑦ 법률에 근거한 행정처분이 사후에 그 처분의 근거가 되는 법률이 헌법에 위반된다고 선언되어 결과적으로 위법하게 집행된 처분이 된다 할지라도, 이에 이르는 과정에 있어 공무원에게 고의 또는 과실이 있다고 단정할 수 없다(헌재결 2011.3.31, 2009헌바286).

(4) 행위가 법령에 위반하는 것일 것

(가) 의미
법령 위반이라 함은 엄격하게 형식적 의미의 법령에 명시적으로 공무원의 행위의무가 정하여져 있음에도 이를 위반하는 경우만을 의미하는 것은 아니고, 인권존중·권력남용금지·신의성실과 같이 공무원으로서 마땅히 지켜야 할 준칙이나 규범을 지키지 아니하고 위반한 경우를 비롯하여 널리 그 행위가 객관적인 정당성을 결여하고 있는 경우도 포함한다(대판 2015.8.27, 2012다204587).

(나) 취소판결의 기판력이 발생한 후의 국가배상청구소송
① 국가배상법상 위법과 행정소송법상 위법성의 개념은 다르다는 견해에 따르면 취소판결의 기판력은 국가배상청구소송에 영향을 미치지 않는다.
② 국가배상법상 위법과 행정소송법상 위법성의 개념을 동일한 것으로 보는 견해
  (ⅰ) 법령의 범위가 동일하다는 견해 ⇨ 취소판결의 기판력은 국가배상책임의 성립에 영향을 미친다고 본다(기판력 긍정설).
  (ⅱ) 국가배상법상의 위법개념을 취소소송의 위법개념보다 더 넓게 이해하는 견해
    ⇨ 취소소송에서 청구인용판결의 기판력은 국가배상청구소송에 미치게 되나 청구기각판결의 경우에는 국가배상청구소송에 기판력이 미치지 않는다고 본다(제한적 긍정설).
③ 국가배상소송의 기판력이 발생한 후의 취소소송 ⇨ 국가배상청구소송의 기판력은 취소소송에 영향을 미치지 아니한다.

(다) 입법행위
① 국회의원의 입법행위는 그 입법 내용이 헌법의 문언에 명백히 위반됨에도 불구하고 국회가 굳이 당해 입법을 한 것과 같은 특수한 경우가 아닌 한 국가배상법 제2조 제1항 소정의 위법행위에 해당된다고 볼 수 없다(대판 1997.6.13, 96다56115).
② 국가가 일정한 사항에 관하여 헌법에 의하여 부과되는 구체적인 입법의무를 부담하고 있음에도 불구하고 그 입법에 필요한 상당한 기간이 경과하도록 고의 또는 과실로 이러한 입법의무를 이행하지 아니하는 등 극히 예외적인 사정이 인정되는 사안에 한정하여 국가배상법 소정의 배상책임이 인정될 수 있다.

③ 구체적인 입법의무 자체가 인정되지 않는 경우에는 애당초 부작위로 인한 불법행위가 성립할 여지가 없다(대판 2008.5.29. 2004다33469).

(라) 법관의 재판

① 법관의 재판에 법령의 규정을 따르지 아니한 잘못이 있다 하더라도 이로써 바로 그 재판상 직무행위가 국가배상법 제2조 제1항에서 말하는 위법한 행위로 되어 국가의 손해배상책임이 발생하는 것은 아니고, 당해 법관이 위법 또는 부당한 목적을 가지고 재판을 하는 등 법관이 그에게 부여된 권한의 취지에 명백히 어긋나게 이를 행사하였다고 인정할 만한 특별한 사정이 있어야 위법한 행위가 되어 국가배상책임이 인정된다(대판 2001.10.12. 2001다47290).

② 재판에 대하여 따로 불복절차 또는 시정절차가 마련되어 있는 경우에는 원칙적으로 국가배상에 의한 권리구제를 받을 수 없다. 그러나 재판에 대하여 불복절차 내지 시정절차 자체가 없는 경우에는 부당한 재판으로 인하여 불이익 내지 손해를 입은 사람은 국가배상 이외의 방법으로는 자신의 권리 내지 이익을 회복할 방법이 없으므로, 이와 같은 경우에는 배상책임의 요건이 충족되는 한 국가배상책임을 인정하지 않을 수 없다.

③ 헌법재판소 재판관이 청구기간 내에 제기된 헌법소원심판청구 사건에서 청구기간을 오인하여 각하결정을 한 경우, 이에 대한 불복절차 내지 시정절차가 없는 때에는 국가배상책임(위법성)을 인정할 수 있다.

④ 헌법소원심판청구가 부당하게 각하되지 아니하였다고 하여도 본안 판단에서 청구기각되었을 사건이라 하더라도 정신상 고통에 대하여는 위자료를 지급할 의무가 있다(대판 2003.7.11. 99다24218).

⑤ 형벌에 관한 법령이 헌법재판소의 위헌결정으로 소급하여 효력을 상실하였거나 법원에서 위헌·무효로 선언된 경우, 그 법령이 위헌으로 선언되기 전에 그 법령에 기초하여 수사가 개시되어 공소가 제기되고 유죄판결이 선고되었더라도, 그러한 사정만으로 수사기관의 직무행위나 법관의 재판상 직무행위가 국가배상법 제2조 제1항에서 말하는 공무원의 고의 또는 과실에 의한 불법행위에 해당하여 국가의 손해배상책임이 발생한다고 볼 수는 없다(대판 2014.10.27. 2013다217962).

(마) 검사의 공소제기·불기소처분

① 검사의 공소제기 후 무죄판결이 확정되었다고 하더라도 검사의 구속 및 공소제기가 위법하다고 할 수 없다.

② 국립과학수사연구소의 유전자검사결과를 검사가 공판과정에서 입수한 경우 그 감정서는 원고의 무죄를 입증할 수 있는 결정적인 증거에 해당하는데도 검사가 그 감정서를 법원에 제출하지 아니하고 은폐하였다면 검사의 그와 같은 행위는 위법하여 국가배상책임을 인정할 수 있다(대판 2002.2.22. 2001다23447).

(바) 행정규칙 위반

① 원칙적으로 법령위반에 포함되지 않는다.

② 다만 오동도 관리사무소 근무자가 태풍경보시 위 사무소의 '95재해대책업무세부추진실천계획'에 위배하여 차량과 사람의 통제를 제대로 하지 아니함으로 인해 발생한 손해에 대하여 대외적 법적 구속력을 판단하지 않고 지방자치단체의 배상책임을 인정(대판 1997.9.9. 97다12907)

(사) 공무원의 부작위

① 절박하고 중대한 위험상태가 발생하였거나 발생할 상당한 우려가 있는 경우가 아닌 한, 원칙적으로 공무원이 관련 법령에서 정하여진 대로 직무를 수행하였다면 그와 같은 공무원의 부작위를 가지고 '고의 또는 과실로 법령에 위반'하였다고 할 수는 없다(대판 2012.7.26, 2010다95666).

② 결국 공무원의 부작위로 인한 국가배상책임을 인정할 것인지 여부가 문제되는 경우에 관련 공무원에 대하여 작위의무를 명하는 법령의 규정이 없다면 공무원의 부작위로 인하여 침해된 국민의 법익 또는 국민에게 발생한 손해가 어느 정도 심각하고 절박한 것인지, 관련 공무원이 그와 같은 결과를 예견하여 그 결과를 회피하기 위한 조치를 취할 수 있는 가능성이 있는지 등을 종합적으로 고려하여 판단하여야 한다(대판 1998.10.13. 98다18520).

(5) 타인에게 손해가 발생하였고 가해행위와 손해 사이에 인과관계가 있을 것

① 손해란 가해행위로 인하여 발생한 일체의 손해로서, 적극적 손해(현재 재산상태의 차이, 치료비 등)·소극적 손해(일당 등을 벌 수 있는 장래의 이익 등)이든 재산적 손해·정신적 손해(위자료) 이든 불문한다.

② 일반적으로 타인의 불법행위로 인하여 재산권이 침해된 경우에는 특별한 사정이 없는 한 그 재산적 손해의 배상에 의하여 정신적 고통도 회복된다고 보아야 할 것이고 재산적 손해의 배상만으로는 회복할 수 없는 정신적 손해가 있다면 그 위자료를 인정할 수 있다(대판 2003.7.25, 2003다22912).

③ 가해행위인 직무집행행위와 손해의 발생 사이에 상당인과관계가 있어야 한다.

4. 손해배상책임의 본질

(1) 학설과 판례

대위책임설과 자기책임설이 대립하고 있으나, 판례는 중간설(또는 절충설)의 입장이다.

⇨ 고의·중과실의 경우에는 원칙적으로 가해 공무원의 책임이나 피해자인 국민을 두텁게 보호하기 위하여 국가 등이 공무원 개인과 중첩적으로 배상책임을 부담하는 것이고, 경과실의 경우에는 이러한 공무원의 행위는 여전히 국가기관의 행위이므로 그로 인하여 발생한 손해에 대한 배상책임도 여전히 국가 등에만 귀속시키고 공무원개인에게는 그 책임이 귀속되지 않는다(대판 1996.2.15, 95다38677 전원합의체).

(2) 피해자가 국가와 가해공무원 중에서 선택적 청구를 할 수 있는지 여부

판례는 공무원이 고의나 중과실의 경우에는 피해자의 선택적 청구를 인정하고, 공무원이 경과실인 경우에는 선택적 청구를 부정한다.

(3) 국가 등의 공무원에 대한 구상권 행사

① 공무원에게 고의 또는 중대한 과실이 있으면 국가나 지방자치단체는 그 공무원에게 구상할 수 있다.
⇨ 따라서 공무원이 직무수행 중 불법행위로 타인에게 손해를 입힌 경우, 피해자에게 손해를 직접 배상한 경과실이 있는 공무원이 국가에 대하여 구상권을 취득한다(대판 2014.8.20, 2012다54478).

② 공무원의 중과실이란 공무원에게 통상 요구되는 정도의 상당한 주의를 하지 않더라도 약간의 주의를 한다면 손쉽게 위법·유해한 결과를 예견할 수 있는 경우임에도 만연히 이를 간과함과 같은 거의 고의에 가까운 현저한 주의를 결여한 상태를 의미한다(대판 2011.9.8, 2011다34521).

5. 선임·감독자(사무귀속주체)과 비용부담자가 다른 경우

① 국가나 지방자치단체가 각 사무의 귀속주체로서 배상책임을 지는 경우에도 당해 사무집행 공무원에게 봉급·급여를 지급하거나 기타 사무처리비용을 부담하는 국가나 지방자치단체가 따로 있는 경우에는 비용부담자도 배상책임을 진다.

② 지방자치단체의 장이 기관위임된 국가행정사무를 처리하는 경우 그에 소요되는 경비의 실질적·궁극적 부담자는 국가라고 하더라도 당해 지방자치단체는 국가로부터 내부적으로 교부된 금원으로 그 사무에 필요한 경비를 대외적으로 지출하는 자이므로, 이러한 경우 지방자치단체는 국가배상법 제6조 제1항 소정의 비용부담자로서 공무원의 불법행위로 인한 같은 법에 의한 손해를 배상할 책임이 있다(대판 1994.12.9, 94다38137).

③ 지방자치단체장이 설치하여 관할 지방경찰청장에게 관리권한이 위임된 교통신호기의 고장으로 인하여 교통사고가 발생한 경우, 교통신호기를 관리하는 지방경찰청장 산하 경찰관들에 대한 봉급을 부담하는 국가도 국가배상법 제6조 제1항에 의한 배상책임을 부담한다(대판 1999.6.25, 99다11120).

④ 여의도광장의 관리청이 본래 서울특별시장이라 하더라도 그 관리사무의 일부가 영등포구청장에게 위임되었다면, 그 위임된 관리사무에 관한 한 여의도광장의 관리청은 영등포구청장이 되고, 여의도광장의 관리비용부담자는 그 위임된 관리사무에 관한 한 관리를 위임받은 영등포구청장이 속한 영등포구가 되므로, 영등포구는 여의도광장에서 차량진입으로 일어난 인신사고에 관하여 국가배상법 제6조 소정의 비용부담자로서의 손해배상책임이 있다(대판 1995.2.24, 94다57671).

⑤ 공무원이 불법행위를 한 경우에 피해자는 그 사무의 귀속주체인 국가 또는 상급지방자치단체와 비용부담자인 지방자치단체에 대하여 선택적으로 손해배상을 청구할 수 있다.

6. 군인·군무원 등의 이중배상금지

① 판례는 현역병으로 입대하였으나 교도소 경비교도대로 된 자와 공익근무요원은 국가배상법 제2조 제1항 단서의 군인 등에 해당하지 않는다고 판시하였다.

② 그러나 전투경찰은 국가배상법 제2조 제1항 단서에 규정한 경찰공무원에 해당한다고 보았다.

③ **일반국민과 직무집행 군인이 공동불법행위로 직무집행 중인 군인에게 피해를 입힌 경우**

    (i) **헌법 제29조 제2항을 피해군인 등에게 발생한 국가에 대한 손해배상청구권을 그 군인 등과 국가 사이에서만 상대적으로 소멸시키는 규정으로 해석한다면** ⇨ 일반국민은 공동불법행위자인 군인의 부담부분에 관하여 국가에 대하여 구상권을 행사할 수 있게 된다.

    (ii) **헌법 제29조 제2항을 국가의 불법행위책임 자체를 절대적으로 배제하는 규정으로 해석한다면**, ⇨ 일반국민은 공동불법행위자인 군인의 부담부분에 관하여 국가에 대하여 구상권을 행사할 수 없게 된다.

    (iii) **헌법재판소의 입장** ⇨ 일반국민이 직무집행 중인 군인과의 공동불법행위로 직무집행 중인 다른 군인에게 공상을 입혀 그 피해자에게 공동의 불법행위로 인한 손해를 배상한 다음 공동불법행위자인 군인의 부담부분에 관하여 국가에 대하여 구상권을 행사하는 것을 허용하지 않는다고 해석한다면 헌법 제23조 제1항 및 제37조 제2항에도 위반된다(헌재결 1994.12.29, 93헌바21).

(iv) **대법원의 입장**
⇨ 피해를 입은 군인 등에 대하여 위 불법행위에 관련된 일반국민이 공동불법행위책임, 사용자책임, 자동차운행자책임 등에 의하여 그 손해를 자신의 귀책부분을 넘어서 배상한 경우에도, 국가 등은 피해 군인 등에 대한 국가배상책임을 면할 뿐만 아니라, 나아가 민간인에 대한 국가의 귀책비율에 따른 구상의무도 부담하지 않는다.
⇨ 공동불법행위자 등이 부진정연대채무자로서 각자 피해자의 손해 전부를 배상할 의무를 부담하는 공동불법행위의 일반적인 경우와 달리 예외적으로 민간인은 피해 군인 등에 대하여 그 손해 중 국가 등이 민간인에 대한 구상의무를 부담한다면 그 내부적인 관계에서 부담하여야 할 부분을 제외한 나머지 자신의 부담부분에 한하여 손해배상의무를 부담하고, 한편 국가 등에 대하여는 그 귀책부분의 구상을 청구할 수 없다(대판 2001.2.15, 96다42420 전원합의체).

7. 배상청구권의 주체

(1) 국민(자연인, 법인 포함)

(2) 외국인은 상호보증주의 적용
① 해당 국가에서 외국인에 대한 국가배상청구권의 발생요건이 우리나라의 그것과 동일하거나 오히려 관대할 것을 요구하는 것은 아니고, 우리나라와 외국 사이에 국가배상청구권의 발생요건이 현저히 균형을 상실하지 아니하고 외국에서 정한 요건이 우리나라에서 정한 그것보다 전체로서 과중하지 아니하여 중요한 점에서 실질적으로 거의 차이가 없는 정도라면 국가배상법 제7조가 정하는 상호보증의 요건을 구비한 것이다(대판 2015.6.11, 2013다208388).
② 상호보증은 외국의 법령, 판례 및 관례 등에 의하여 발생요건을 비교하여 인정되면 충분하고 반드시 당사국과의 조약이 체결되어 있을 필요는 없다(대판 2015.6.11, 2013다208388).
③ 당해 외국에서 구체적으로 우리나라 국민에게 국가배상청구를 인정한 사례가 없더라도 실제로 인정될 것이라고 기대할 수 있는 상태이면 충분하다(대판 2015.6.11, 2013다208388).

8. 배상기준

① 국가배상법 제3조 제1항, 제3항 규정의 손해배상 기준은 배상심의회의 배상금지급 기준을 정함에 있어서의 하나의 기준을 정한 것에 불과하다(대판 1970.3.10, 69다1772). ⇨ 기준액설
② 생명·신체의 침해로 인한 국가배상을 받을 권리는 양도하거나 압류하지 못한다.
③ 국가배상청구권은 그 손해 및 가해자를 안 날로부터 3년간 행사하지 않으면 시효로 소멸한다. 피해자나 그 법정대리인이 그 손해 및 가해자를 알지 못한 경우에는 국가재정법 제96조 제1항에 따라 5년간 이를 행사하지 아니하면 시효로 인하여 소멸한다.
⇨ 여기서 가해자를 안다는 것은 피해자가 가해 공무원이 국가 또는 지방자치단체와의 간에 공법상 근무관계가 있다는 사실을 알고, 또한 일반인이 당해 공무원의 불법행위가 국가 또는 지방자치단체의 직무를 집행함에 있어서 행해진 것이라고 판단하기에 족한 사실까지도 인식하는 것을 의미한다(대판 1989.11.14, 88다카32500).

④ 보상금청구권과 군인연금법에 의한 재해보상금청구권이 모두 시효완성된 경우, 국가배상법 제2조 제1항 단서 소정의 '다른 법령에 의하여 보상을 받을 수 있는 경우'에 해당하여 국가배상청구를 할 수 없다(대판 2002.5.10, 2000다39735).

⑤ 불법구금 상태에서 고문을 당한 후 간첩방조 등의 범죄사실로 유죄판결을 받고 형집행을 당한 사람에 대하여 국가배상책임을 인정하면서, 국가의 소멸시효 완성 항변은 신의성실의 원칙에 반하는 권리남용으로서 허용될 수 없다(대판 2011.1.13, 2009다103950).

9. 국가와 지방자치단체의 자동차손해배상책임

자동차손해배상보장법 제2조 [정의]
이 법에서 사용하는 용어의 뜻은 다음과 같다
2. "운행"이란 사람 또는 물건의 운송 여부와 관계없이 자동차를 그 용법에 따라 사용하거나 관리하는 것을 말한다.
3. "자동차보유자"란 자동차의 소유자나 자동차를 사용할 권리가 있는 자로서 자기를 위하여 자동차를 운행하는 자를 말한다.
4. "운전자"란 다른 사람을 위하여 자동차를 운전하거나 운전을 보조하는 일에 종사하는 자를 말한다.

제3조 [자동차손해배상책임]
자기를 위하여 자동차를 운행하는 자는 그 운행으로 다른 사람을 사망하게 하거나 부상하게 한 경우에는 그 손해를 배상할 책임을 진다.

① **공무원이 공무를 위해 관용차를 운전한 경우**
⇨ 공무원이 관용차를 공무를 위해 운행한 경우, 국가 등의 운행자성이 인정되어 국가 등에게 자배법상 손해배상책임의 주체가 된다.

② **공무원이 사적용도로 관용차를 운전한 경우**
⇨ 무단운전에도 불구하고 국가 등에게 운행지배나 운행이익을 인정할 사정이 있는 경우에는 국가 등이 자배법상 손해배상책임을 진다.
⇨ 국가소속 공무원이 관리권자의 허락을 받지 아니한 채 국가소유의 오토바이를 무단으로 사용하다가 교통사고가 발생한 경우에 있어 국가가 그 오토바이와 시동열쇠를 무단운전이 가능한 상태로 잘못 보관하였고 위 공무원으로서도 국가와의 고용관계에 비추어 위 오토바이를 잠시 운전하다가 본래의 위치에 갖다 놓았을 것이 예상되는 한편 피해자들도 위 무단운전의 점을 알지 못하고 또한 알 수도 없었던 일반 제3자인 점에 비추어 보면 국가가 위 공무원의 무단운전에도 불구하고 위 오토바이에 대한 객관적, 외형적인 운행지배 및 운행이익을 계속 가지고 있었다고 봄이 상당하다(대판 1988.1.19, 87다카2202).

③ **공무원이 공무수행을 위하여 자신 소유의 자동차를 이용한 경우**
⇨ 국가 또는 지방자치단체의 운행자성을 부정하는 것이 판례이다. 따라서 이 경우 공무원이 운행자성을 갖추면 자배법상의 책임을 지게 된다.

Ⅱ 영조물의 설치·관리의 하자로 인한 손해배상

국가배상법 제5조 [공공시설 등의 하자로 인한 책임]
① 도로·하천, 그 밖의 공공의 영조물(營造物)의 설치나 관리에 하자(瑕疵)가 있기 때문에 타인에게 손해를 발생하게 하였을 때에는 국가나 지방자치단체는 그 손해를 배상하여야 한다. 이 경우 제2조 제1항 단서, 제3조 및 제3조의2를 준용한다.
② 제1항을 적용할 때 손해의 원인에 대하여 책임을 질 자가 따로 있으면 국가나 지방자치단체는 그 자에게 구상할 수 있다.

1. 의의

① 영조물의 하자로 인한 배상책임은 헌법에 규정이 없다.
② 영조물 설치·관리의 하자로 인한 배상책임은 무과실책임으로 본다. ⇨ 다만, 영조물의 설치·관리상의 하자를 필요로 하기 때문에 완전한 무과실책임은 아니다.
③ "공공의 영조물"이라 함은 국가 또는 지방자치단체에 의하여 특정 공공의 목적에 공여된 유체물 내지 물적 설비를 지칭하며, 공공용물에 한하지 아니하고, 행정주체 자신의 사용에 제공되는 공용물도 포함하며 국가 또는 지방자치단체가 소유권, 임차권 그밖의 권한에 기하여 관리하고 있는 경우뿐만 아니라 사실상의 관리를 하고 있는 경우도 포함한다(대판 1995.1.24, 94다45302). ⇨ 따라서 반드시 국가·지자체의 소유여야 하는 것은 아니다.

영조물에 해당하는 것	영조물에 해당되지 않는 것
• 자연공물·인공공물·공공용물·공용물 등 • 여의도광장(1995.2.24, 94다57671) • 도로(2000.4.25, 99다54998) • 지하케이블선의 맨홀(1971.11.15, 71다1952) • 보행자 신호기(2007.10.26, 2005다51235) • 가변차로의 신호등(2001.7.27, 2000다56822) • 육교(1991.1.15, 90다8671) • 급경사 내리막 커브길에 안전방호벽(2004.6.11, 2003다62026) • 공군사격장(2010.11.11, 2008다57975), 매향리사격장(2004.3.12, 2002다14242), 전차포사격장(2010.12.9, 2007다42907) • 김포공항(2005.1.27, 2003다49566), 대구비행장(2010.11.25, 2007다74560) • 철도건널목자동경보기(1970.7.21, 70다711) • 철도건널목(1997.6.24, 97다10444) • 철도역 대합실과 승강장(1999.6.22, 99다7008) • 공중변소(1972.11.14, 72다1608) • 가로수(1993.7.27, 93다20702) • 하천법에 의하여 지정된 국가하천(2010.7.22, 2010다33354) • 홍수조절용 다목적 댐(1998.2.13, 95다44658) • 제방 및 하천부지(1981.9.22, 80다3011) • 태종대 유원지(1995.9.15, 94다31662) • 천연기념물로 지정된 천호동굴(1974.6.11, 73다1411) • 사병내무반으로 사용되는 병사(1967.2.21, 66다1723) • 경찰관서의 권총, 경찰견, 경찰마, 군견	• 공사 중이며 아직 완성되지 않아 일반 공중의 이용에 제공되지 않는 옹벽(1998.10.23, 98다17381) • 노선인정 기타 공용개시 없이 사실상 군민의 통행에 제공되고 있던 도로(1998.10.23, 80다2478) • 시 명의의 종합운동장예정부지나 그 지상의 자동차경주를 위한 안전시설(1995.1.24, 94다45302) • 일반재산(잡종재산), 국유림, 국유임야, 국가의 미개간지 • 현금

2. 설치 또는 관리의 하자의 의미

(1) 객관설(통설)
객관적으로 영조물의 설치와 그 후의 유지·수선에 불완전한 점이 있어 통상적으로 갖추어야 할 물적안정성을 결여한 것을 말한다고 한다. ⇨ 설치·관리자의 주관적 의무위반을 요하지 않는다 ⇨ 객관설이 주관설보다 피해자의 구제에 유리하다.

(2) 주관설(의무위반설)
공물이 일반적으로 갖추어야 하는 안정성의 흠결이 공물관리자의 주위의무위반이라는 귀책사유로 인하여 발생하는 경우에 한한다.

(3) 판례
판례는 종래에 객관설을 취하여 왔으나, 최근에는 주관적인 요소를 고려한 판례도 등장하고 있다.

3. 구체적 사례

① 영조물의 설치 또는 관리상의 하자로 인한 사고라 함은 영조물의 설치 또는 관리상의 하자만이 손해 발생의 원인이 되는 경우만을 말하는 것이 아니고, 다른 자연적 사실이나 제3자의 행위 또는 피해자의 행위와 경합하여 손해가 발생하더라도 영조물의 설치 또는 관리상의 하자가 공동원인의 하나가 되는 이상 그 손해는 영조물의 설치 또는 관리상의 하자에 의하여 발생한 것을 의미한다.
  ⇨ 도로의 지하에 매설되어 있는 상수도관에 균열이 생겨 그 틈으로 새어 나온 물이 도로위까지 유출되어 노면이 낮은 기온으로 인하여 결빙되어 택시가 미끄러지면서 중앙선을 넘어가 마침 반대 차선에서 오던 화물차와 충돌하여 사망한 경우 배상책임이 인정된다(대판 1994.11.22, 94다32924).

② 고등학교 3학년 학생이 학교건물의 3층 난간을 넘어 들어가 흡연을 하던 중 실족하여 사망한 경우, 위 건물의 설치·보존상의 하자가 인정되지 않는다(대판 1997.5.16, 96다54102).

③ 매향리 사격장에서 발생하는 소음 등으로 지역 주민들이 입은 피해는 사회통념상 참을 수 있는 정도를 넘는 것으로서 사격장의 설치 또는 관리에 하자가 있다(대판 2004.3.12, 2002다14242).

④ 폭설로 차량 운전자 등이 고속도로에서 장시간 고립된 사안에서, 고속도로의 관리자가 고립구간의 교통정체를 충분히 예견할 수 있었음에도 교통제한 및 운행정지 등 필요한 조치를 충실히 이행하지 아니하였으므로 고속도로의 관리상 하자가 있다(대판 2008.3.13, 2007다29287).

⑤ 트럭 앞바퀴가 고속도로상에 떨어져 있는 타이어에 걸려 중앙분리대를 넘어가 사고가 발생한 경우
  ⇨ 국가배상을 인정할 수 없다.

⑥ 가변차로에 설치된 두 개의 신호등에서 서로 모순되는 신호가 들어오는 오작동이 발생하였고 그 고장은 현재의 기술수준상 부득이한 것이라고 가정하더라도 그와 같은 사정만으로 손해발생의 예견가능성이나 회피가능성이 없어 영조물의 하자를 인정할 수 없는 경우라고 단정할 수 없다(대판 2001.7.27, 2000다56822).

⑦ 낙뢰로 인한 신호기의 고장을 경찰관들이 순찰 등을 통하여 스스로 발견하지 못하고, 고장사실이 3차례에 걸쳐 신고되었음에도 불구하고 사고를 방지하기 위한 아무런 조치가 취해지지 않은 채 위 신호기가 고장난 상태로 장시간 방치되어 사고가 난 경우 손해배상책임이 인정된다.

⑧ 차로의 진행방향 신호기의 정지신호가 단선으로 소등되어 있는 상태에서 그대로 진행하다가 다른 방향의 진행신호에 따라 교차로에 진입한 차량과 충돌한 경우 교통신호기의 고장 사실을 바로 알 수 있었다고 볼 수도 없는 이상 손해배상책임을 인정할 수 없다.

⑨ 100년 발생빈도의 강우량을 기준으로 책정된 계획홍수위를 초과하여 600년 또는 1,000년 발생빈도의 강우량에 의한 하천의 범람은 예측가능성 및 회피가능성이 없는 불가항력적인 재해로서 그 영조물의 관리청에게 책임을 물을 수 없다(대판 2003.10.23. 2001다48057).

⑩ 고속도로의 관리상 하자가 인정되는 이상 고속도로의 점유관리자는 그 하자가 불가항력에 의한 것이거나 손해의 방지에 필요한 주의를 해태하지 아니하였다는 점을 주장·입증하여야 비로소 그 책임을 면할 수 있다(대판 2008.3.13. 2007다29287).

⑪ 예산의 부족은 배상액 산정의 참작사유는 될지언정 안정성을 결정지을 절대적 요건에는 해당하지 아니하므로 절대적 면책사유는 되지 않는다.
  ⇨ 전화취급소에서 전화를 걸던 중 낙뢰가 전화선을 강타하여 송수전기가 파괴됨과 동시에 그 수화기에 귀를 대고 있던 사람이 고막천공 등의 상해를 입은 경우에 국가가 값이 비싸다는 이유로 구미각국에서 사용하고 있는 완전한 보안기를 사용하지 않고 값이 싼 불완전한 보안기를 사용했기 때문에 위 낙뢰사고가 발생한 것이라면 그것을 국가가 책임질 수 없는 불가항력에 의한 사고라고는 볼 수 없다(대판 1980.12.23. 80다1705).

Ⅲ 손해배상의 청구절차

① 국가배상법 제9조는 "이 법에 따른 손해배상의 소송은 배상심의회에 배상신청을 하지 아니하고도 제기할 수 있다."고 규정하여 행정상 손해배상청구절차에 관하여 임의적 결정전치주의를 채택
② 심의회의 결정은 법적 구속력을 갖지 않는다.
③ 국가배상법에 의한 배상심의회의 결정은 행정처분이 아니므로 행정소송의 대상이 아니다(대판 1981.2.10., 80누317).
④ "배상결정은 신청인이 동의하거나 지방자치단체가 배상금을 지급한 때에는 민사소송법상의 재판상 화해가 성립된 것으로 본다."고 규정하고 있었으나, 이 조항은 헌법재판소의 위헌결정(헌재결 1995.5.25. 91헌가7)을 받아 삭제 ⇨ 따라서 신청인은 배상결정에 동의하거나 배상금을 수령한 경우에도 법원에 배상청구소송을 제기할 수 있다.

CHAPTER 2 행정상 손실보상

I. 손실보상

1. 의의
공공필요에 의한 적법한 공권력 행사로 인해 국민의 재산권에 특별한 희생을 가한 경우에 재산권의 보장과 공평부담의 견지에서 행정주체가 행하는 재산적 보상

2. 헌법적 근거
① 행정상 손실보상의 헌법적 근거는 헌법 제23조 제3항이다.
② 헌법상의 재산권보장은 재산권의 존속보장과 가치보장을 의미한다. 헌법 제23조 제3항에 근거한 재산권 침해에 대한 손실보상은 재산권의 존속보장을 박탈하는 대가로서의 손실보상을 의미하며, 이 경우 재산권보장은 '가치보장'으로 전환됨을 의미한다.

3. 손실보상청구권의 성질

(1) 학설 ⇨ 공권설이 다수설

(2) 판례

(가) 종래 판례의 입장
① 개별법에서 별도의 규정을 두고 있지 않는 한, 손실보상의 원인이 공법적이라도 손실의 내용이 사권이라면, 손실보상은 사법적인 것 ⇨ 민사소송(대판 2000.5.26, 99다37382).
② 구 수산업법 제81조의 규정에 의한 어업면허 제한에 대한 손실보상청구권이나 손실보상 관련 법령의 유추적용에 의한 손실보상청구권 ⇨ 민사소송

(나) 최근 판례
① 하천구역 편입토지에 대한 손실보상청구
 ⇨ 손실보상청구권을 공권으로 봄 ⇨ 당사자소송
② 구 공익사업법 제77조 제2항의 농업손실에 대한 보상청구권 및 제79조 제2항의 사업폐지에 대한 보상청구권
 ⇨ 공법상의 권리로서 행정쟁송절차에 의하여야 한다.
③ 구 공익사업을 위한 토지 등의 취득 및 보상에 관한 법률의 관련 규정에 의하여 취득하는 어업피해에 관한 손실보상청구권 ⇨ 민사소송의 방법으로 행사할 수는 없고, 구 공익사업법 제34조, 제50조

등에 규정된 재결절차를 거친 다음 그 재결에 대하여 불복이 있는 때에 비로소 구 공익사업법 제83조 내지 제85조에 따라 권리구제를 받아야 하며, 이러한 재결절차를 거치지 않은 채 곧바로 사업시행자를 상대로 손실보상을 청구하는 것은 허용되지 않는다(대판 2014.5.29., 2013두12478).
④ 공유수면매립사업으로 인한 관행어업권자의 손실보상청구권 ⇨ 행정소송
⑤ 구 공익사업을위한토지등의취득및보상에관한법률에 따른 농업손실보상청구권에 관한 쟁송 ⇨ 행정소송
⑥ 구 공익사업을위한토지등의취득및보상에관한법률 제79조 제2항, 공익사업을위한토지등의취득및보상에관한법률시행규칙 제57조에 따른 사업폐지 등에 대한 보상청구권 ⇨ 행정소송

II 손실보상의 요건

1. 공공필요에 의하여

① 순수한 국고목적은 여기서의 공공필요에 해당하지 않는다.
  ⇨ 다만 특정 사기업이 생활배려영역에서 복리적인 기능을 수행한다면, 그 사기업을 위해서도 법률 또는 법률에 근거한 처분으로 수용이 이루어 질 수 있다.
② 공익성 ⇨ 기본권 일반의 제한사유인 '공공복리'보다 좁게 보아야 한다.
③ 필요성 ⇨ 헌법적 요청에 의한 수용이라 하더라도 국민의 재산을 그 의사에 반하여 강제적으로라도 취득해야 할 정도의 필요성이 인정되어야 하고, 공익과 그로 인하여 재산권을 침해당하는 사인의 이익 사이의 형량에서 사인의 재산권침해를 정당화할 정도의 공익의 우월성이 인정되어야 한다.
④ 고급골프장 사업과 같이 공익성이 낮은 사업에 대해서까지도 시행자인 민간개발자에게 수용권한을 부여하는 구 '지역균형개발 및 지방중소기업 육성에 관한 법률' 제19조 제1항의 '시행자' 부분 중 '제16조 제1항 제4호'는 헌법에 위반된다(헌재결 2014.10.30, 2011헌바129·172).
⑤ 헌법 제23조 제3항은 정당한 보상을 전제로 하여 재산권의 수용 등에 관한 가능성을 규정하고 있지만, 재산권 수용의 주체를 한정하지 않고 있다.
  ⇨ 민간기업도 수용의 주체가 될 수 있다.

2. 적법하게 재산권을 수용·사용·제한

(1) 재산권의 의미

① 소유권은 물론이고, 그 밖의 법에 의해 보호되는 모든 재산적 가치 있는 권리 ⇨ 물권·채권·공법상의 권리·사법상의 권리도 포함
② 생명·신체 등의 비재산권에 대한 침해는 손실보상청구권의 대상이 아님
③ 토지수용법상의 사업인정 고시 이전에 건축되고 공공사업용지 내의 토지에 정착한 지장물인 건물은 통상 적법한 건축허가를 받았는지 여부에 관계없이 손실보상의 대상이 된다.

⇨ 다만 그 위법의 정도가 관계 법령의 규정이나 사회통념상 용인할 수 없을 정도로 크고 객관적으로도 합법화될 가능성이 거의 없어 거래의 객체도 되지 아니하는 경우에는 예외적으로 수용보상 대상이 되지 아니한다(대판 2001.4.13, 2000두6411).

(2) 구체적 권리로서의 재산권

① 영업기회나 이득가능성은 손실보상은 손실보상의 대상이 되지 않는다.
② 문화적, 학술적 가치는 특별한 사정이 없는 한 그 토지의 부동산으로서의 경제적, 재산적 가치를 높여 주는 것이 아니므로 토지수용법 제51조 소정의 손실보상의 대상이 될 수 없고, 철새 도래지로서 자연 문화적인 학술가치를 지녔다 하더라도 손실보상의 대상이 될 수 없다(대판 1989.9.12, 88누11216).
③ 공물의 일반적 사용은 반사적 이익에 해당하므로 손실보상을 받을 수 없다.
⇨ 단 도로나 하천과 같은 공물을 허가나 특허를 받고 사용하는 경우, 공익을 이유로 사용을 제한하면 손실보상의 대상이 될 수 있다.

3. 특별한 희생

(1) 경계이론과 분리이론

(가) 경계이론

① 재산권의 내용한계규정과 공용침해규정은 별개의 제도가 아니며, 양자간의 차이가 있을 뿐 내용한계규정이 경계(문턱)를 벗어나면 보상의무가 있는 공용침해규정으로 전환된다는 이론 ⇨ 독일 연방최고법원의 입장

⇨ **침해의 정도(강도)를 기준**으로 재산권의 내용·한계내의 사회적 제약은 공용침해보다 침해의 정도가 적은 경우로서 보상 없이 감수해야 하지만, 공용침해는 사회적 제약의 범주를 넘어선 것으로서 보상을 필요로 하는 재산권의 침해이다.

⇨ 보상을 요하지 않는 사회적 제약으로 볼 수 있는 입법이라 하더라도 '재산권제한의 효과'가 일정한 강도를 넘으면 **자동적으로 보상을 요하는 공용침해로 전환**된다.

⇨ 공용침해규정으로 전환된 경우 법률에 손실보상 규정이 없어도 법원이 손실보상을 해주면 정당화될 수 있다.

⇨ 독일연방법원은 공용침해의 개념을 확대하여 '수용적 침해'와 '수용유사적 침해' 이론을 만들었다.

② 손실보상을 요하지 않는 사회적 제약과 손실보상을 요하는 특별한 희생을 어떻게 구별할 것인지에 대해서는 형식적 기준설과 실질적 기준설의 견해대립이 있다.

(i) 형식적 기준설

개별행위설	공권력의 주체가 공익을 위하여 개별행위에 의하여 특정인에게 특별한 손실을 가한 경우에는 보상을 요한다는 것이다. 이에 의하면 동일한 상황에 있는 모든 사람이 동일한 방식으로 재산권이 제한되는 경우에는 사회적 제약에 해당된다.
특별희생설	독일연방재판소가 개별행위설을 계승·발전시켜 정립한 견해로서 공익을 위하여 특정인 또는 특정 다수인에 대하여 다른 개인이나 집단에 요구되지 않는 희생을 강요하는 재산권 제한행위가 행해질 때에는 보상을 요한다고 한다.

(ii) 실질적 기준설

침해행위의 성질과 정도를 기준으로 사회적 제약과 특별한 희생을 구별하는 입장이다.

수인한도설	재산권의 본질인 배타적 지배성을 침해하는 행위는 사회적 제약을 넘는 특별한 희생이라고 본다.
보호가치설	재산권에 대하여 보호할 만한 것과 그렇지 않는 것을 구분할 수 있음을 전제로, 보호할 만한 가치가 있는 재산권에 대한 침해만을 보상을 요하는 특별한 희생으로 본다.
사적 효용설	사유재산권 제도의 본질을 재산권의 사적 효용성에서 구하고, 그 사적 효용성을 침해하는 행위는 보상을 요하는 특별한 희생에 해당한다고 본다.
목적위배설	재산권의 객관적인 이용목적에 위배되는 것인지 여부를 기준으로 특별한 희생 여부를 구별한다. 이 견해에 의하면 도로 건설을 위하여 농지를 수용하는 경우와 같이 종래의 이용목적에 위배되는 공용침해의 경우에는 특별한 희생이라고 한다.
사회적 제약설	재산권에 대한 사회적 제약을 넘어선 모든 침해행위는 손실보상을 요하는 특별한 희생으로 본다.
상황구속성설	부동산과 같이 강한 사회적 의무가 수반되는 재산권의 경우 재산권이 소재하는 위치와 상황에 따른 사회적 제약을 기준으로 보상 여부를 정하여 한다는 견해이다. 예컨대 자연보호구역의 토지이용제한과 같이 지리적 위치로 인한 재산권의 제한은 사회적 제약에 지나지 않는 것이어서 보상을 요하지 않는다고 한다.
중대설	침해의 중대성과 범위를 구분기준으로 침해의 중대성과 범위에 비추어 사인이 수인할 수 없는 경우에만 보상이 주어진다는 것이다.

(나) 분리이론

① 분리이론은 독일연방헌법재판소가 1981년 '자갈채취 판결'에서 정립된 이론으로 재산권에 관한 내용한계규정과 공용침해는 서로 연장선상에 있지 아니하고 각기 독립된 별개의 것으로 이해한다. 즉 헌법 제23조 제1항 제2문은 재산권의 '존속보장'을 제23조 제3항은 재산권의 '가치보장'을 규정한 것이므로 종래의 경계이론처럼 사회적 제약을 넘는 제한이라고 하여 자동적으로 제23조 제3항으로 전환되는 것이 아니다.

② 내용한계규정과 공용침해규정에 관한 사법심사의 기준도 서로 독립된 것으로 보면서 내용한계규정이 비례원칙을 준수하지 못한 경우 공용침해규정으로 성격이 바뀌는 것이 아니라, 그 자체가 위헌적인 규정이 되고 입법적 문제가 발생한다.

③ 침해의 형태를 기준으로 하여 법률이 일반적·추상적일 때에는 내용한계형성규정이고, 개별적·의도적·구체적일 때에는 공용침해규정이 된다.

④ 목적을 기준으로 하여 내용한계형성규정은 재산권자의 권리와 의무를 미래를 향해서 객관적으로 규율하는 것이 목적이며, 공용침해규정은 구체적·주관적인 재산권적 지위를 완전히 또는 부분적으로 박탈하는 것이 목적이다.

⑤ 분리이론은 독일의 헌법재판소와 우리나라의 헌법재판소가 취하는 입장이다.

⇨ 헌법 제23조에 의하여 재산권을 제한하는 형태에는, 제1항 및 제2항에 근거하여 재산권의 내용과 한계를 정하는 것과, 제3항에 따른 수용·사용 또는 제한을 하는 것의 두 가지 형태가 있다. 전자는 "입법자가 장래에 있어서 추상적이고 일반적인 형식으로 재산권의 내용을 형성하고 확

정하는 것"을 의미하고, 후자는 "국가가 구체적인 공적 과제를 수행하기 위하여 이미 형성된 구체적인 재산적 권리를 전면적 또는 부분적으로 박탈하거나 제한하는 것"을 의미한다(헌재결 1999.4.29, 94헌바37).

(다) 경계이론과 분리이론의 차이점
① 경계이론은 가치보장(보상)에 중점을 두는 반면, 분리이론은 존속보장(위헌적 침해의 억제)에 중점을 둔다.
② 경계이론은 결부조항의 취지를 무시 또는 와해시키지만 분리이론은 결부조항의 취지를 강조한다.
③ 경계이론은 '수용유사침해이론' 및 '수용적 침해이론'과 연결되어 보상규정이 없어도 보상이 가능하나, 분리이론은 재산권을 침해하는 행위에 대한 적극적 취소소송으로 다툴 것을 요구한다.

(라) 개발제한구역제도의 위헌성(헌재결 1998.12.24, 89헌마214)
① 토지를 종전의 용도대로 사용할 수 있는 경우에 개발제한구역 지정으로 인한 지가의 하락은 토지재산권에 내재하는 사회적 제약의 범주에 속한다.
② 토지의 사용도 할 수 없거나 실질적으로 사용·수익을 전혀 할 수 없는 예외적인 경우에도 아무런 보상없이 이를 감수하도록 하고 있는 한, 비례의 원칙에 위반되어 당해 토지소유자의 재산권을 과도하게 침해하는 것으로서 헌법에 위반된다.
③ 개발제한구역제도를 규정한 도시계획법 제21조의 헌법불합치결정에 따라 토지소유자는 보상입법을 기다려 그에 따른 권리행사를 할 수 있을 뿐 개발제한구역의 지정이나 그에 따른 토지재산권의 제한 그 자체의 효력을 다투거나 위 조항에 위반하여 행한 자신들의 행위의 정당성을 주장할 수는 없다.

4. 정당한 보상
① 완전보상을 의미한다.
　⇨ 헌법이 규정한 '정당한 보상'이란 원칙적으로 피수용재산의 객관적인 재산가치를 완전하게 보상하는 것이어야 한다는 완전보상을 뜻하는 것으로서 재산권의 객체가 갖는 객관적 가치란 그 물건의 성질에 정통한 사람들의 자유로운 거래에 의하여 도달할 수 있는 합리적인 매매가능가격, 즉 시가에 의하여 산정되는 것이 보통이다.
　⇨ 다만 토지의 경우 공시지가에 의한 보상도 완전보상원칙에 위배되지 않는다.
② 개발이익을 보상에서 배제하는 것은 정당보상원칙에 위배되지 않는다.
③ 도시정비법 제65조 제2항의 정비기반시설의 소유권 귀속은 헌법 제23조 제3항의 수용에 해당하지 않고 정당한 보상의 원칙이 적용될 여지가 없다(헌재결 2013.10.24, 2011헌바355).

5. 공익사업을 위한 토지 등의 취득 및 보상에 관한 법률의 주요내용
① 보상액의 산정은 협의에 의한 경우에는 협의 성립 당시의 가격을, 재결에 의한 경우에는 수용 또는 사용의 재결 당시의 가격을 기준으로 한다.

② 보상액을 산정할 경우에 해당 공익사업으로 인하여 토지등의 가격이 변동되었을 때에는 이를 고려하지 아니한다.
⇨ 다만 당해 공공사업과는 관계없는 다른 사업의 시행으로 인한 개발이익은 이를 배제하지 아니한 가격으로 평가하여야 한다(대판 1992.2.11, 91누7774).
③ 영업을 폐지하거나 휴업함에 따른 영업손실에 대하여는 영업이익과 시설의 이전비용 등을 고려하여 보상하여야 한다.
⇨ 영업손실에 관한 보상에 있어서 영업의 폐지로 볼 것인지 아니면 영업의 휴업으로 볼 것인지를 구별하는 기준은 당해 영업을 그 영업소 소재지나 인접 시·군 또는 구 지역 안의 다른 장소로 이전하는 것이 가능한지의 여부에 달려 있다 할 것이다(대판 2001.11.13, 2000두1003).
⇨ 공공사업시행지구 밖에 위치한 영업과 공작물 등에 대한 손실인 '간접손실'과 구별된다.
⇨ 구 토지수용법 제51조가 규정하고 있는 '영업상의 손실'이란 수용의 대상이 된 토지·건물 등을 이용하여 영업을 하다가 그 토지·건물 등이 수용됨으로 인하여 영업을 할 수 없거나 제한을 받게 됨으로 인하여 생기는 직접적인 손실을 말하는 것이므로 영업을 하기 위하여 투자한 비용이나 그 영업을 통하여 얻을 것으로 기대되는 이익은 손실보상의 대상이 된다고 할 수 없다(대판 2006.1.27, 2003두13106).

6. 생활보상

① 대법원 ⇨ 생활보상 역시 헌법 제23조 제3항에 따른 정당한 보상에 포함되는 것으로 보아야 한다(대판 2011.10.13, 2008두17905).
② 헌법재판소 ⇨ 이주대책은 헌법 제23조 제3항에 규정된 정당한 보상에 포함되는 것이라기보다는 이에 부가하여 이주자들에게 종전의 생활상태를 회복시키기 위한 생활보상의 일환으로서 이주대책의 실시 여부는 입법자의 입법정책적 재량의 영역에 속한다. 이주대책의 대상자에서 세입자를 제외하고 있는 것이 세입자의 재산권을 침해하는 것이라 볼 수 없다(헌결 2006.2.23, 2004헌마19).
③ **사업시행자는** 이주대책을 수립·실시하거나 이주정착금을 지급**하여야 한다**.
⇨ 사업시행자의 이주대책 수립·실시의무를 정하고 있는 구 공익사업법 제78조 제1항은 물론 이주대책의 내용에 관하여 규정하고 있는 같은 조 제4항 본문 역시 당사자의 합의 또는 사업시행자의 재량에 의하여 적용을 배제할 수 없는 강행법규이다(대판 2011.6.23, 2007다63089 전원합의체).
⇨ **다만 이주대책의 내용결정에 있어서는 재량권을 갖는다**(대판 2009.3.12, 2008두12610).
④ 이주대책의 내용에는 이주정착지(이주대책의 실시로 건설하는 주택단지를 포함한다)에 대한 도로, 급수시설, 배수시설, 그 밖의 공공시설 등 통상적인 수준의 생활기본시설이 포함되어야 하며, 이에 **필요한 비용은 사업시행자가 부담**한다.

7. 손실보상의 방법

① 현금보상의 원칙 / 사전보상의 원칙 / 개인별 보상의 원칙 / 일괄보상의 원칙 / 전액(일시급) 지급의 원칙 / 사업시행자 보상의 원칙 /
② 대토보상 ⇨ 토지소유자가 원하는 경우 그 공익사업의 시행으로 조성한 토지로 보상할 수 있다.

③ 채권보상 ⇨ 임의적 채권보상, 단 반드시 채권보상 해야 하는 경우 ⇨ 토지투기가 우려되는 지역으로서 부재부동산 소유자의 토지에 대한 보상금 중 대통령령으로 정하는 1억원 이상의 일정 금액을 초과하는 부분에 대하여는 해당 사업시행자가 발행하는 채권으로 지급하여야 한다.
④ 사업시행이익과 상계금지원칙 ⇨ 사업시행자는 동일한 소유자에게 속하는 일단(一團)의 토지의 일부를 취득하거나 사용하는 경우 해당 공익사업의 시행으로 인하여 잔여지(殘餘地)의 가격이 증가하거나 그 밖의 이익이 발생한 경우에도 그 이익을 그 취득 또는 사용으로 인한 손실과 상계(相計)할 수 없다.

8. 공용수용절차 및 불복절차

(1) 사업인정
⇨ 수용권을 설정해 주는 형성적 행정처분
⇨ 사업인정은 고시한 날부터 그 효력이 발생한다.
⇨ 사업시행자가 토지소유자와 협의가 성립되지 않거나 협의할 수 없을 때 사업인정의 고시가 된 날부터 1년 이내에 재결신청을 하지 아니한 경우에는 사업인정고시가 된 날부터 1년이 되는 날의 다음 날에 사업인정은 그 효력을 상실한다.
⇨ 사업인정은 행정심판법 및 행정소송법에 따른 행정쟁송을 통해 불복할 수 있다.

(2) 토지 및 물건조서의 작성

(3) 협의 및 재결
① 협의 ⇨ 공토법상 협의절차는 의무적인 것이며, 협의절차를 거치지 않고 재결을 신청할 수 없다.
② 재결 ⇨ 협의가 성립되지 아니하거나 협의를 할 수 없을 때에는 **사업시행자는 사업인정고시가 된 날부터 1년 이내**에 대통령령으로 정하는 바에 따라 관할 토지수용위원회에 재결을 신청할 수 있다(수용재결).
⇨ **토지소유자와 관계인은 재결을 신청할 수 없고**, 사업인정고시가 된 후 협의가 성립되지 아니하였을 때에는 토지소유자와 관계인은 서면으로 사업시행자에게 재결을 신청할 것을 청구할 수 있다. **사업시행자는 청구를 받았을 때에는 그 청구를 받은 날부터 60일 이내에 관할 토지수용위원회에 재결을 신청하여야 한다.**
⇨ 토지수용위원회는 심리를 시작한 날부터 14일 이내에 재결을 하여야 한다.
⇨ 토지수용위원회는 사업시행자, 토지소유자 또는 관계인이 신청한 범위에서 재결하여야 한다. 다만, 제1항 제2호의 손실보상의 경우에는 **증액재결을 할 수 있다.**
⇨ 토지수용위원회는 행정쟁송에 의하여 사업인정이 취소되지 않는 한 그 기능상 사업인정 자체를 무의미하게 하는, 즉 **사업의 시행이 불가능하게 되는 것과 같은 재결을 행할 수는 없다**(대판 1994.11.11. 93누19375).

(4) 이의신청
중앙토지수요위원회의 재결에 이의가 있는 자는 **중앙토지수용위원회에 이의를 신청할 수 있고**, 지방토지수용위원회의 재결에 이의가 있는 자는 해당 **지방토지수용위원회를 거쳐 중앙토지수용위원회에**

이의를 신청할 수 있다. 이의의 신청은 재결서의 정본을 받은 날부터 **30일 이내**에 하여야 한다.
⇨ 이의신청은 행정심판이다(임의적 절차).

(5) 행정소송
① 사업시행자, 토지소유자 또는 관계인은 재결에 불복할 때에는 재결서를 받은 날부터 **90일이내**에 행정소송을 제기할 수 있다.
② 이의신청을 거쳤을 때에는 이의신청에 대한 재결서를 받은 날부터 **60일 이내**에 행정소송을 제기할 수 있다.
③ 원처분인 수용재결을 대상으로 하여야 한다(원처분주의).
④ 수용재결을 한 토지수용위원회를 피고로 한다.
⑤ 보상금증감소송
　⇨ 형식적 당사자 소송
　⇨ 소송을 제기하는 자가 토지소유자 또는 관계인일 때에는 사업시행자를 피고로 한다.
　⇨ 소송을 제기하는 자가 사업시행자일 때에는 토지소유자 또는 관계인을 피고로 한다.

9. 기타 손실보상청구

(1) 수용유사침해
국가나 지방자치단체가 공공의 필요에 응하기 위해 법령에 근거하여 공권력 행사를 통해 사인의 재산권에 특별한 희생을 가하였으나, 그 근거법령에 보상규정이 없는 등 그 공권력행사가 위법한 경우에 그로 인해 특별한 희생을 입은 자에 대하여 수용침해보상(전통적 손실보상제도)의 경우와 마찬가지로 보상을 하여야 한다는 이론

(2) 수용적 침해
공공필요에 의한 적법한 공권력 행사에 의해 야기된 의도되지 않은 재산권에 대한 침해

(3) 희생보상청구
행정기관의 적법한 공권력 행사에 의해 비재산적 법익이 침해되어 발생한 손실에 대한 보상청구권(예 예방접종 부작용으로 인한 사망).

(4) 결과제거청구권(원상회복 청구권)
① 공행정작용의 결과로 야기된 위법한 상태로 인하여 자기의 법률상 이익을 침해받고 있는 자가 행정주체를 상대로 하여 그 위법한 상태를 제거해줄 것을 청구하는 것
② 결과제거청구권은 공행정작용의 직접적인 결과만을 대상으로 한다.

행정구제법 Ⅱ

CHAPTER 1 행정심판

I 행정심판

1. 의의

① 행정청의 위법·부당한 처분 또는 부작위에 대한 불복에 대하여 행정기관이 심판하는 행정심판법상의 행정쟁송절차 ⇨ 행정행위의 성격을 가진다.
② 원칙 ⇨ 임의적 행정심판 전치주의
③ 예외 ⇨ 필요적 행정심판 전치주의(예외적 행정심판전치주의)
④ 행정심판 ⇨ 원칙적으로 처분청의 직근상급행정청의 행정심판위원회에 제기행정쟁송
   이의신청 ⇨ 처분청에 제기 ⇨ 민원사무처리법상 이의신청은 행정심판 아님. 토지수용재결에 대한 이의신청인 이의재결은 행정심판이다.
⑤ 국민고충처리위원회에 대한 고충민원의 신청 ⇨ 행정심판 아님. ⇨ 다만 국민고충처리위원회에 접수된 신청서가 행정기관의 처분에 대하여 시정을 구하는 취지임이 내용상 분명한 것으로서 국민고충처리위원회가 이를 당해 처분청 또는 그 재결청에 송부한 경우에 한하여 행정심판청구가 제기된 것으로 볼 수 있다(대판 1995.9.29, 95누5332).

2. 행정심판과 행정소송의 구별

구분	행정심판	행정소송
성질	약식쟁송(준사법적 작용)	정식쟁송(사법작용)
판정기관	행정기관(행정심판위원회)	법원
쟁송대상	위법·부당한 처분 또는 부작위	위법한 처분 또는 부작위
제소기간	처분이 있음을 안 날로부터 90일 이내 처분이 있었던 날로부터 180일 이내	처분이 있음을 안 날로부터 90일 이내 처분 등이 있은 날부터 1년 이내
심판절차	서면심리 또는 구술심리 비공개원칙	구두변론 공개원칙
판단범위	적법성(위법)과 합목적성(부당)	적법성만 판단
적극적 변경	가능	불가능
의무이행청구	긍정(의무이행심판)	부정(의무이행소송 부정)
의무이행수단	직접 처분, 처분명령, 간접강제	간접 강제제도

3. 행정심판의 종류

① 취소심판 : 행정청의 위법 또는 부당한 처분을 취소하거나 변경하는 행정심판
② 무효등확인심판 : 행정청의 처분의 효력 유무 또는 존재 여부를 확인하는 행정심판
③ 의무이행심판 : 당사자의 신청에 대한 행정청의 위법 또는 부당한 **거부처분**이나 **부작위**에 대하여 일정한 처분을 하도록 하는 행정심판

구분	취소심판	무효등확인심판	의무이행심판
의의	행정청의 위법 또는 부당한 처분을 취소하거나 변경하는 행정심판	행정청의 처분의 효력 유무 또는 존재 여부를 확인하는 행정심판	당사자의 신청에 대한 행정청의 위법 또는 부당한 거부처분이나 부작위에 대하여 일정한 처분을 하도록 하는 행정심판
성질	형성적 쟁송	준형성적 쟁송	이행쟁송
인용재결	• 처분취소재결 • 처분변경재결 • 처분변경명령재결 ※ 처분취소명령재결은 법개정으로 삭제	유효·무효·실효·존재·부존재확인재결	• 처분재결 • 처분명령재결
특징	• 청구기간의 제한 ○ • 집행정지결정 ○ • 사정재결 ○	• 청구기간의 제한 × • 집행정지결정 ○ • 사정재결 ×	• 부작위 : 청구기간 제한 × 거부처분심판 ; 청구기간제한 ○ • 집행정지결정 × • 사정재결 적용 ○

④ 주의

당사자심판은 행정심판법에 규정이 없다. ⇨ 개별법에서 규정하고 있는 경우에만 가능
행정청의 거부처분에 대해서는 취소심판을 제기할 수도 있고, 의무이행심판을 제기할 수도 있다.

4. 행정심판위원회

(1) 의의

① 행정심판위원회는 행정심판청구사건을 심리·재결하기 위하여 설치된 합의제 행정관청이다.
② 행정심판위원회가 행정심판의 심리·재결하는 기능을 모두 담당한다.

(2) 행정심판위원회의 종류

(가) 해당 행정청 소속 행정심판위원회

행정심판법 제6조 [행정심판위원회의 설치]
① 다음 각 호의 행정청 또는 그 소속 행정청(행정기관의 계층구조와 관계없이 그 감독을 받거나 위탁을 받은 모든 행정청을 말하되, 위탁을 받은 행정청은 그 위탁받은 사무에 관하여는 위탁한 행정청의 소속 행정청으로 본다. 이하 같다)의 처분 또는 부작위에 대한 행정심판의 청구(이하 "심판청구"라 한다)에 대하여는 다음 각 호의 행정청에 두는 행정심판위원회에서 심리·재결한다.
1. 감사원, 국가정보원장, 그 밖에 대통령령으로 정하는 대통령 소속기관의 장

2. 국회사무총장·법원행정처장·헌법재판소사무처장 및 중앙선거관리위원회사무총장
3. 국가인권위원회, 그 밖에 지위·성격의 독립성과 특수성 등이 인정되어 대통령령으로 정하는 행정청

(나) 중앙행정심판위원회

제6조 [행정심판위원회의 설치]
② 다음 각 호의 행정청의 처분 또는 부작위에 대한 심판청구에 대하여는 「부패방지 및 국민권익위원회의 설치와 운영에 관한 법률」에 따른 국민권익위원회에 두는 중앙행정심판위원회에서 심리·재결한다.
1. 제1항에 따른 행정청 외의 국가행정기관의 장 또는 그 소속 행정청
2. 특별시장·광역시장·특별자치시장·도지사·특별자치도지사(특별시·광역시·특별자치시·도 또는 특별자치도의 교육감을 포함한다. 이하 "시·도지사"라 한다) 또는 특별시·광역시·특별자치시·도·특별자치도(이하 "시·도"라 한다)의 의회(의장, 위원회의 위원장, 사무처장 등 의회 소속 모든 행정청을 포함한다)
3. 「지방자치법」에 따른 지방자치단체조합 등 관계 법률에 따라 국가·지방자치단체·공공법인 등이 공동으로 설립한 행정청. 다만, 제3항 제3호에 해당하는 행정청(둘 이상의 시·군·자치구·공공법인이 설치한 행정청)은 제외한다.

(다) 시·도 행정심판위원회

제6조 [행정심판위원회의 설치]
③ 다음 각 호의 행정청의 처분 또는 부작위에 대한 심판청구에 대하여는 시·도지사 소속으로 두는 행정심판위원회에서 심리·재결한다.
1. 시·도 소속 행정청
2. 시·도의 관할구역에 있는 시·군·자치구의 장, 소속 행정청 또는 시·군·자치구의 의회(의장, 위원회의 위원장, 사무국장, 사무과장 등 의회 소속 모든 행정청을 포함한다)
3. 시·도의 관할구역에 있는 둘 이상의 지방자치단체(시·군·자치구를 말한다)·공공법인 등이 공동으로 설립한 행정청

(라) 해당 행정청의 직근 상급행정기관 소속 행정심판위원회

⇨ 대통령령으로 정하는 국가행정기관 소속 특별지방행정기관(법무부 및 대검찰청 소속 특별지방행정기관)의 장의 처분 또는 부작위에 대한 심판청구(행심법 제6조④)

(마) 특별행정심판위원회

소청심사위원회	• 공무원의 징계처분, 그 밖에 그 의사에 반하는 불리한 처분이나 부작위에 대한 소청을 심사·결정하게 하기 위하여 인사혁신처에 소청심사위원회를 둔다(국가공무원법 제9조). • 지방소청심사위원회, 교육소청심사위원회, 교원소청심사위원회
국세청장, 조세심판원	• 심사청구는 대통령령으로 정하는 바에 따라 불복의 사유를 갖추어 해당 처분을 하였거나 하였어야 할 세무서장을 거쳐 국세청장에게 하여야 한다(국세기본법 제62조). • 조세심판청구에 대한 결정을 하기 위하여 국무총리 소속으로 조세심판원을 둔다(국세기본법 제67조).
토지수용위원회	토지등의 수용과 사용에 관한 재결을 하기 위하여 국토교통부에 중앙토지수용위원회를 두고, 특별시·광역시·도·특별자치도(이하 "시·도"라 한다)에 지방토지수용위원회를 둔다(공토법 제49조).
특허심판원	특허·실용신안·디자인 및 상표에 관한 심판과 재심 및 이에 관한 조사·연구에 관한 사무를 관장하게 하기 위하여 특허청장 소속하에 특허심판원을 둔다(특허법 제132조의2).

해양안전심판원	해양사고사건을 심판하기 위하여 해양수산부장관 소속으로 해양안전심판원(이하 "심판원"이라 한다)을 둔다(해양사고의조사및심판에관한법률 제3조).
감사원	변상 판정에 대하여 위법 또는 부당하다고 인정하는 본인, 소속 장관, 감독기관의 장 또는 해당 기관의 장은 변상판정서가 도달한 날부터 3개월 이내에 감사원에 재심의를 청구할 수 있다(감사원법 제36조 제1항).

(3) 행정심판위원회의 구성

(가) 중앙행정심판위원회

① 위원장 1명을 포함하여 70명 이내의 위원으로 구성하되, 위원 중 상임위원은 4명 이내로 한다.

② 중앙행정심판위원회의 위원장은 **국민권익위원회의 부위원장 중 1명**이 되며, 위원장이 없거나 부득이한 사유로 직무를 수행할 수 없거나 위원장이 필요하다고 인정하는 경우에는 상임위원(상임으로 재직한 기간이 긴 위원 순서로, 재직기간이 같은 경우에는 연장자 순서로 한다)이 위원장의 직무를 대행한다.

③ 중앙행정심판위원회의 상임위원은 중앙행정심판위원회 위원장의 제청으로 국무총리를 거쳐 대통령이 임명한다. ⇨ 중앙행정심판위원회 상임위원의 임기는 3년으로 하며, 1차에 한하여 연임할 수 있다.

(나) 각급 행정심판위원회

① 행정심판위원회(중앙행정심판위원회는 제외한다. 이하 이 조에서 같다)는 위원장 1명을 포함하여 50명 이내의 위원으로 구성

② 행정심판위원회의 위원장은 그 행정심판위원회가 소속된 행정청이 된다.

(다) 위원에 대한 제척·기피·회피

① 위원에 대한 제척신청이나 기피신청은 그 사유를 소명(疏明)한 문서로 하여야 한다. 다만, 불가피한 경우에는 신청한 날부터 3일 이내에 신청 사유를 소명할 수 있는 자료를 제출하여야 한다.

② 사건의 심리·의결에 관한 사무에 관여하는 위원 아닌 직원에게도 제척·기피·회피 할 수 있다.

5. 행정심판의 당사자

(1) 청구인

① 자연인, 법인 모두 가능

② 법인이 아닌 사단 또는 재단으로서 대표자나 관리인이 정하여져 있는 경우에는 그 사단이나 재단의 이름으로 심판청구를 할 수 있다.

(가) 청구인 적격

① 취소심판 ⇨ 처분의 취소 또는 변경을 구할 법률상 이익이 있는 자. 처분의 효과가 기간의 경과, 처분의 집행, 그 밖의 사유로 소멸된 뒤에도 그 처분의 취소로 회복되는 법률상 이익이 있는 자의 경우에도 또한 같다.

② 무효등확인심판 ⇨ 처분의 효력 유무 또는 존재 여부의 확인을 구할 법률상 이익이 있는 자.

③ 의무이행심판 ▷ 처분을 신청한 자로서 행정청의 거부처분 또는 부작위에 대하여 일정한 처분을 구할 법률상 이익이 있는 자

(나) 선정대표자의 선정

① 여러 명의 청구인이 공동으로 심판청구를 할 때에는 청구인들 중에서 3명 이하의 선정대표자를 선정할 수 있다.
  ▷ 당사자가 아닌 자를 선정대표자로 선정하였더라도 행정심판법 제11조에 위반되어 그 선정행위는 그 효력이 없다(대판 1991.1.25, 90누7791).
② 선정대표자는 다른 청구인들을 위하여 그 사건에 관한 모든 행위를 할 수 있다. 다만, 심판청구를 취하하려면 다른 청구인들의 동의를 받아야 하며, 이 경우 동의받은 사실을 서면으로 소명하여야 한다.
③ 선정대표자가 선정되면 다른 청구인들은 그 선정대표자를 통해서만 그 사건에 관한 행위를 할 수 있다.

(다) 청구인의 지위승계

행정심판법 제16조 [청구인의 지위 승계]
① 청구인이 사망한 경우에는 상속인이나 그 밖에 법령에 따라 심판청구의 대상에 관계되는 권리나 이익을 승계한 자가 청구인의 지위를 승계한다.
② 법인인 청구인이 합병에 따라 소멸하였을 때에는 합병 후 존속하는 법인이나 합병에 따라 설립된 법인이 청구인의 지위를 승계한다.
③ 제1항과 제2항에 따라 청구인의 지위를 승계한 자는 위원회에 서면으로 그 사유를 신고하여야 한다. 이 경우 신고서에는 사망 등에 의한 권리·이익의 승계 또는 합병 사실을 증명하는 서면을 함께 제출하여야 한다.
④ 제1항 또는 제2항의 경우에 제3항에 따른 신고가 있을 때까지 사망자나 합병 전의 법인에 대하여 한 통지 또는 그 밖의 행위가 청구인의 지위를 승계한 자에게 도달하면 지위를 승계한 자에 대한 통지 또는 그 밖의 행위로서의 효력이 있다.
⑤ 심판청구의 대상과 관계되는 권리나 이익을 양수한 자는 위원회의 허가를 받아 청구인의 지위를 승계할 수 있다.
⑥ 위원회는 제5항의 지위 승계 신청을 받으면 기간을 정하여 당사자와 참가인에게 의견을 제출하도록 할 수 있으며, 당사자와 참가인이 그 기간에 의견을 제출하지 아니하면 의견이 없는 것으로 본다.
⑦ 위원회는 제5항의 지위 승계 신청에 대하여 허가 여부를 결정하고, 지체 없이 신청인에게는 결정서 정본을, 당사자와 참가인에게는 결정서 등본을 송달하여야 한다.
⑧ 신청인은 위원회가 제5항의 지위 승계를 허가하지 아니하면 결정서 정본을 받은 날부터 7일 이내에 위원회에 이의신청을 할 수 있다.

(라) 청구인의 변경

임의적 청구인의 변경은 원칙적으로 허용되지 않는다.
  ▷ 따라서 청구인적격이 없는 자가 제기한 심판청구는 부적법한 것으로서 흠결이 보정될 수 없고, 행정심판위원회가 청구인적격이 있는 자로 변경할 것을 명할 의무도 없다(대판 1990.2.9, 89누4420).

(2) 피청구인

① 처분을 한 행정청(의무이행심판의 경우에는 청구인의 신청을 받은 행정청)을 상대로 청구한다. 다

만, 권한이 다른 행정청에 승계된 경우에는 권한을 승계한 행정청을 피청구인으로 함
② 청구인이 피청구인을 잘못 지정한 경우 ⇨ 위원회는 직권으로 또는 당사자의 신청에 의하여 결정으로써 피청구인을 경정할 수 있다.

(3) 심판참가인
① 이해관계가 있는 제3자나 행정청은 위원회의 의결이 있기 전까지 위원회의 허가결정을 받아 심판참가를 할 수 있다.
② 위원회는 필요하다고 인정하면 그 행정심판 결과에 이해관계가 있는 제3자나 행정청에 그 사건 심판에 참가할 것을 요구할 수 있다. ⇨ 요구를 받은 제3자나 행정청은 반드시 참가할 의무는 없고, 심판에 참가할 것인지 여부를 위원회에 통지만 하면 된다.
③ 참가인은 행정심판 절차에서 당사자가 할 수 있는 심판절차상의 행위를 할 수 있다.

6. 행정심판의 대상 ⇨ 행정청의 처분 또는 부작위
① 개괄주의 ⇨ 적극적 처분 및 거부처분을 포함하고, 위법한 뿐만 아니라 부당한 처분도 심판의 대상이 된다.
② 대통령의 처분 또는 부작위에 대하여는 다른 법률에서 행정심판을 청구할 수 있도록 정한 경우 외에는 행정심판을 청구할 수 없다.
③ 재청구 금지 ⇨ 심판청구에 대한 재결이 있으면 그 재결 및 같은 처분 또는 부작위에 대하여 다시 행정심판을 청구할 수 없다.

7. 행정심판의 청구

(1) 청구기간

행정심판법 제27조 [심판청구의 기간]
① 행정심판은 처분이 있음을 알게 된 날부터 90일 이내에 청구하여야 한다.
② 청구인이 천재지변, 전쟁, 사변, 그 밖의 불가항력으로 인하여 제1항에서 정한 기간에 심판청구를 할 수 없었을 때에는 그 사유가 소멸한 날부터 14일 이내에 행정심판을 청구할 수 있다. 다만, 국외에서 행정심판을 청구하는 경우에는 그 기간을 30일로 한다.
③ 행정심판은 처분이 있었던 날부터 180일이 지나면 청구하지 못한다. 다만, 정당한 사유가 있는 경우에는 그러하지 아니하다.
④ 제1항과 제2항의 기간은 불변기간으로 한다. ⇨ 3항은 불변기간이 아님을 주의
⑤ 행정청이 심판청구 기간을 제1항에 규정된 기간보다 긴 기간으로 잘못 알린 경우 그 잘못 알린 기간에 심판청구가 있으면 그 행정심판은 제1항에 규정된 기간에 청구된 것으로 본다. ⇨ 오고지
⑥ 행정청이 심판청구 기간을 알리지 아니한 경우에는 제3항에 규정된 기간에 심판청구를 할 수 있다. ⇨ 불고지
⑦ 제1항부터 제6항까지의 규정은 무효등확인심판청구와 부작위에 대한 의무이행심판청구에는 적용하지 아니한다.
 ⇨ 무효확인심판청구와 부작위에 대한 의무이행심판청구는 청구기간의 제한 없음
 ⇨ but 거부처분에 대한 의무이행심판은 청구기간의 제한이 적용됨을 주의

① 90일, 180일 둘 중 어느 하나의 기간이라도 도과되면 부적법한 청구이다.
② '처분이 있음을 안 날'이라 함은 당사자가 통지·공고 기타의 방법에 의하여 당해 처분이 있었다는

사실을 현실적으로 안 날을 의미하고, 추상적으로 알 수 있었던 날을 의미하는 것은 아니라 할 것이며, 다만 처분을 기재한 서류가 당사자의 주소에 송달되는 등으로 사회통념상 처분이 있음을 당사자가 알 수 있는 상태에 놓여진 때에는 반증이 없는 한 그 처분이 있음을 알았다고 추정할 수는 있다(대판 1995.11.24. 95누11535).
③ 세금부과처분에 대한 이의신청에 의해서 이루어진 재조사결정에 따른 심사청구기간이나 심판청구기간 또는 행정소송의 제소기간은 이의신청인 등이 후속 처분의 통지를 받은 날부터 기산된다(대판 2010.6.25. 2007두12514 전원합의체).
④ 처분이 있었던 날이란 처분의 효력이 발생한 한 날을 의미한다.
  ⇨ 상대방이 있는 행정처분은 상대방에게 고지되어서 효력을 발생한 날
  ⇨ 고시·공고 등에 의한 행정처분은 특별한 규정이 있는 경우를 제외하고 고시 또는 공고가 있은 후 5일이 경과한 날
⑤ 복효적 행정행위의 경우 ⇨ 제3자가 행정심판을 제기하는 경우에도 원칙적으로 처분이 있음을 알게 된 날로부터 90일 이내, 처분이 있었던 날로부터 180일 이내에 제기하여야 하지만, 제3자는 행정처분 통지의 대상이 아니므로 일반적으로 처분이 있는 것을 바로 알 수 없어서, **처분이 있었던 날로부터 180일 이내가 기준**이 되고, **기간을 지키지 못한 정당한 사유가 있는 때에 해당**하는 경우가 많아 사실상 청구기간의 제한 없이 청구할 수 있게 된다.
⑥ **개별법상의 심판청구기간**
  ⇨ 국가공무원법상 30일 이내의 소청심사청구
  ⇨ 공토법상의 재결서의 정본을 받은 날부터 30일 이내의 재결신청기간

(2) 심판청구의 방식

① 심판청구는 서면으로 하여야 한다. ⇨ **엄격한 형식을 요하지 아니하는 서면행위**
  ⇨ 위법·부당한 행정처분으로 인하여 권리나 이익을 침해당한 자로부터 그 처분의 취소나 변경을 구하는 서면이 제출되었을 때에는 **그 표제와 제출기관의 여하를 불문**하고 행정심판청구로 보고 행정청으로서는 그 서면을 가능한 한 제출자의 이익이 되도록 해석하고 처리하여야 하는 것이다(대판 1995.9.5. 94누16250).
② **피청구인**이나 **위원회**에 제출하여야 한다. 이 경우 **피청구인의 수만큼** 심판청구서 부본을 함께 제출하여야 한다.
③ 심판청구서를 받은 피청구인은 그 심판청구가 이유 있다고 인정하면 심판청구의 취지에 따라 직권으로 처분을 취소·변경하거나 확인을 하거나 신청에 따른 처분을 할 수 있다. 이 경우 서면으로 청구인에게 알려야 한다.

(3) 심판청구의 변경

① 청구인은 **청구의 기초에 변경이 없는 범위에서** 청구의 취지나 이유를 변경할 수 있다.
  ⇨ "청구의 기초에 변경이 없는 범위"라 함은 "사건의 동일성을 깨뜨리지 않는 범위 내를 의미한다.
  ⇨ 취소심판청구를 무효등확인심판청구로 변경하는 **청구취지의 변경** 또는 처분의 부당을 위법으로 변경하는 **청구이유의 변경**을 할 수 있다.

② 행정심판이 청구된 후에 피청구인이 새로운 처분을 하거나 심판청구의 대상인 처분을 변경한 경우에는 청구인은 새로운 처분이나 변경된 처분에 맞추어 청구의 취지나 이유를 변경할 수 있다
③ 청구의 변경결정이 있으면 처음 행정심판이 청구되었을 때부터 변경된 청구의 취지나 이유로 행정심판이 청구된 것으로 본다.

(4) 심판청구의 효과
① 행정심판위원회는 심리·의결을 해야할 의무를 진다.
② **집행부정지의 원칙** ⇨ 심판청구는 처분의 효력이나 그 집행 또는 절차의 속행에 영향을 주지 않는다.
③ 위원회는 처분, 처분의 집행 또는 절차의 속행 때문에 중대한 손해가 생기는 것을 예방할 필요성이 긴급하다고 인정할 때에는 직권 또는 당사자의 신청에 의하여 처분의 효력, 처분의 집행 또는 절차의 속행의 전부 또는 일부의 정지를 결정할 수 있다. 다만, 처분의 효력정지는 처분의 집행 또는 절차의 속행을 정지함으로써 그 목적을 달성할 수 있을 때에는 허용되지 아니한다.
  ⇨ '중대한 손해'란 사회통념상 원상회복이 불가능한 손해, 즉 주로 금전으로 보상할 수 없는 손해 등을 의미한다.
  ⇨ '긴급한 필요'는 재결을 기다릴 여유가 없을 경우를 말한다.
④ 집행정지는 공공복리에 중대한 영향을 미칠 우려가 있을 때에는 허용되지 아니한다.
④ 위원회는 집행정지를 결정한 후에 집행정지가 공공복리에 중대한 영향을 미치거나 그 정지사유가 없어진 경우에는 직권으로 또는 당사자의 신청에 의하여 집행정지 결정을 취소할 수 있다.
⑤ 부작위 ⇨ 처분이 없으므로 집행정지의 실익이 없다.
  처분의 효력이 발생하기 전의 경우나 처분이 소멸한 경우 ⇨ 집행정지의 실익이 없다.
  무효인 처분 ⇨ 집행정지와 관련해서는 일응 처분이 존재하는 것으로 보아 집행정지의 실익이 있다.
  거부처분 ⇨ 집행정지하여야 할 처분이 존재하지 않기 때문에 원칙적으로 집행정지가 허용되지 되지 않는다.
    ⇨ 거부처분은 임시처분의 대상이 된다.

(5) 임시처분
임시적 지위를 인정하는 것 ⇨ '거부처분'이나 '부작위'에 대해서는 집행정지의 대상이 되지 않기 때문에 청구인의 권익을 보호할 필요성
⇨ 위원회는 처분 또는 부작위가 위법·부당하다고 상당히 의심되는 경우로서 처분 또는 부작위 때문에 당사자가 받을 우려가 있는 중대한 불이익이나 당사자에게 생길 급박한 위험을 막기 위하여 임시지위를 정하여야 할 필요가 있는 경우에는 직권으로 또는 당사자의 신청에 의하여 임시처분을 결정할 수 있다.
⇨ 처분 또는 부작위가 임시처분의 대상이 된다. 임시처분은 집행정지로 목적을 달성할 수 있는 경우에는 허용되지 않으므로 주로 거부처분과 부작위가 문제가 된다.
⇨ 공공복리에 중대한 영향을 미칠 우려가 있을 때에는 임시처분의 결정을 할 수 없다.
⇨ 임시처분은 집행정지로 목적을 달성할 수 있는 경우에는 허용되지 아니한다(보충성).

8. 행정심판의 심리

(1) 요건심리
① 행정심판제기요건인 행정심판의 대상인 처분 또는 부작위의 존재, 당사자능력 및 당사자 적격, 심판청구기간의 준수, 심판청구서의 기재사항의 구비 등을 심사
② 요건심사는 위원회의 직권조사사항이다.
③ 요건을 갖추지 못한 청구는 부적법한 청구로 각하한다.
  ⇨ 다만 보정가능하면 보정할 것을 요구
  ⇨ 경미한 사항은 위원회가 직권으로 보정할 수 있다.
④ 행정심판의 요건은 행정심판 청구 당시에 갖추어야 하고, 재결할 때까지 갖추고 있어야 한다.
  ⇨ 다만 행정심판제기요건의 존부는 사실심의 변론종결시를 기준으로 판단하므로 행정심판청구 당시 그 요건의 흠결이 있는 경우에도 위원회에서 사실확정이 되기 전까지 이를 갖추면 적법한 심판청구가 된다. 반대로 본안심리 중에도 요건의 흠결이 발견되면 각하된다.

(2) 본안심리
① 요건심리의 결과 당해 심판청구가 심판청구요건을 구비한 것으로 인정되는 경우 행정처분의 위법·부당여부를 심리하는 것
② 본안심리의 결과 심판청구가 이유 있으면, 인용재결 심판청구가 이유 없으면 기각재결

(3) 불고불리의 원칙
위원회는 심판청구의 대상이 되는 처분 또는 부작위 외의 사항에 대하여는 재결하지 못한다.

(4) 불이익변경금지의 원칙
위원회는 심판청구의 대상이 되는 처분보다 청구인에게 불리한 재결을 하지 못한다.

(5) 대심주의의 원칙
대립되는 분쟁당사자들의 공격·방어를 통하여 심리를 진행하는 소송원칙

(6) 직권심리주의(직권탐지주의)의 보충
① 위원회는 필요하면 **당사자가 주장하지 아니한 사실에 대하여도 심리할 수 있다.**
  ⇨ **다만** 불고불리의 원칙상 심판청구의 범위 내에서 필요한 한도 안에서만 직권심리나 조사가 행해져야 한다.
② 위원회는 직권으로 증거조사와 관계기관에 자료제출을 요구할 수 있다.

(7) 구술심리주의 또는 서면심리주의
행정심판의 심리는 구술심리나 서면심리로 한다. 다만, 당사자가 구술심리를 신청한 경우에는 서면심리만으로 결정할 수 있다고 인정되는 경우 외에는 구술심리를 하여야 한다.

(8) 비공개주의
① 행정심판법에는 이에 관한 명문규정은 없으나, 서면심리주의, 직권심리주의를 채택하고 있는 점 등

에 비추어 비공개주의를 원칙으로 하는 것으로 해석된다.
② 행정심판법은 '위원회에서 위원이 발언한 내용이나 그 밖에 공개되면 위원회의 심리·재결의 공정성을 해칠 우려가 있는 사항으로서 대통령령으로 정하는 사항은 공개하지 아니한다'라고 규정하고 있다. ⇨ 합헌

(9) 심리의 병합 또는 분리
위원회는 필요하면 관련되는 심판청구를 병합하여 심리하거나 병합된 관련 청구를 분리하여 심리할 수 있다.

(10) 행정심판청구의 취하
청구인은 위원회의 의결이 있을 때까지 서면으로 심판청구를 취하할 수 있다.

9. 재결

(1) 재결기간
재결은 피청구인 또는 위원회가 심판청구서를 받은 날부터 60일 이내에 하여야 한다. 다만, 부득이한 사정이 있는 경우에는 위원장이 직권으로 30일을 연장할 수 있다.

(2) 재결의 종류
(가) 각하재결(요건재결)

(나) 기각재결

(다) 사정재결

① 위원회는 심판청구가 이유가 있다고 인정하는 경우에도 이를 인용하는 것이 공공복리에 크게 위배된다고 인정하면 그 심판청구를 기각하는 재결을 할 수 있다. 이 경우 위원회는 재결의 주문에서 그 처분 또는 부작위가 위법하거나 부당하다는 것을 구체적으로 밝혀야 한다.

② 위원회는 사정재결을 할 때에는 청구인에 대하여 상당한 구제방법을 취하거나 상당한 구제방법을 취할 것을 피청구인에게 명할 수 있다.

③ 무효등확인심판에서는 사정재결을 할 수 없다. ⇨ 취소심판·의무이행심판에서만 인정

(3) 인용재결

(가) 취소심판

① 처분취소재결(형성재결) ⇨ 전부취소와 일부취소 가능
  ⇨ ※ 행정소송에서는 재량행위의 일부취소판결 불가능함과 비교주의

② 처분변경재결(형성재결) ⇨ 일부취소의 의미가 아니라 원처분에 갈음하는 다른 처분으로의 변경을 의미(예 허가취소처분을 영업정지처분으로 변경)
  ⇨ ※ 행정소송에서는 적극적 변경 불가

③ 처분변경명령재결(이행재결)

(나) 무효등확인심판

처분유효확인재결 / 처분무효확인재결 / 처분존재확인재결 / 처분부존재확인재결 / 명문의 규정은 없지만, 통설은 처분실효확인재결도 인정한다.

(다) 의무이행심판

① 처분재결(형성재결) ⇨ 처분재결은 행정심판위원회가 스스로 처분을 하는 것이므로 형성재결이다.
② 처분명령재결(이행재결) ⇨ 처분명령재결은 처분청에게 처분을 명하는 재결이므로 이행재결이다.
　　　　　　　　　　　⇨ 재량행위에 있어서는 청구인의 청구내용대로 처분청으로 하여금 처분하라는 의미가 아니라 다시 결정하라는 명령재결이다.

10. 재결의 효력

(1) 형성력

① 행정심판위원회가 스스로 처분을 취소하면 형성력이 발생하여 별도의 행정처분을 기다릴 것이 없이 처분시로 소급하여 효력을 상실한다. ⇨ 재결의 형성력은 제3자에게도 미치므로 이를 대세적 효력이라고 한다.
② 인용재결에서만 발생 ⇨ 다만 이행재결(처분변경명령재결)은 형성력이 인정되지 않는다.
③ 형성적 재결의 경우 재결을 통보받은 처분청이 행하는 재결결과의 통보는 사실행위이지 행정행위는 아니므로 행정소송의 대상이 되는 처분이 아니다.
　⇨ 형성적 취소재결이 확정된 후 처분청이 다시 원처분을 취소한 경우에도 행정소송의 대상이 되는 처분이 아니다.

(2) 기속력

① 심판청구를 인용하는 재결은 피청구인과 그 밖의 관계 행정청을 기속(羈束)한다. ⇨ 인용재결에서만 기속력 발생
　⇨ 청구의 인용재결이 있는 경우에는 행정청은 그 재결을 준수하여야 하므로, 그 재결에 반하는 행위를 할 수 없다(반복금지의무).
　⇨ 재처분의무
② 거부처분에 대한 인용재결
　처분을 한 행정청은 재결의 취지에 따라 다시 이전의 신청에 대한 처분을 하여야 한다.
　⇨ 거부처분에 대한 인용결정에도 재처분의무를 명문화되어 있다.
　⇨ 당사자의 신청을 거부하는 처분을 취소하는 재결이 있는 경우에는 행정청은 그 재결의 취지에 따라 이전의 신청에 대한 처분을 하여야 하는 것이므로 행정청이 그 재결의 취지에 따른 처분을 하지 아니하고 그 처분과는 양립할 수 없는 다른 처분을 하는 것은 위법하다.
③ 이행명령재결의 기속력
　⇨ 당사자의 신청을 거부하거나 부작위로 방치한 처분의 이행을 명하는 재결이 있으면 행정청은 지체 없이 이전의 신청에 대하여 재결의 취지에 따라 처분을 하여야 한다.
　⇨ 피청구인이 이행명령재결에 따른 처분을 하지 아니하는 경우에는 당사자가 신청하면 기간을

정하여 서면으로 **시정을 명**하고 그 기간에 이행하지 아니하면 **직접 처분**을 할 수 있다(시정명령 및 직접처분제도). ⇨ 신청에 의해서만 할 수 있고 직권으로 할 수 없다.
- ⇨ 시정명령 및 직접처분제도는 의무이행재결에서 인정
- ⇨ 다만, 그 처분의 성질이나 그 밖의 불가피한 사유로 위원회가 직접 처분을 할 수 없는 경우에는 그러하지 아니하다.
- ⇨ 행정청이 어떠한 처분을 하였다면 행정심판위원회는 직접처분을 할 수 없다.

④ 법령의 규정에 따라 공고하거나 고시한 처분이 재결로써 취소되거나 변경되면 처분을 한 행정청은 지체 없이 그 처분이 취소 또는 변경되었다는 것을 공고하거나 고시하여야 한다.

⑤ 법령의 규정에 따라 처분의 상대방 외의 이해관계인에게 통지된 처분이 재결로써 취소되거나 변경되면 처분을 한 행정청은 지체 없이 그 이해관계인에게 그 처분이 취소 또는 변경되었다는 것을 알려야 한다.

⑥ **재결의 기속력은 재결의 주문 및 그 전제가 된 요건사실의 인정과 판단, 즉 처분 등의 구체적 위법사유에 관한 판단에만 미친다.**
- ⇨ 종전 처분이 재결에 의하여 취소되었다 하더라도 종전 처분시와는 다른 사유를 들어서 처분을 하는 것은 기속력에 저촉되지 않는다.
- ⇨ 재결에 적시된 위법사유를 시정·보완하여 정당한 부담금을 산출한 다음 새로이 부담금을 부과할 수 있는 것이고, 이러한 새로운 부과처분은 재결의 기속력에 저촉되지 아니한다(대판 1997.2.25, 96누14784).
- ⇨ 동일 사유인지 다른 사유인지는 종전 처분에 관하여 위법한 것으로 재결에서 판단된 사유와 기본적 사실관계에 있어 동일성이 인정되는 사유인지 여부에 따라 판단한다.
- ⇨ 기본적 사실관계의 동일성 유무는 처분사유를 법률적으로 평가하기 이전의 구체적인 사실에 착안하여 그 기초인 사회적 사실관계가 기본적인 점에서 동일한지에 따라 결정되고, 추가 또는 변경된 사유가 종전 처분 당시에 그 사유를 명기하지 아니하였을 뿐 이미 존재하고 있었고 당사자도 그 사실을 알고 있었다고 하여 당초의 처분사유와 동일성이 있는 것이라고 할 수 없다(대판 2009.11.26., 2009두15586).
- ⇨ 국세청장에 대한 불복심사청구에 의하여 취소된 동일사실에 관하여 감사원의 시정요구가 있다 하여 처분청이 다시 한 과세처분은 위법하다(대판 1986.5.27, 86누127).

⑦ 간접강제
- ⇨ 행정소송 뿐만 아니라 행정심판에서도 인정
- ⇨ 행정심판 인용재결에 따른 행정청의 재처분 의무에도 불구하고 행정청이 인용재결에 따른 처분을 하지 아니하면 행정심판위원회는 **청구인의 신청**에 의하여 결정으로 상당한 기간을 정하고, 행정청이 그 기간 내에 이행하지 아니하는 경우에는 지연기간에 따라 **일정한 배상을 하도록 명하거나 즉시 배상을 할 것을 명할 수 있다.**
- ⇨ 신청에 의해서만 가능하고 직권으로 할 수 없다.

(3) 불가쟁력

심판청구에 대한 재결이 있으면 그 재결 및 같은 처분 또는 부작위에 대하여 다시 행정심판을 청구할 수 없다.

(4) 불가변력

재결은 다른 행정행위와 달리 준사법적 행위이므로, 일단 재결을 한 이상 재결이 위법하더라도 행정심판위원회가 스스로 취소·변경할 수 없다.

11. 재결에 대한 불복

① 재심판청구의 금지
② 재결 자체에 고유한 위법이 있음을 이유로 하는 경우에 한하여 행정소송 가능(행정소송의 원처분주의)
③ 피청구인인 처분청은 재결의 기속력으로 인해 행정소송을 제기할 수 없다.
④ 행정심판과 행정소송이 동시에 제기되어 진행 중 행정심판의 기각재결이 행해지면 동일한 처분 등을 다투는 행정소송에 영향이 없지만, 인용재결이 있으면 행정소송은 소의 이익을 상실한다.

행정소송

CHAPTER 1 행정소송 일반

I 행정소송의 한계

1. 구체적 권리의무에 관한 분쟁이어야 한다.(사법본질상의 한계)

① 사실관계의 존부나 공법상의 구체적인 법률관계가 아닌 사실관계에 관한 것들을 확인의 대상으로 하는 것이거나 행정청의 단순한 부작위를 대상으로 하는 것으로서 항고소송의 대상이 되지 아니하는 것이다(대판 1990.11.23, 90누3553).
　⇨ 국가보훈처장 등이 발행한 책자 등에서 독립운동가 등의 활동상을 잘못 기술하였다는 등의 이유로 그 사실관계의 확인을 구하거나, 국가보훈처장의 서훈추천서의 행사, 불행사가 당연무효 또는 위법임의 확인을 구하는 청구는 항고소송의 대상이 되지 않는다.
② 일반적, 추상적인 법령이나 규칙 등은 그 자체로서 국민의 구체적인 권리의무에 직접적 변동을 초래케 하는 것이 아니므로 항고소송의 대상이 될 수 없다(대판 1992.3.10, 91누12639).

2. 권력분립상의 한계

① 의무이행소송은 인정되지 않는다.
　⇨ 검사에게 압수물 환부를 이행하라는 청구는 행정청의 부작위에 대하여 일정한 처분을 하도록 하는 의무이행소송으로 현행 행정소송법상 허용되지 아니한다(대판 1995.3.10, 94누14018).
② 적극적 형성소송을 인정되지 않는다.
　⇨ 법원으로 하여금 행정청이 일정한 행정처분을 행한 것과 같은 효과가 있는 행정처분을 직접 행하도록 하는 형성판결을 구하는 소송은 허용되지 아니한다(대판 1997.9.30, 97누3200).
③ 예방적 부작위청구소송은 인정되지 않는다.
　⇨ 피고 국민건강보험공단은 이 사건 고시를 적용하여 요양급여비용을 결정하여서는 아니 된다는 내용의 원고들의 위 피고에 대한 이 사건 청구는 부적법하다 할 것이다(대판 2006.5.25, 2003두11988).
　⇨ '건축건물의 준공처분을 하여서는 아니된다'는 내용의 부작위를 구하는 청구는 행정소송에서 허용되지 아니하는 것이므로 부적법하다(대판 1987.3.24, 86누182).
④ 의무확인소송은 인정되지 않는다.
　⇨ 애국지사의 사망일시금 및 유족생계부조수당지급의무의 확인청구는 항고소송의 대상이 되지 아니한다(대판 1989.1.24, 88누3314).
　⇨ 피고 국가보훈처장 등에게, 독립운동가들에 대한 서훈추천권의 행사가 적정하지 아니하였으니 이를 바로잡아 다시 추천하고, 잘못 기술된 독립운동가의 활동상을 고쳐 독립운동사 등의 책자

를 다시 편찬, 보급하고, 독립기념관 전시관의 해설문, 전시물 중 잘못된 부분을 고쳐 다시 전시 및 배치할 의무가 있음의 확인을 구하는 청구는 작위의무확인소송으로서 항고소송의 대상이 되지 아니한다(대판 1990.11.23, 90누3553).

II 행정소송법에 규정된 행정소송의 종류

행정소송법 제3조 [행정소송의 종류] 행정소송은 다음의 네가지로 구분한다.
1. 항고소송 : 행정청의 처분등이나 부작위에 대하여 제기하는 소송
2. 당사자소송 : 행정청의 처분등을 원인으로 하는 법률관계에 관한 소송 그 밖에 공법상의 법률관계에 관한 소송으로서 그 법률관계의 한쪽 당사자를 피고로 하는 소송
3. 민중소송 : 국가 또는 공공단체의 기관이 법률에 위반되는 행위를 한 때에 직접 자기의 법률상 이익과 관계없이 그 시정을 구하기 위하여 제기하는 소송
4. 기관소송 : 국가 또는 공공단체의 기관상호간에 있어서의 권한의 존부 또는 그 행사에 관한 다툼이 있을 때에 이에 대하여 제기하는 소송. 다만, 헌법재판소법 제2조의 규정에 의하여 헌법재판소의 관장사항으로 되는 소송은 제외한다.

제4조 [항고소송]
항고소송은 다음과 같이 구분한다.
1. 취소소송 : 행정청의 위법한 처분등을 취소 또는 변경하는 소송
2. 무효등 확인소송 : 행정청의 처분등의 효력 유무 또는 존재여부를 확인하는 소송
3. 부작위위법확인소송 : 행정청의 부작위가 위법하다는 것을 확인하는 소송

CHAPTER 2 취소소송

I. 취소소송의 성격 및 소송물

① 행정청의 위법한 처분 등을 취소 또는 변경하는 소송
② 판례는 무효선언을 구하는 의미의 취소소송도 인정
③ 취소소송은 형성소송이다.
④ "취소소송의 소송물은 그 취소원인이 되는 위법성 일반"이다.
　⇨ 개개의 위법사유에 관한 주장은 단순한 공격방어방법에 지나지 않으며, 취소소송에서 판결의 기판력은 처분의 위법 또는 적법 일반에 미친다.
　⇨ 따라서 청구기각의 판결의 경우에는 기판력으로 인해 후소에서 그 처분의 위법성을 주장할 수 없다.

II. 취소소송의 재판관할

1. 토지관할

행정소송법 제9조 [재판관할]
① 취소소송의 제1심 관할법원은 피고의 소재지를 관할하는 행정법원으로 한다.
② 제1항에도 불구하고 다음 각 호의 어느 하나에 해당하는 피고에 대하여 취소소송을 제기하는 경우에는 대법원소재지를 관할하는 행정법원에 제기할 수 있다.
1. 중앙행정기관, 중앙행정기관의 부속기관과 합의제행정기관 또는 그 장
2. 국가의 사무를 위임 또는 위탁받은 공공단체 또는 그 장
③ 토지의 수용 기타 부동산 또는 특정의 장소에 관계되는 처분등에 대한 취소소송은 그 부동산 또는 장소의 소재지를 관할하는 행정법원에 이를 제기할 수 있다.

① 중앙행정기관 또는 그 장의 처분에 대해서도 반드시 대법원소재지를 관할하는 행정법원에 제기해야 하는 것은 아니고 피고 소재지를 관할하는 행정법원에 제기할 수 있다.
② 제③항의 토지관할은 전속관할이 아니므로 합의관할 또는 변론관할 등이 적용될 수 있다.

③ 법원은 소송의 전부 또는 일부에 대하여 관할권이 없다고 인정하는 경우에는 결정으로 이를 관할법원에 이송한다.
   ⇨ 행정사건을 민사법원에 제기한 경우에도 관할이송이 적용된다.
   ⇨ 행정사건을 민사사건으로 오해하여 민사소송을 제기한 경우라도 행정소송으로서의 소송요건을 결하고 있음이 명백하여 행정소송으로 제기되었더라도 어차피 부적법하게 되는 경우가 아닌 이상 이를 부적법한 소라고 하여 각하할 것이 아니라 관할 법원에 이송하여야 한다(대판 1997.5.30, 95다28960).
   ⇨ 원고의 고의 또는 중대한 과실없이 행정소송이 심급을 달리하는 법원에 잘못 제기된 경우에도 적용된다.
   ⇨ 다만 심급관할을 위배한 이송결정의 기속력은 이송받은 상급심 법원에는 미치지 아니하므로, 이송받은 상급심 법원은 사건을 관할 법원에 이송하여야 한다(대판 2000.1.14, 99두9735).

2. 관련청구소송의 이송 및 병합

① **취소소송과 당해 처분등과 관련되는 손해배상·부당이득반환·원상회복등 청구소송(관련청구소송)**이 각각 다른 법원에 계속되고 있는 경우에 <u>관련청구소송이 계속된 법원이 상당하다고 인정하는 때</u>에는 당사자의 <u>신청 또는 직권</u>에 의하여 이를 <u>취소소송이 계속된 법원으로 이송</u>할 수 있다.
② **취소소송과 당해 처분등과 관련되는 취소소송**(관련청구소송 : 예컨대 계고처분에 대한 취소소송과 대집행영장통지처분에 대한 취소소송 또는 당해처분의 취소소송과 재결에 대한 취소소송))이 각각 다른 법원에 계속되고 있는 경우에 관련청구소송이 계속된 법원이 상당하다고 인정하는 때에는 당사자의 <u>신청 또는 직권</u>에 의하여 이를 <u>취소소송이 계속된 법원으로 이송</u>할 수 있다.
③ **취소소송이 계속된 법원으로 이송되는 것이다.**
④ **주된 취소소송과 관련청구소송은 각각 소송요건을 갖추어야 한다.**
   ⇨ 관련청구소송의 병합은 본래의 항고소송이 적법할 것을 요건으로 하는 것이어서 본래의 항고소송이 부적법하여 각하되면 그에 병합된 관련청구도 소송요건을 흠결한 부적합한 것으로 각하되어야 한다(대판 2001.11.27, 2000두697).
⑤ **이송받는 법원이 관련청구소송에 대한 관할권을 갖고 있어야 하는 것은 아니다.**
⑥ 이송결정이 확정된 때에는 소송은 **처음부터 이송받은 법원에 계속된 것으로 본다.**
⑦ 소송을 이송받은 법원은 이송결정에 따라야 하고 사건을 다시 다른 법원에 이송하지 못한다.
⑧ 취소소송에는 <u>사실심의 변론종결시까지</u> 관련청구소송을 병합하거나 피고외의 자를 상대로 한 관련청구소송을 취소소송이 계속된 법원에 병합하여 제기할 수 있다(관련청구소송의 병합).
   ⇨ 행정처분에 대한 무효확인과 취소청구는 서로 양립할 수 없는 청구로서 주위적·예비적 청구로서만 병합이 가능하고 선택적 청구로서의 병합이나 단순 병합은 허용되지 아니한다(대판 1999.8.20, 97누6889).

Ⅲ 취소소송의 당사자

1. 당사자능력

① 자연인, 법인 뿐만 아니라 대표자 또는 관리인이 있으면 권리능력이 없는 사단이나 재단
② 자연물인 도롱뇽 또는 그를 포함한 자연 그 자체로서는 소송을 수행할 당사자능력을 인정할 수 없다 (대결 2006.6.2. 2004마1148).
③ 건설교통부장관은 지방자치단체의 장의 기관위임사무의 처리에 관하여 지방자치단체의 장을 상대로 취소소송을 제기하는 것은 허용되지 않는다(대판 2007.9.20. 2005두6935).

2. 원고적격

행정소송법 제12조 [원고적격]
취소소송은 처분등의 취소를 구할 법률상 이익이 있는 자가 제기할 수 있다. 처분등의 효과가 기간의 경과, 처분등의 집행 그 밖의 사유로 인하여 소멸된 뒤에도 그 처분등의 취소로 인하여 회복되는 법률상 이익이 있는 자의 경우에는 또한 같다.

⇨ 행정소송법 제12조 전문은 원고적격에 관한 규정이고, 제12조 후문은 협의의 소익에 관한규정이라고 하는 견해가 다수견해이다.

(1) 법률상 이익을 가진 자

① 법률상 이익을 가진 자에게 원고적격이 인정된다.
② 국가 등의 기관은 처분청인 경우 피고적격은 인정되지만 원칙상 원고적격은 인정되지 않는다.
③ **국가기관에게 원고적격이 인정되는 경우**

다른 기관의 처분에 의해 국가기관이 권리를 침해받거나 의무를 부과받는 등 중대한 불이익을 받았음에도 그 처분을 다툴 별다른 방법이 없고, 그 처분의 취소를 구하는 항고소송을 제기하는 것이 유효·적절한 권익구제수단인 경우에는 국가기관에게 원고적격을 인정하여야 한다.

⇨ 지방자치단체의 장은 건축물 소재지 관할 허가권자인 다른 지방자치단체의 장을 상대로 건축협의취소의 취소를 구할 수 있다(대판 2014.2.27. 2012두22980).

⇨ 국민권익위원회가 신고와 신분보장을 요구한 甲의 소속기관 장인 乙 시·도선거관리위원회 위원장에게 '甲에 대한 중징계요구를 취소하고 향후 신고로 인한 신분상 불이익처분 및 근무조건상의 차별을 하지 말 것을 요구'하는 내용의 조치요구를 한 경우 처분성이 인정되는 위 조치요구에 불복하고자 하는 乙로서는 조치요구의 취소를 구하는 항고소송을 제기하는 것이 유효·적절한 수단이므로 비록 乙이 국가기관이더라도 당사자능력 및 원고적격을 가진다(대판 2013.7.25. 2011두1214). ⇨ 불이행시 제재 받을 수 있으므로

⇨ 처분성이 인정되는 국민권익위원회의 조치요구에 불복하고자 하는 소방청장으로서는 조치요구의 취소를 구하는 항고소송을 제기하는 것이 유효·적절한 수단으로 볼 수 있으므로 소방청장은 예외적으로 당사자능력과 원고적격을 가진다(대판 2018.8.1. 2014두35379). ⇨ 불이행시 제재 받을 수 있으므로

⇨ **감사원의 징계요구를 받은 지방자치단체의 장은 감사원의 재심의결정취소를 구하는 소를 제기할 수 없다**(대판 2016.12.27. 2014두5637). ⇨ 징계요구는 징계요구를 받은 기관의 장이 요구받은 내용대로 처분하지 않더라도 불이익을 받는 규정도 없기 때문임

(2) 법률상 이익을 가진 자의 의미

① 판례는 통설과 같이 법률상 이익의 의미를 법률상 보호이익설(권리뿐만 아니라 법률에 의하여 보호되는 이익을 침해 받은 자도 원고적격을 가진다는 견해)이다. ⇨ 법률상 이익이라 함은 당해 처분의 근거법률에 의하여 보호되는 직접적이고 구체적인 이익이 있는 경우를 말하고 다만 간접적이거나 사실적·경제적 이해관계를 가지는 데 불과한 경우는 여기에 포함되지 않는다(대판 1995.6.30, 94누14230).

② 수익처분의 상대방은 그의 권리나 법률상 보호되는 이익이 침해되었다고 볼 수 없으므로 달리 특별한 사정이 없는 한 취소를 구할 이익이 없다(대판 1995.8.22, 94누8129).

③ 행정처분의 상대방이 아닌 제3자라도 그 처분으로 인하여 법률상 이익을 침해당한 경우에는 그 처분의 취소 또는 무효확인을 구하는 행정소송을 제기하여 그 당부의 판단을 받을 법률상 자격이 있다(대판 1995.6.30, 94누14230).

④ 학교법인에 의하여 임원으로 선임된 사람은 관할청의 임원취임승인신청 반려처분을 다툴 수 있는 원고적격이 있다(대판 2007.12.27, 2005두9651).

⑤ 대학생들은 전공이 다른 교수를 임용함으로써 학습권을 침해당하였다는 주장은 간접적·사실적 불이익에 불과하므로 이를 이유로 교수임용처분의 취소를 구할 소의 이익이 없다(대판 1993.7.27, 93누8139).

⑥ **경업자 소송의 원고적격**

경업자소송에서 원고적격 인정	경업자소송에서 원고적격 부정
• 노선연장인가 처분에 대하여 당해 노선에 관한 기존의 자동차 운송사업자 • 자신의 노선과 중복되는 신규 노선버스운송사업 인가처분에 대한 기존 노선버스사업자 • 동종의 사업용 화물자동차면허대수를 늘리는 보충인가처분에 대하여 기존업자 • 분뇨 등 관련영업허가를 받아 영업을 하고 있는 기존업자 • 담배 일반소매인으로 지정되어 영업을 하고 있는 기존업자 • 약종상 영업허가자의 이익 • 선박운항사업면허처분에 대한 기존업자 • 광업이 정한 거리제한을 위배한 중구허가에 대한 인접 광업권자	• 양곡가공업허가에 대한 기존업자 • 목욕탕 영업허가에 대한 기존목욕탕업자 • 약사들에 대한 한약조제권 인정에 대한 한의사 • 석탄가공업에 대한 신규허가 • 숙박업구조변경허가처분을 받은 건물의 인근에서 여관을 경영하는 자

⑦ **경원자 소송의 원고적격**

경원자소송에서 원고적격 인정	경원자소송에서 원고적격 부정
• 법학전문대학원 설치인가에 대한 신청 대학교 • LPG 충전사업의 신규허가자 • 국세청고시에 의해 납세필 병마개 제조업자로 지정받지 못한 병마개 제조업자 • 개발제한구역 안 주유소운영사업자 선정	• 국제항공노선면허로 인하여 노선의 점유율이 감소한 항공사 • 부교수임용처분에 대한 같은 학과의 기존교수 • 수학교과용 도서 검정의 합격처분에 대한 영어교과용 도서 검정신청자

⑧ **이웃소송에서의 원고적격**

인근주민소송에서 원고적격 인정	인근주민소송에서 원고적격 부정
• 환경영향평가대상사업의 인가에 대한 환경영향평가대상지역 안의 주민 • 환경상 침해를 받으리라고 예상되는 영향권 내의 주민을 비롯한 영향권 내에서 농작물을 경작하는 등 현실적으로 환경상 이익을 누리는 사람 • 원자로설치허가에 직접적이고 중대한 피해를 입으리라고 예상되는 지역 내 주민 • 연탄공장의 설치에 대한 인근주민 • 공설화장장의 설치에 대한 인근주민 • 광업권설정허가처분에 대한 인근주민 • 공장설립으로 수질오염 등이 발생할 우려가 있는 취수장에서 물을 공급받는 부산광역시 또는 양산시에 거주하는 주민 • 건축법 소정의 이격거리 등을 위반한 건축허가로 인한 일조권 등을 침해받은 인근주민	• 상수원보호구역변경에 대한 기존의 식수로 이용하던 주민 • 절대보존지역의 유지로 지역주민회와 주민들이 가지는 주거 및 생활환경상 이익 • 발전소건설사업승인처분에 대하여 환경영향평가대상지역 밖의 주민·산악인·환경단체 • 도로용도폐지처분에 의하여 산책로를 이용할 이익을 침해받은 자 • 주택건설사업승인으로 문화재를 향유할 이익을 침해받은 자

(3) 협의의 소의 이익

① 협의의 소익은 사실심 변론종결시 뿐만 아니라 상고심에서도 존재하여야 한다. 따라서 상고심 계속 중 협의의 소익이 소멸하면(예 처분효력기간의 경과) 법원은 각하한다.

② 제재적 처분이 장래 처분의 가중요건이 되는 경우에는 당해 처분이 기간의 경과로 효력이 소멸되었다 하더라고 소의 이익이 있다.

③ 집행정지의 결정이 있는 경우에 당해 처분의 효력이 기간의 경과로 소멸되었다 하더라도 소의 이익이 있다.

④ **위법한 처분이 반복될 위험성이 있는 경우**

▷ 선행 임시이사 선임처분의 취소를 구하는 소송 도중에 선행 임시이사가 후행 임시이사로 교체되었다고 하더라도 여전히 선행 임시이사 선임처분의 취소를 구할 법률상 이익이 있다(대판 2007.7.19, 2006두19297 전원합의체).

▷ 수형자의 영치품에 대한 사용신청 불허처분 이후 원고인 수형자가 다른 교도소로의 이송되었다 하더라도 다시 이전 교도소로의 재이송 가능성이 있다면 처분의 취소를 구할 이익이 있다(대판 2008.2.14., 2007두13203).

⑤ **기타 회복될 이익이 있는 경우**

▷ 지방의회 의원에 대한 제명의결 취소소송 계속 중 의원의 임기가 만료되었어도 제명의결시부터 임기만료일까지의 기간에 대한 월정수당의 지급을 구할 수 있는 등 여전히 그 제명의결의 취소를 구할 법률상 이익이 있다(대판 2009.1.30, 2007두13487).

▷ 한국방송공사 사장 해임처분 무효확인 또는 취소소송 계속 중 임기가 만료되어 해임처분의 무효확인 또는 취소로 지위를 회복할 수는 없다고 할지라도, 그 무효확인 또는 취소로 해임처분일부터 임기만료일까지 기간에 대한 보수 지급을 구할 수 있는 경우에는 해임처분의 무효확인 또는 취소를 구할 법률상 이익이 있다(대판 2012.2.23, 2011두5001).

⇨ 고등학교졸업학력검정고시에 합격하였다 하여 고등학교 학생으로서의 신분과 명예가 회복될 수 없는 것이니 퇴학처분을 받은 자로서는 퇴학처분의 위법을 주장하여 그 취소를 구할 소송상의 이익이 있다(대판 1992.7.14, 91누4737).

협의의 소의 이익을 인정한 판례
---

① 서울대학교 불합격처분의 취소를 구하는 소송계속중 당해연도의 입학시기가 지난 경우
② 고등학교 퇴학처분을 받은 자가 비록 고등학교졸업학력검정고시에 합격하였다고 하여도 그 퇴학처분을 다투는 경우
③ 징계처분으로서 감봉처분이 있은 후 공무원의 신분이 상실된 경우에도 위법한 감봉처분의 취소가 필요한 경우
④ 해임처분 무효확인 또는 취소소송 계속 중 임기가 만료되어 해임처분의 무효확인 또는 취소로 지위를 회복할 수는 없다고 할지라도, 그 무효확인 또는 취소로 해임처분일부터 임기만료일까지 기간에 대한 보수 지급을 구할 수 있는 경우
⑤ 제명의결 취소소송 계속 중 임기가 만료되어 제명의결의 취소로 지방의회 의원으로서 그 지위를 회복할 수 없는 자가 월정수당을 지급받아야 할 경우
⑥ 일반사면이 있었다고 할지라도 일반사면으로는 파면처분으로 이미 상실된 원고의 공무원 지위가 회복될 수는 없으므로 파면처분의 위법을 주장하여 그 취소를 구하는 경우
⑦ 행정처분의 효력이 경과하였다고 하더라도 그 처분을 받은 전력이 장래에 불이익하게 취급되는 것으로 법률상의 가중요건으로 되어 있고 그 이후에 법정가중요건에 따라 새로운 제재적인 행정처분이 내려진 경우
⑧ 선행 임시이사 선임처분의 취소를 구하는 소송 도중에 선행 임시이사가 후행 임시이사로 교체되었다고 하더라도 여전히 선행 임시이사 선임처분의 취소를 구하는 경우

3. 피고적격

행정소송법 제13조 [피고적격]
① 취소소송은 다른 법률에 특별한 규정이 없는 한 그 처분등을 행한 행정청을 피고로 한다. 다만, 처분등이 있은 뒤에 그 처분등에 관계되는 권한이 다른 행정청에 승계된 때에는 이를 승계한 행정청을 피고로 한다.
② 제1항의 규정에 의한 행정청이 없게 된 때에는 그 처분등에 관한 사무가 귀속되는 국가 또는 공공단체를 피고로 한다.

① 피고인 행정청에는 입법·사법기관은 물론 법령에 의하여 행정권한의 위임 또는 위탁을 받은 행정기관, 공공단체 및 그 기관 또는 사인이 포함된다(대판 1992.11.27, 92누3618).
  ⇨ • **독임제 행정청** : 장관, 처장, 청장경찰서장, 소방서장 등, 지방자치단체의 장, 권한을 위임받은 행정기관
  • **합의제 행정청** : 공정거래위원회, 토지수용위원회, 방송위원회 → 장이 아니라 합의제 행정청 자체가 피고가 된다.
  • **저작원심의조정위원회**가 행한 저작권 등록처분 무효확인소송 → 저작권심의조종위원회가 피고
② **합의제 행정청 중에서 "장"을 피고로 하는 경우**
  ⇨ • 중앙노동위원회의 처분 → '중앙노동위원회위원장'
  • 중앙해양안전심판원의 재결에 관한 소 → '중앙심판원장'
  • 7급 지방공무원 신규임용시험 불합격처분 → 시·도 인사위원회 위원장

합의제 행정청이 피고적격	합의제 행정청의 장이 피고적격
• 공정거래위원회 • 토지수용위원회 • 행정심판위원회 • 공무원소청심사위원회 • 국민권익위원회 • 금융위원회 • 방송위원회 • 저작권심의조정위원회 • 감사원	• 중앙노동위원회의 처분 　- 중앙노동위원회위원장 • 중앙해양안전심판원의 재결 　- 중앙해양안전심판원장 • 지방공무원 신규임용시험 불합격결정 　- 시·도 인사위원회 위원장

③ 공법인(공법상 사단, 공법상 재단, 영조물 법인)도 국가나 지방자치단체의 사무를 위임받아 행위하는 범위 내에서 '행정청'이 되며 항고소송의 피고적격을 갖는다.
　⇨ 항고소송의 피고도 공법인이지 그 대표자는 아니다.
④ 공무수탁사인 국가나 지방자치단체의 사무를 위임받아 행위하는 범위 내에서 '행정청'이 된다.
　⇨ 공무수탁사인은 행정주체이면서 행정청이 되므로 항고소송 뿐만 아니라 당사자소송에서도 피고가 될 수 있다.
⑤ **처분적 조례에 대한 항고소송** ⇨ 지방자치단체의 장, 교육에 관한 조례인 경우 교육감
⑥ **지방의회의원에 대한 징계의결, 의장에 대한 불신임의결, 지방의회의장선거** ⇨ 지방의회
⑦ 처분 등을 행한 행정청을 피고로 하여야 하므로 실체법상 정당한 권한이 있는지는 피고적격을 정함에 있어 고려할 사항이 아니다.
⑧ **처분청과 통지한 자가 다른 경우**에는 처분청이 피고가 된다.
　⇨ • 인천광역시장의 사업장폐쇄명령처분을 인천광역시 북구청장이 통지한 경우 : 인천광역시장
　　• 국무회의에서 건국훈장 독립장 서훈취소를 의결하고 대통령이 결재함으로써 서훈취소가 결정된 후 국가보훈처장이 통보한 경우 : 대통령
⑨ **권한의 위임·위탁이 있는 경우**
　⇨ 실제로 처분을 한 수임청·수탁청이 피고
　　• 세무서장의 공매권한 위임에 의한 성업공사의 체납재산 공매 → 성업공사가 피고
　　• 서울특별시장으로부터 이주대책수립권한을 위임 받은 SH공사의 이주대책 → SH공사가 피고
　　• 국가로부터 통행료 징수권한을 위임받은 한국도로공사의 통행료징수 → 한국도로공사
⑩ **내부위임의 경우**
　⇨ 위임청이 피고. 단, 내부위임을 받은 수임기관이 자신의 이름으로 권한을 행사하는 경우에는 실제로 처분을 한 수임행정청이 피고
⑪ **권한의 대리의 경우**
　⇨ 대리관계를 밝히고 처분한 경우 : 피대리행정청이 피고
　⇨ 대리관계를 밝히지 않고 자신의 명의로 처분을 한 경우 : 처분명의자인 당해 대리행정청이 피고
　⇨ 대리권을 수여받은 데 불과하여 그 자신의 명의로는 행정처분을 할 권한이 없는 행정청의 경우 대리관계를 밝힘이 없이 그 자신의 명의로 행정처분을 하였다면 그에 대하여는 처분명의자인 당

해 행정청이 항고소송의 피고가 되어야 하는 것이 원칙이지만, <u>비록 대리관계를 명시적으로 밝히지는 아니하였다 하더라도</u> 처분명의자가 피대리 행정청 산하의 행정기관으로서 실제로 피대리 행정청으로부터 대리권한을 수여받아 피대리 행정청을 대리한다는 의사로 행정처분을 하였고 <u>처분명의자는 물론 그 상대방도 그 행정처분이 피대리 행정청을 대리하여 한 것임을 알고서 이를 받아들인 예외적인 경우에는 피대리 행정청이 피고가 되어야 한다</u>(대판 2006.2.23, 2005부4).

⑫ **공무원에 대한 징계처분** 등
- 공무원등에 대한 공무원에 대하여 징계처분, 강임·휴직·직위해제 또는 면직처분, 그 밖에 본인의 의사에 반한 불리한 처분이나 부작위에 관한 대통령의 처분 또는 부작위의 경우에는 소속 장관이 피고
- 경찰공무원에 대한 징계는 경찰청장 또는 해양경찰청장이 피고

⑬ **특별법에 의한 예외**
- 대법원장이 행한 처분 ⇨ 법원행정처장이 피고
- 헌법재판소장이 행한 처분 ⇨ 헌법재판소 사무처장이 피고
- 국회의장이 행한 처분 ⇨ 국회사무총장이 피고
- 중앙선거관리위원회위원장의 처분 또는 부작위 ⇨ 중앙선거관리위원회사무총장이 피고

Ⅳ 피고경정

① <u>원고가 피고를 잘못 지정한 때</u>에는 법원은 <u>원고의 신청에</u> 의하여 결정으로써 피고의 경정을 허가할 수 있다. ⇨ 원고가 피고를 잘못지정한 경우 법원으로서는 석명권을 행사하여 원고로 하여금 이를 시정할 기회를 주어야 하고, 그러한 기회를 주지 않고 바로 각하시키면 안된다. ⇨ 피고경정 신청을 각하하는 결정에 대하여는 즉시항고할 수 있다.
② 피고경정결정이 있는 경우 새로운 피고에 대한 소송은 처음에 소를 제기한 때에 제기된 것으로 보고 피고경정결정이 있은 때에는 종전의 피고에 대한 소송은 취하된 것으로 본다.
③ <u>취소소송이 제기된 후</u>에 그 처분등에 관계되는 권한이 다른 행정청에 승계되어 <u>승계행정청을 피고로 하는 경우</u>와 행정청이 없게 되어 그 처분등에 관한 사무가 귀속되는 <u>국가 또는 공공단체를 피고로 하게 되는 경우</u> 법원은 <u>당사자의 신청 또는 직권</u>에 의하여 피고를 경정한다.
④ 피고를 잘못 지정한 것이 원고의 고의나 중과실에 의한 경우에도 피고경정이 허용된다.
⑤ 피고경정은 사실심변론 종결시까지 허용
⑥ 소의 변경이 있는 경우에도 피고경정을 인정된다.

V. 소송참가

1. 의의
① 소송의 계속중에 소송 외의 제3자가 타인 사이의 소송의 결과에 따라 자기의 법률상 지위에 영향을 미치게 될 경우에 자기의 이익을 위하여 그 소송절차에 참가하는 것
② 항고소송, 당사자소송, 민중소송, 기관소송에서도 소송참가 가능
③ 소송참가는 판결선고 전까지 가능 ⇨ 상고심에서도 참가할 수 있다.

2. 제3자 소송참가

제16조 [제3자의 소송참가]
① 법원은 소송의 결과에 따라 권리 또는 이익의 침해를 받을 제3자가 있는 경우에는 당사자 또는 제3자의 신청 또는 직권에 의하여 결정으로써 그 제3자를 소송에 참가시킬 수 있다.
② 법원이 제1항의 규정에 의한 결정을 하고자 할 때에는 미리 당사자 및 제3자의 의견을 들어야 한다.
③ 제1항의 규정에 의한 신청을 한 제3자는 그 신청을 각하한 결정에 대하여 즉시항고할 수 있다.
⇨ ※ 참가를 허가한 결정에 대하여는 당사자 및 제3자 모두 독립하여 불복할 수 없다.

① 소송의 결과에 따라 권리 또는 이익의 침해를 받을 자에는 취소판결의 형성력 그 자체에 의하여 직접 권리 또는 이익을 침해 받는 경우뿐만 아니라, 판결의 기속을 받는 피고 행정청이나 관계행정청의 새로운 처분에 의하여 권리 이익을 침해받게 되는 경우도 포함.
② 원고·피고 어느 쪽으로도 참가할 수 있다.
　⇨ 행정청의 소송참가는 피고 행정청을 위해서만 참가할 수 있음과 다름
③ 행정소송 사건에서 참가인이 한 보조참가는 행정소송법 제16조가 규정한 제3자의 소송참가에 해당하지 아니하더라도, 민사소송법상 보조참가의 요건을 갖춘 경우 허용된다.
　⇨ 공정거래위원회가 명한 시정조치에 대하여 그 취소 등을 구하는 행정소송에서 당해 시정조치가 사업자의 상대방에 대한 특정행위를 중지·금지시키는 것을 내용으로 하는 경우, 그 행위의 상대방은 그 판결로 법률상 지위가 결정된다고 볼 수 있으므로 그는 위 행정소송에서 공정거래위원회를 보조하기 위하여 보조참가를 할 수 있다(대결 2013.7.12. 2012무84).
④ 소송참가인은 공동소송적 보조참가
　⇨ 참가인은 독립하여 상소하는 등 피참가인의 행위와 저촉되는 행위를 할 수 있다.
　⇨ 다만 소송참가인은 소송의 당사자는 아니므로 소송을 종결시키는 행위는 할 수 없다.
　⇨ 판결의 효력은 소송참가자에게도 미친다. 다만 소송참가자는 판결확정 후 재심의 소는 제기할 수 없다.

3. 행정청의 소송참가

행정소송법 제17조 [행정청의 소송참가]
① 법원은 다른 행정청을 소송에 참가시킬 필요가 있다고 인정할 때에는 당사자 또는 당해 행정청의 신청 또는 직

권에 의하여 결정으로써 그 행정청을 소송에 참가시킬 수 있다.
② 법원은 제1항의 규정에 의한 결정을 하고자 할 때에는 당사자 및 당해 행정청의 의견을 들어야 한다.

① 피고 행정청을 위하여 참가할 수 있을 뿐, 원고측에 참가하는 것은 허용되지 않는다.
② 참가허가의 결정에 대하여는 당사자나 참가행정청 모두 불복할 수 없다.
③ 참가행정청은 소송에 관하여 공격, 방어, 이의, 상소 기타 일체의 소송행위를 할 수 있지만 피참가인의 소송행위와 저촉되는 소송행위는 할 수 없다.

VI. 취소소송의 대상(처분 등)

1. 의의

① 취소소송은 처분등을 대상으로 한다. 다만, 재결취소소송의 경우에는 재결 자체에 고유한 위법이 있음을 이유로 하는 경우에 한한다.
② 처분 등이라 함은 행정청이 행하는 구체적 사실에 관한 법집행으로서의 공권력의 행사 또는 그 거부와 그 밖에 이에 준하는 행정작용 및 행정심판에 대한 재결을 말한다.

2. 거부처분이 취소소송의 대상이 되기 위한 요건(신청권의 존재)

① 국민의 적극적 신청행위에 대하여 행정청이 그 신청에 따른 행위를 하지 않겠다고 거부한 행위가 항고소송의 대상이 되는 행정처분에 해당하는 것이라고 하려면, 그 신청한 행위가 공권력의 행사 또는 이에 준하는 행정작용이어야 하고, 그 거부행위가 신청인의 법률관계에 어떤 변동을 일으키는 것이어야 하며, 그 국민에게 그 행위발동을 요구할 법규상 또는 조리상의 신청권이 있어야 한다(대판 2009.9.10, 2007두20638).
② 거부처분의 처분성을 인정하기 위한 전제요건이 되는 신청권의 존부는 구체적 사건에서 신청인이 누구인가를 고려하지 않고 관계 법규의 해석에 의하여 일반 국민에게 그러한 신청권을 인정하고 있는가를 살펴 추상적으로 결정되는 것이고, 신청인이 그 신청에 따른 단순한 응답을 받을 권리를 넘어서 신청의 인용이라는 만족적 결과를 얻을 권리를 의미하는 것은 아니므로, 국민이 어떤 신청을 한 경우에 그 신청의 근거가 된 조항의 해석상 행정발동에 대한 개인의 신청권을 인정하고 있다고 보이면 그 거부행위는 항고소송의 대상이 되는 처분으로 보아야 하고, 구체적으로 그 신청이 인용될 수 있는가 하는 점은 본안에서 판단하여야 할 사항이다(대판 2009.9.10, 2007두20638).

3. 경정처분의 경우

(1) 증액경정처분

① 증액경정처분은 당초 처분과 증액되는 부분을 포함하여 전체로서 하나의 과세표준과 세액을 다시 결정하는 것이어서 당초 처분은 증액경정처분에 흡수되어 독립된 존재가치를 상실하고 오직 증액

경정처분만이 쟁송의 대상이 된다(대판 2004.2.13. 2002두9971).
② 증액경정처분이 있는 경우 당초처분은 증액경정처분에 흡수되어 소멸하고, 소멸한 당초처분의 절차적 하자는 존속하는 증액경정처분에 승계되지 아니한다(대판 2010.6.24. 2007두16493).
③ 증액경정처분은 당초 처분과 증액되는 부분을 포함하여 전체로서 하나의 과세표준과 세액을 다시 결정하는 것이어서 당초 처분은 증액경정처분에 흡수되어 독립된 존재가치를 상실하고 오직 증액경정처분만이 쟁송의 대상이 되어 납세의무자로서는 증액된 부분만이 아니라 당초 처분에서 확정된 과세표준과 세액에 대하여도 그 위법 여부를 다툴 수 있는 것이지만, 증액경정처분이 (세금부과의)제척기간 도과 후에 이루어진 경우에는 증액부분만이 무효로 되고 제척기간 도과 전에 있었던 당초 처분은 유효한 것이므로, 납세의무자로서는 그와 같은 증액경정처분이 있었다는 이유만으로 당초 처분에 의하여 이미 확정되었던 부분에 대하여 다시 위법 여부를 다툴 수는 없다고 보아야 한다(대판 2004.2.13. 2002두9971).

(2) 감액경정처분

감액된 당초처분이 취소소송의 대상이 된다(대판 2009.5.28. 2006두16403).

4. 항고소송의 대상이 되는 처분에 대한 판례

처분성 긍정		처분성 부정
농지개량조합의 임직원 근무관계	공법인의 내부관계	• 서울특별시지하철공사 임직원에 대한 징계처분 • 한국조폐공사의 직원에 대한 징계처분 • 공무원및사립학교교직원의료보험관리공단 직원의 근무관계
• 처분적 법령·고시 • 일반처분 • 보건복지부 고시인 약제급여·비급여목록 및 급여상한금액표 • 정부 간 항공노선의 개설에 관한 잠정협정 및 비밀양해각서와 건설교통부 내부지침에 의한 항공노선에 대한 운수권배분처분	행정입법	• 일반적·추상적 법령
• 도시계획법상 도시계획결정 • 도시재개발법상의 관리처분계획 • 택지개발촉진법상의 택지개발예정지구지정 및 택지개발사업시행자에 대한 택지개발계획 승인	행정계획	• 도시계획법상 도시기본계획 • 하수도법상 하수정비기본계획 • 도시개발법상 환지계획
• 산업재해보상법상 장애등급결정[15지방9급] • 근로기준법상 평균임금결정 • 공토법상 사업인정 • 표준지공시지가·개별공시지가 • 공정거래위원회의 경고의결	내부행위 · 중간행위	• 과세표준결정 • 징계위원회의 결정 • 국가보훈처의 보훈심사위원회의 의결 • 국가유공자 신체검사판정 • 군의관의 신체등위판정 • 공정거래위원회의 고발조치 • 정부투자기관에 대한 예산편성지침통보 • 대학입시기본계획 내의 내신성적산정지침

처분성 긍정		처분성 부정
		• 서울특별시의 "철거민에 대한 시영아파트 특별분양개선지침" • 운전면허 행정처분처리대장상 벌점의 배점 • 해양수산부장관의 항만 명칭결정 • 경찰공무원시험승진후보자명부에서 삭제 • 한국자산공사의 재공매(입찰)결정 및 공매통지
• 원자력법상 부지사전승인제도	부분승인	
• 건축주명의변경신고거부처분 • 지목변경신청반려행위 • 건축물대장용도변경신청거부처분	공부상 기재행위	• 지적도, 임야도, 토지대장, 임야대장 등의 지적공부 • 자동차운전면허대장 • 온천발견자 명의변경
• 주민등록법상 전입신고 미수리처분 • 건축계획심의신청에 대한 반려처분 • 도시계획구역 내 토지 소유자의 도시계획 입안에 대한 거부행위 • 문화재보호구역 내 토지 소유자의 문화재보호구역 지정해제 신청에 대한 행정청의 거부행위 • 금강수계 중 상수원 수질보전을 위하여 필요한 지역의 토지소유자의 매수신청에 대한 유역환경청장의 매수거부행위 • 행정청의 착공신고 반려행위 • 학력인정 학교형태의 평생교육시설의 설치자 명의변경 신청에 대한 행정청의 거부처분 • 대학교원의 신규채용에 있어서 유일한 면접심사 대상자로 선정된 임용지원자에 대한 교원신규채용 중단조치 • 택지개발촉진법에 따른 사업시행을 위하여 토지 등을 제공한 자가 특별분양을 요구한 데 대한 거부	거부처분	• 도시계획 변경신청 거부행위 • 국토이용계획변경신청에 대한 거부행위 • 재개발 사업지구 내 토지 등의 소유자의 재개발 사업계획 변경신청에 대한 불허통지 • 서울특별시의 철거민에 대한 시영아파트 분양불허 의사표시 • 당연퇴직된 공무원의 복직 또는 재임용신청에 대한 행정청의 거부행위
• 부담	행정행위의 부관	• 부담을 제외한 부관
	확약	
• 거부처분은 반복된 거부처분도 됨 • 침익적 처분의 경우 최초의 처분	반복된 행위	• 행정대집행법상 2차, 3차계고 • 국세징수법상 2차 독촉
• 서울교육대학장의 학생에 대한 퇴학처분	특별행정법 관계	
• 행정재산의 사용허가 • 무단점유자에 대한 변상금부과처분	국공유 재산	• 국공유의 일반재산의 매각대부 등 사경제적 행위에 대한 거부처분 • 기부채납 부동산의 사용허가기간 연장신청 거부행위

• 국가인권위원회의 성희롱결정과 시정조치권고 • 공정거래위원회의 '표준약관 사용권장 행위'	경고 · 권고	• 한국전력공사가 전기공급의 적법 여부를 조회한 데 대한 관할 구청장의 회신 • 세무당국이 소외 회사에 대하여 원고와의 주류거래를 일정기간 중지하여 줄 것을 요청한 행위
• 금융기관의 임원에 대한 금융감독원장의 문책경고 • 행정규칙에 의한 '불문경고조치'	징계처분	• 공무원이 소속 장관으로부터 받은 서면에 의한 경고
• 교도소재소자에 대한 이송조치 • 교육감이 학교법인에 대한 감사 실시 후 시정조치에 대한 결과를 보고하도록 한 경우 • 구청장이 사회복지법인에 특별감사 결과 지적사항에 대한 시정지시와 그 결과를 관계서류와 함께 보고하도록 지시한 경우	권력적 사실행위 비권력적 사실행위	• 영업시간 준수촉구 • 건축법에 따른 단전요청
• 구 교통안전공단법상 분담금 납부통지 • 과세관청의 소득처분에 따른 소득금액변동통지	통지 · 고지	• 당연퇴직사유에 따른 퇴직발령 • 국세환급금결정이나 그 결정을 구하는 신청에 대한 환급거부결정 • 국세징수법상 가산금 또는 중가산금의 고지
• 건축신고 반려행위 또는 수리거부행위 • 착공신고 반려행위	신고	• 자기완결적 신고에 대한 수리 또는 거부
	행정소송 이외의 특별한 불복절차	• 검사의 공소제기 • 금융감독위원회의 파산신청 • 과태료처분 • 이행강제금 부과처분 ⇨ 비송사건절차법에 의한 특별한 불복절차가 마련되어 있는 경우만 (ex 농지법)
• 종합유선방송사업승인거부처분 • 지방의회의 의원징계의결 • 지방의회의 의장선임의결 • 지방의회 의장에 대한 불신임의결 • 세무조사결정 • 과세관청이 체납처분으로서 하는 공매[13국가7급] • 정보통신윤리위원회가 특정 인터넷사이트를 청소년유해매체물로 결정한 행위 • 친일반민족행위자재산조사위원회의 재산조사개시결정 • '민주화운동관련자 명예회복 및 보상 심의위원회'의 보상금 등의 지급 대상자에 관한 결정 • 국토의 계획 및 이용에 관한 법률상 토지거래허가구역의 지정 • 대한주택공사가 시행한 택지개발사업 및 이에 따른 이주대책에 관한 처분	기타	• 혁신도시 최종입지선정행위 • 부가가치세법상 과세관청의 사업자등록 직권 말소행위 • 사립학교 교원에 대한 학교법인의 해임처분 • 금융감독위원회의 부실금융기관에 대한 파산 신청 • 법무법인의 공정증서 작성행위 • 신고납세방식의 조세에 있어서 과세관청이 납세의무자의 신고에 따라 세액을 수령하는 것(대판 1997.7.22. 96누8321) [17국가7급] • 감사원의 징계 요구와 재심의결정(대판 2016.12.27. 2014두5637)

VII 재결에 대한 항고소송

1. 원처분주의

2. 재결이 항고소송의 대상이 되는 경우

(1) 재결자체에 고유한 위법이 있을 때

① '재결 자체에 고유한 위법'이란 그 재결자체에 주체, 절차, 형식 또는 내용상의 위법이 있는 경우를 의미하므로 원처분의 위법을 이유로 재결의 취소를 구할 수는 없다.

② 각하재결의 경우 심판청구가 부적법하지 않음에도 실체심리를 하지 아니한 채 각하한 경우에는 실체심리를 받을 권리를 박탈당한 것이므로 재결에 고유한 하자가 있어 이러한 경우 재결은 취소소송의 대상이 된다(대판 2001.7.27, 99두2970).

③ 기각재결은 원칙적으로 원처분을 대상으로 다투어야 하고 기각재결에 대하여 내용상의 위법을 주장하여 제소할 수 없다.

④ **예외적으로 기각재결을 다툴 수 있는 경우**
 - 불고불리의 원칙에 반하여 심판청구의 대상이 되지 아니한 사항에 대하여 재결을 한 경우
 - 불이익변경금지의 원칙에 위반하여 원처분보다 청구인에게 불리한 재결을 한 경우
 - 사정재결을 한 경우에 공공복리에 대한 판단을 잘못한 경우

⑤ 통상의 경우에는 인용재결에 대하여 불복할 이유도, 그 취소 등을 구할 이익도 없다.

⑥ **예외적으로 인용재결을 다툴 수 있는 경우**
 - 행정심판의 제기요건을 결여하였음에도 불구하고 각하하지 아니하고 인용재결을 한 경우
 - 제3자효를 수반하는 행정행위에 대하여 인용재결

⑦ 재결에 대한 취소소송에서 재결 자체에 고유한 위법이 없는 경우에는 원처분의 당부와는 상관없이 당해 재결취소소송은 이를 **기각하여야 한다**(대판 1994.1.25, 93누16901).

3. 재결주의를 취하는 경우

(1) 감사원의 재심의판정(재결주의)

감사원의 변상판정처분에 대하여서는 행정소송을 제기할 수 없고, 재결에 해당하는 재심의 판정에 대하여서만 감사원을 피고로 하여 행정소송을 제기할 수 있다(대판 1984.4.10, 84누91).

(2) 중앙노동위원회의 재심판정(재결주의)

중앙노동위원회 재심처분에 대한 행정소송은 원처분인 지방노동위원회의 처분이 아니라 중앙노동위원회의 재심판정을 대상으로 행정소송을 제기하여야 한다.

(3) 특허심판원의 심결(재결주의)

특허출원에 대한 심사관의 거절사정에 대하여 행정소송을 제기할 수 없고, 특허심판원에 심판청구를 한 후 그 심결을 소송대상으로 하여 특허법원에 심결취소를 구하는 소를 제기하여야 한다(특허법 제186조 등).

VIII 제소기간

행정소송법 제20조 [제소기간]
① 취소소송은 처분등이 있음을 안 날부터 90일 이내에 제기하여야 한다. 다만, 제18조 제1항 단서(필요적 행정심판전치주의)에 규정한 경우와 그 밖에 행정심판청구를 할 수 있는 경우 또는 행정청이 행정심판청구를 할 수 있다고 잘못 알린 경우에 행정심판청구가 있은 때의 기간은 재결서의 정본을 송달받은 날부터 기산한다. ⇨ 불변기간
② 취소소송은 처분등이 있은 날부터 1년(제1항 단서의 경우는 재결이 있은 날부터 1년)을 경과하면 이를 제기하지 못한다. 다만, 정당한 사유가 있는 때에는 그러하지 아니하다. ⇨ 불변기간 아님

① 제소기간은 법원의 직권조사사항
② 둘 중 하나의 기간이라도 경과되면 안됨

1. 처분 등이 있음을 안 날로부터 90일

(1) '처분 등이 있음을 안 날'의 의미

'처분 등이 있음을 안 날'이란 당해 처분의 존재를 현실적으로 알게 된 날을 의미하며 추상적으로 알 수 있었던 날을 의미하는 것은 아니다.
⇨ 아직 외부적으로 성립하지 않은 처분이나, 상대방 있는 행정처분이 상대방에게 통지되지 않은 경우 등은 비록 원고가 그 내용을 어떠한 경로를 통하여 알게 되었다 하더라도 제소기간이 진행될 수 없다(대판 1977.11.22, 77누195).
⇨ 구체적인 내용이나 위법 여부까지 알아야 하는 것은 아니다(대판 1991.6.28, 90누6521).

(2) 불특정 다수인에 대한 고시·공고의 경우

고시 또는 공고가 있었다는 사실을 현실적으로 알았는지 여부에 관계없이 고시가 효력을 발생하는 날에 행정처분이 있음을 알았다고 보아야 하고, 그 날로부터 90일 이내에 제기하여야 한다(대판 2006.4.14, 2004두3847).

(3) 특정인에 대한 행정처분을 주소불명 등의 이유로 송달할 수 없어 관보 등에 공고한 경우

공고가 효력을 발생하는 날에 상대방이 그 행정처분이 있음을 알았다고 볼 수는 없고, 상대방이 당해 처분이 있었다는 사실을 현실적으로 안 날에 그 처분이 있음을 알았다고 보아야 한다(대판 2006.4.28, 2005두14851).

(4) 행정심판을 거친 경우에는 재결서의 정본을 송달받은 날부터 90일 이내

처분이 있음을 안 날부터 90일 이내에 행정심판을 청구하지도 않고 취소소송을 제기하지도 않은 경우에는 그 후 제기된 취소소송은 제소기간을 경과한 것으로서 부적법하고, 처분이 있음을 안 날부터 90일을 넘겨 청구한 부적법한 행정심판청구에 대한 재결이 있은 후 재결서를 송달받은 날부터 90일 이내에 원래의 처분에 대하여 취소소송을 제기하였다고 하여 취소소송이 다시 제소기간을 준수한 것으로 되는 것은 아니다(대판 2011.11.24, 2011두18786).

(5) 행정심판법상 불고지·오고지에 대한 규정은 취소소송에는 적용되지 않는다.

① 행정청이 법정 심판청구기간보다 긴 기간으로 잘못 알린 경우에 그 잘못 알린 기간 내에 심판청구가 있으면 그 심판청구는 법정 심판청구기간 내에 제기된 것으로 본다는 취지의 행정심판법 제27조 제5항의 규정은 행정심판 제기에 관하여 적용되는 규정이지, 행정소송 제기에도 당연히 적용되는 규정이라고 할 수는 없다(대판 2001.5.8, 2000두6916).

② 이미 제소기간이 지남으로써 불가쟁력이 발생하여 불복청구를 할 수 없었던 경우라면 그 이후에 행정청이 행정심판청구를 할 수 있다고 잘못 알렸다고 하더라도 이러한 경우에 잘못된 안내에 따라 청구된 행정심판 재결서 정본을 송달받은 날부터 다시 취소소송의 제소기간이 기산되는 것은 아니다(대판 2012.9.27, 2011두27247).

2. 처분 등이 있은 날로부터 1년

(1) 상대방이 있는 처분의 경우

(가) 원칙

특별한 규정이 없는 한 의사표시의 일반적 법리에 따라 그 행정처분이 상대방에게 고지되어 효력이 발생한 날을 말한다.

(나) 예외 : 정당한 사유가 있는 경우

정당한 사유"란 불확정 개념으로서 그 존부는 사안에 따라 개별적, 구체적으로 판단하여야 하나 민사소송법 제160조의 "당사자가 그 책임을 질 수 없는 사유"나 행정심판법 제18조 제2항 소정의 "천재, 지변, 전쟁, 사변 그 밖에 불가항력적인 사유"보다는 넓은 개념이라고 풀이되므로, 제소기간도과의 원인 등 여러 사정을 종합하여 지연된 제소를 허용하는 것이 사회통념상 상당하다고 할 수 있는가에 의하여 판단하여야 한다(대판 1991.6.28, 90누6521).

3. 제소기간 준수 여부의 기준시점

(1) 원칙 - 소 제기시를 기준

(2) 소변경의 경우

① 소의 종류의 변경(또는 청구의 변경)의 경우 ⇨ 처음의 소가 제기된 때를 기준

② 처분의 변경으로 인한 소의 변경 ⇨ 처음의 소가 제기된 때를 기준

③ 청구취지의 변경의 경우 ⇨ 소의 변경이 있은 때를 기준

⇨ 다만 선행처분의 취소를 구하는 소가 그 후속처분의 취소를 구하는 소로 교환적으로 변경되었다가 다시 선행처분의 취소를 구하는 소로 변경된 경우 후속처분의 취소를 구하는 소에 선행처분의 취소를 구하는 취지가 그대로 남아 있었던 것으로 볼 수 있다면 선행처분의 취소를 구하는 소의 제소기간은 최초의 소가 제기된 때를 기준으로 정하여야 한다(대판 2013.7.11, 2011두27544).

④ 소의 추가적 병합의 경우

⇨ 원칙적으로 병합된 소의 제소기간은 추가병합신청이 있은 때를 기준

⇨ 무효확인의 소에 그 처분의 취소를 구하는 소를 추가적으로 병합한 경우에는 주된 청구인 무효

확인의 소가 적법한 취소송 제소기간 내에 제기되었다면 추가적으로 병합된 취소소송도 적법하게 제기된 것으로 본다(대판 205.12.23. 2005두3554).

(3) 경정처분의 경우
① 감액처분 ⇨ 감액된 당초 처분을 기준으로 판단(대판 2012.9.27, 2011두27247)
② 증액처분 ⇨ 증액변경된 처분을 기준으로 판단

(4) 위헌결정으로 인하여 비로소 취소소송을 제기할 수 있게 된 경우
처분 당시에는 취소소송의 제기가 법제상 허용되지 않아 소송을 제기할 수 없다가 위헌결정으로 인하여 비로소 취소소송을 제기할 수 있게 된 경우, 객관적으로는 '위헌결정이 있은 날', 주관적으로는 '위헌결정이 있음을 안 날' 비로소 취소소송을 제기할 수 있게 되어 이때를 제소기간의 기산점으로 삼아야 한다(대판 2008.2.1, 2007두20997).

(5) 조세심판에서 재결청의 재조사결정에 따른 행정소송
⇨ 후속처분의 통지를 받은 날(대판 2010.6.25, 2007두12514 전원합의체)

IX 행정심판전치주의

1. 원칙 – 임의적 행정심판 전치주의
취소소송은 법령의 규정에 의하여 당해 처분에 대한 행정심판을 제기할 수 있는 경우에도 이를 거치지 아니하고 제기할 수 있다.

2. 예외 – 필요적 행정심판 전치주의(예외적 전치주의)
다른 법률에 당해 처분에 대한 행정심판의 재결을 거치지 아니하면 취소소송을 제기할 수 없다는 규정이 있는 때에는 행정심판을 필요적으로 거쳐야 한다.

(1) 개별법 상 필요적 행정심판 전치주의
(가) 조세소송의 전치절차
① 이의신청
⇨ 과세처분에 불복하여 세무서장에게 하거나 세무서장을 거쳐 관할 지방국세청장에게 이의신청을 할 수 있다.
⇨ 국세기본법상 이의신청은 임의적 절차이므로 반드시 거쳐야 하는 것은 아니다.
② 심사청구나 심판청구 둘 중의 하나는 반드시 거쳐야 하는 필요적 행정심판이다.
⇨ 심사청구 – 세무서장을 거쳐 국세청장에게 하는 심사청구
⇨ 심판청구 – 국무총리 소속 조세심판원을 통한 심판청구

③ 감사원에 대한 심사청구

세법에 따른 처분으로서 위법 또는 부당한 처분을 받은 자가 감사원법에 따라 심사청구를 한 처분이나 그 심사청구에 대한 처분이 있은 경우에는 국세기본법에 따른 심사청구 또는 심판청구를 거친 것으로 보고 행정소송을 제기할 수 있다(동법 제56조 제4항).

(나) 공무원 징계처분에 대한 소청심사

(다) 도로교통법 상 운전면허취소·정지처분

(2) 필요적 행정심판전치주의가 적용되는 영역

① 필요적 행정심판전치주의는 취소소송과 부작위위법확인소송에만 적용되고 무효등확인소송에는 적용되지 않는다. ⇨ 다만 무효선언을 구하는 취소소송은 그 형식이 취소소송이므로 행정심판전치주의가 적용된다.

② 필요적 행정심판전치주의는 당사자소송에는 적용되지 않는다.

③ 소의 변경이 이루어진 경우 변경되는 처분은 행정심판전치의 요건을 구비한 것으로 본다.

3. 행정심판전치의 충족시점

행정소송 제기시에는 행정심판전치주의의 요건이 충족되지 않더라도 사실심변론종결시까지 행정심판전치요건을 충족하면 된다.

4. 행정심판의 적법성과 충족여부

① 행정심판청구는 적법한 것이어야 한다.
  ⇨ 부적법한 행정심판청구는 행정심판을 거치지 않은 것으로 본다.

② 부적법한 행정심판을 각하하지 않고 본안에 대한 재결을 한 경우
  ⇨ 여전히 부적법한 행정심판청구이다.

③ 적법한 행정심판청구를 각하한 재결
  ⇨ 적법한 행정심판 청구를 행정심판위원회가 각하한 경우에는 행정심판전치의 요건을 충족한 것으로 본다.
  ⇨ 심판청구가 적법함에도 실체심리를 하지 아니한 채 각하한 경우에는 재결에 고유한 하자가 있는 경우에 해당하여 재결은 취소소송의 대상이 된다(대판 2001.7.27, 99두2970).

5. 행정심판과 행정소송의 관련성 정도

(1) 행정심판의 청구인과 취소소송의 원고가 반드시 동일인일 필요는 없다.

⇨ 행정소송의 원고가 행정심판 청구인과 동일한 지위에 있거나 그 지위를 승계한 경우에는 원고 자신이 행정심판을 거치지 아니한 경우에도 그 행정소송은 적법(대판 1988.2.23., 87누704)

⇨ 동일한 행정처분에 공동의 법률적 이해관계를 갖는 공동권리자 1인이 적법한 행정심판을 거친 경우에는 다른 이해관계인은 행정심판을 경유함이 없이 바로 행정소송을 제기할 수 있다(대판 1986.10.14, 83누584).

(2) 행정심판의 대상인 처분과 소송의 대상인 처분은 원칙적으로 동일하여야 한다.
⇨ 단 행정심판의 청구원인과 취소소송의 청구원인이 반드시 일치할 필요는 없고, 기본적인 점에서 동일성이 있으면 족하다(대판 1987.7.7, 85누393).

(3) 행정심판절차에서 주장하지 않았던 위법사유를 소송에서 새로 주장할 수 있다.
⇨ 행정소송이 전심절차를 거쳤는지 여부를 판단함에 있어서 전심절차에서의 주장과 행정소송에서의 주장이 전혀 별개의 것이 아닌 한 그 주장이 반드시 일치하여야 하는 것은 아니고, 당사자는 전심절차에서 미처 주장하지 아니한 사유를 공격방어방법으로 제출할 수 있다(대판 1999.11.26, 99두9407).

6. 필요적 행정심판의 완화

행정심판은 제기하되 재결까지 기다릴 필요가 없는 경우(제18조 제2항)	행정심판의 제기 없이 바로 행정소송을 제기할 수 있는 경우(제18조 제3항)
① 행정심판청구가 있은 날로부터 <u>60일</u>이 지나도 재결이 없는 때 ② 처분의 집행 또는 절차의 속행으로 생길 <u>중대한 손해를 예방</u>하여야 할 긴급한 필요가 있을 때 ③ 법령의 규정에 의한 행정심판기관이 의결 또는 <u>재결을 하지 못할 사유</u>가 있는 때 ④ 그 밖의 <u>정당한 사유</u>가 있는 때	① 동종사건에 대하여 이미 행정심판의 기각재결이 있은 때 ② 서로 내용상 관련되는 처분 또는 같은 목적을 위하여 단계적으로 진행되는 처분 중 어느 하나가 이미 행정심판의 재결을 거친 때 ③ 행정청이 사실심의 변론종결 후 소송의 대상인 처분을 변경하여 당해 <u>변경된 처분</u>에 관하여 소를 제기하는 때 ④ 처분을 행한 행정청이 행정심판을 거칠 필요가 없다고 잘못 알린 때

X 소의 변경

1. 소(訴)종류의 변경

(1) 유형

- 취소소송 ⇒ 당사자소송, 무효등확인소송, 부작위위법확인소송
- 무효등확인소송 ⇒ 취소소송, 당사자소송, 부작위위법확인소송
- 부작위위법확인소송 ⇒ 취소소송, 당사자소송, 무효등확인소송
- 당사자소송 ⇒ 취소소송, 무효등확인소송, 부작위위법확인소송

(2) 요건

행정소송법 제21조 [소의 변경]
① <u>법원</u>은 취소소송을 당해 처분등에 관계되는 사무가 귀속하는 국가 또는 공공단체에 대한 <u>당사자소송 또는 취소</u>

소송외의 항고소송으로 변경하는 것이 상당하다고 인정할 때에는 청구의 기초에 변경이 없는 한 사실심의 변론종결시까지 원고의 신청에 의하여 결정으로써 소의 변경을 허가할 수 있다.
⇨ 원고의 신청이 있어야 한다. 법원이 직권으로 할 수 없다.
⇨ 소의 변경을 허가하는 결정이 있으면, 새로운 소는 소의 변경시가 아닌 처음에 소를 제기한 때에 제기된 것으로 보며, 종전의 피고에 대한 소송은 취하된 것으로 본다.

② 제1항의 규정에 의한 허가를 하는 경우 피고를 달리하게 될 때에는 법원은 새로이 피고로 될 자의 의견을 들어야 한다.
③ 제1항의 규정에 의한 허가결정에 대하여는 즉시항고할 수 있다.
⇨ 불허가결정에 대하여는 독립하여 불복할 수 없고 종국판결에 대한 상소로써만 다툴 수 있다(대판 1992.9.27, 92누5096).

2. 처분변경으로 인한 소의 변경

행정소송법 제22조 [처분변경으로 인한 소의 변경]
① 법원은 행정청이 소송의 대상인 처분을 소가 제기된 후 변경한 때에는 원고의 신청에 의하여 결정으로써 청구의 취지 또는 원인의 변경을 허가할 수 있다.
⇨ 예컨대 영업허가취소처분을 영업정지처분으로 변경한 경우
⇨ 법원이 직권으로 변경할 수 없고 원고의 신청이 있어야 한다.
⇨ 처분변경으로 인한 소의 변경은 취소소송, 무효등확인소송 및 당사자소송에서 인정된다. 그러나 부작위위법확인소송의 경우에는 처음부터 처분이 없으므로 처분의 변경으로 인한 소의 변경은 인정되지 않는다.
② 제1항의 규정에 의한 신청은 처분의 변경이 있음을 안 날로부터 60일 이내에 하여야 한다.
③ 제1항의 규정에 의하여 변경되는 청구는 제18조 제1항 단서(필요적 행정심판전치)의 규정에 의한 요건을 갖춘 것으로 본다.

3. 기타 민사소송법에 의한 소의 변경

① 행정소송법에 규정된 소의 변경 뿐만 아니라 민사소송법에 따라 청구의 기초에 변경이 없는 범위 안에서 사실심의 변론종결 시까지 청구의 취지 또는 원인을 변경할 수 있다.
⇨ 일부취소를 전부취소로 변경하는 것
② 항고소송을 민사소송으로, 민사소송을 항고소송으로 변경하는 것도 허용된다(대판 1999.11.26, 97다42250).
⇨ 원고가 고의 또는 중대한 과실 없이 행정소송으로 제기하여야 할 사건을 민사소송으로 잘못 제기한 경우 수소법원으로서는 만약 그 행정소송에 대한 관할도 동시에 가지고 있는 경우라면, 행정소송으로서의 전심절차 및 제소기간을 도과하였거나 행정소송의 대상이 되는 처분 등이 존재하지도 아니한 상태에 있는 등 행정소송으로서의 소송요건을 결하고 있음이 명백하여 행정소송으로 제기되었더라도 어차피 부적법하게 되는 경우가 아닌 이상, 원고로 하여금 항고소송으로 소 변경을 하도록 하여 그 1심법원으로 심리·판단하여야 한다(대판 1999.11.26, 97다42250).

XI 취소소송 제기의 효과

1. 중복제소금지
이미 법원에 소송이 계속되어 있는 사건에 대하여 당사자는 다시 소를 제기하지 못한다.

2. 집행부정지의 원칙

행정소송법 제23조 [집행정지]
① 취소소송의 제기는 처분등의 효력이나 그 집행 또는 절차의 속행에 영향을 주지 아니한다.
② 취소소송이 제기된 경우에 처분등이나 그 집행 또는 절차의 속행으로 인하여 생길 회복하기 어려운 손해를 예방하기 위하여 긴급한 필요가 있다고 인정할 때에는 본안이 계속되고 있는 법원은 당사자의 신청 또는 직권에 의하여 처분등의 효력이나 그 집행 또는 절차의 속행의 전부 또는 일부의 정지(이하 "집행정지"라 한다)를 결정할 수 있다. 다만, 처분의 효력정지는 처분등의 집행 또는 절차의 속행을 정지함으로써 목적을 달성할 수 있는 경우에는 허용되지 아니한다.
③ 집행정지는 공공복리에 중대한 영향을 미칠 우려가 있을 때에는 허용되지 아니한다.
④ 제2항의 규정에 의한 집행정지의 결정을 신청함에 있어서는 그 이유에 대한 소명이 있어야 한다.
⑤ 제2항의 규정에 의한 집행정지의 결정 또는 기각의 결정에 대하여는 즉시항고할 수 있다. 이 경우 집행정지의 결정에 대한 즉시항고에는 결정의 집행을 정지하는 효력이 없다.
⑥ 제30조 제1항의 규정(취소판결의 기속력)은 제2항의 규정에 의한 집행정지의 결정에 이를 준용한다.

제24조 [집행정지의 취소]
① 집행정지의 결정이 확정된 후 집행정지가 공공복리에 중대한 영향을 미치거나 그 정지사유가 없어진 때에는 당사자의 신청 또는 직권에 의하여 결정으로써 집행정지의 결정을 취소할 수 있다.
② 제1항의 규정에 의한 집행정지결정의 취소결정과 이에 대한 불복의 경우에는 제23조제4항 및 제5항의 규정을 준용한다.

(1) 적용범위
① 집행부정지의 원칙은 취소소송과 무효등확인소송이 제기된 경우에 가능하고, **부작위위법확인소송, 당사자소송에는 적용되지 않는다.**
② 감사원의 재심의 판결에 행정소송에서는 그 효력을 정지하는 가처분결정은 할 수 없다.

(2) 요건
① 본안소송이 적법하게 계속 중일 것
   ⇨ 소송제기 전에 집행정지만 먼저 신청을 할 수 없다. 다만 본안소송 제기와 동시에 할 수는 있다.
   ⇨ 항소심과 상고심에서도 할 수 있다.
   ⇨ 과세처분취소를 본안으로 한 체납처분의 집행정지, 체납처분절차에 있어서의 압류처분취소를 본안으로 하는 공매절차의 속행정지 등과 같이 선행처분과 후행처분이 목적을 달리하는 별개의 처분이라도 선행처분의 취소소송을 본안으로 하여 후행처분의 효력, 집행 또는 절차의 속행을 정지할 수 있다.

⇨ 본안의 소가 취하되면 별도의 집행정지 취소결정을 할 필요 없이 집행정지의 결정은 당연히 실효된다.

② 처분 등의 존재하여야 한다.
⇨ 따라서 집행정지가 허용될 수 있는 본안소송은 취소소송과 무효등확인소송이며 부작위위법확인소송은 제외된다.
⇨ 거부처분의 효력정지는 그 거부처분으로 인하여 신청인에게 생길 손해를 방지하는 데에 아무런 소용이 없어 그 효력정지를 구할 이익이 없다.
⇨ 부관 중 부담은 그 자체가 독립된 행정행위로서의 성질을 가지므로 집행정지의 대상이 된다.
⇨ 권력적 사실행위는 집행정지의 대상이 될 수 있다.
⇨ 영업정지처분 중 일정기간에 대한 효력정지와 같이 처분의 일부에 대한 집행정지도 가능하다.

③ 신청인 적격과 신청이 이익이 있을 것
⇨ 철거집행이 완료된 뒤의 계고처분의 집행정지와 같이 이미 집행이 완료되어 회복이 불가능한 경우에는 집행정지신청은 신청의 이익이 없다.
⇨ 경쟁 항공회사에 대한 국제항공노선면허처분이 효력정지되면 행정청으로부터 항공법상의 전세운항계획에 관한 인가를 받아 취항할 수 있게 되는 지위를 가지게 된다는 점만으로는 위 면허처분의 효력정지를 구할 수 있는 법률상 이익이 있다고 할 수 없다(대결 2000.10.10, 2000무17).
⇨ 미결수용 중 다른 교도소로 이송된 피고인이 법원의 이송처분효력정지결정에 의하여 이송처분이 있기 전과 같은 교도소로 다시 이송되어 수용중이라 하더라도 효력정지신청의 이익이 있다(대결 1992.8.7, 92두30).

④ 회복하기 어려운 손해발생의 우려
⇨ 금전으로 보상할 수 없는 손해를 의미

⑤ 손해를 예방할 긴급한 필요성
⇨ 이상의 집행정지의 적극적 요건에 관한 주장·소명책임은 원칙적으로 신청인측에 있다.

⑥ 공공복리에 중대한 영향을 미칠 우려가 없을 것
⇨ 집행정지의 소극적 요건에 대한 주장·소명책임은 행정청에게 있다.

⑦ 본안청구의 이유 없음이 명백하지 않을 것
⇨ 집행정지의 소극적 요건이므로 주장·소명책임은 행정청에게 있다.

(3) 집행정지결정의 효력

(가) 형성력

① 집행정지결정 중 효력정지결정은 효력 그 자체를 정지시키는 것으로 행정처분이 없었던 원래상태와 같은 상태를 가져온다. ⇨ 운전면허정지처분에 대한 집행정지결정이 있은 뒤, 본안에서 원고패소판결이 확정되더라도 무면허운전이 되는 것은 아니다.

② 정지결정에 위배된 행정청의 후속행위들은 무효이다. 그러나 집행정지 결정 전에 이미 집행된 부분에 대해서는 영향을 미치지 않는다.
⇨ 영업정지처분을 받고도 법원의 집행정지 결정이 있기 전에 영업을 한 이상 그 후 법원에서 집행

정지 결정이 내려지고 본안소송에서 그 처분이 위법함을 이유로 취소되었다 하더라도 원래의 영업정지 처분이 당연무효의 하자를 가지고 있는 처분이 아닌 한 그 영업정지기간 중에 영업하였음을 사유로 한 영업허가취소처분은 당연무효가 아니다(대판 1995.11.24, 95누9402).

(나) 기속력
집행정지결정은 당해 사건에 관하여 당사자인 행정청과 그 밖의 관계행정청을 기속하므로 행정청은 동일한 행위를 반복할 수 없다.

(다) 대인적 효력
제3자효 있는 행정행위의 경우에는 제3자에게까지 효력을 미친다.

(라) 시간적 효력
① 집행정지결정의 대상인 처분의 발령시점에 소급하는 것이 아니라, 집행정지결정시점부터 발생한다.
② 집행정지결정의 효력이 소멸하면 당초처분의 효력이 부활한다.

(4) 민사집행법을 준용하여 가처분을 할 수 있는지 여부
대법원과 통설과 같이 민사집행법상의 가처분 규정의 준용을 부정한다.

XII 취소소송의 심리

1. 요건심리

(1) 소송요건의 존부를 판정하는 기준시점
⇨ 사실심 변론종결시 기준
⇨ 따라서 소송요건은 제소 당시 갖추지 않아도 변론종결시까지 보완하면 그 흠결은 치유된다.
⇨ 그러나 제소당시 소송요건을 충족하여도 변론종결시 소송요건이 결여되면 각하판결을 내린다.

(2) 소송요건은 법원의 직권조사사항이다.
사실심에서 변론종결시까지 당사자가 주장하지 않던 직권조사사항에 해당하는 사항을 상고심에서 비로소 주장하는 경우 그 직권조사사항에 해당하는 사항은 상고심의 심판범위에 해당한다(대판 2004.12.24, 2003두15195).

2. 본안심리

(1) 불고불리의 원칙
⇨ 당사자의 청구범위를 넘어서 심리·재판할 수 없다.

(2) 처분권주의

소송의 개시, 소송물의 특정 및 소송의 종료 등에 대하여 당사자가 처분권을 가지고 이들에 관하여 자유로이 결정할 수 있는 원칙

(3) 변론주의원칙 예외적 직권탐지주의 보충

① 변론주의 ⇨ 판결에 기초가 되는 사실과 증거의 수집을 당사자의 책임으로 하는 원칙
직권탐지주의(직권심리주의) ⇨ 법원이 판결에 중요한 사실을 당사자의 신청여부와 관계없이 직접 조사할 수 있는 원칙

② 행정소송법 제26조에서 "법원은 필요하다고 인정할 때에는 직권으로 증거조사를 할 수 있고, 당사자가 주장하지 아니한 사실에 대하여도 판단할 수 있다."는 의미

⇨ 이는 행정소송의 특수성에 연유하는 당사자주의, 변론주의에 대한 일부 예외 규정일 뿐 법원이 아무런 제한 없이 당사자 주장하지 아니한 사실을 판단할 수 있는 것은 아니고, 일건 기록에 현출되어 있는 사항에 관하여서만 직권으로 증거조사를 하고 이를 기초로 하여 판단할 수 있을 따름이고, 그것도 법원이 필요하다고 인정할 때에 한하여 청구의 범위내에서 증거조사를 하고 판단할 수 있을 뿐이다(대판 1994.10.11, 94누4820).

⇨ 행정소송에서 기록상 자료가 나타나 있다면 당사자가 주장하지 않았더라도 판단할 수 있다(대판 2010.2.11, 2009두18035).

⇨ 처분청이 공무수행과 사이에 인과관계가 없다는 이유로 국가유공자 비해당결정을 한 데 대하여 법원이 그 인과관계의 존재는 인정하면서 직권으로 본인 과실이 경합된 사유가 있다는 이유로 그 처분이 정당하다고 판단하는 것은 행정소송법이 허용하는 직권심사주의의 한계를 벗어난 것으로서 위법하다(대판 2013.8.22, 2011두26589).

⇨ 법원의 석명권 행사는 당사자의 주장에 모순된 점이 있거나 불완전·불명료한 점이 있을 때에 이를 지적하여 정정·보충할 수 있는 기회를 주고, 계쟁 사실에 대한 증거의 제출을 촉구하는 것을 그 내용으로 하는 것으로, 당사자가 주장하지도 아니한 법률효과에 관한 요건사실이나 독립된 공격방어방법을 시사하여 그 제출을 권유함과 같은 행위를 하는 것은 변론주의의 원칙에 위배되는 것으로 석명권 행사의 한계를 일탈하는 것이 된다(대판 2001.1.16, 99두8107).

(4) 구술심리주의

(5) 공개주의

재판의 심리와 판결은 공개한다. 다만 심리는 국가의 안전보장·안녕질서 또는 선량한 풍속을 해할 우려가 있는 때에는 결정으로 이를 공개하지 아니할 수 있다.

(6) 주장책임

① 당사자는 자기에게 유리한 주요사실을 주장하지 않으면, 그 사실이 없는 것으로 취급되어 불이익을 받게 된다.
② 취소소송에서 직권조사사항을 제외하고는 그 취소를 구하는 자가 위법사유에 해당하는 구체적인 사실을 먼저 주장하여야 한다(대판 2000.3.23, 98두2768).

(7) 입증책임

① 입증책임이란 소송상 일정한 사실의 존재여부가 확정되지 않은 경우에 불리한 법적 판단을 받게 될 당사자 일방의 위험 내지 불이익

② 입증책임의 분배 – 법률요건분류설(통설)
- 권한의 존재를 주장하는 자 ⇨ 권한행사규정의 요건사실을 입증
- 권한의 부존재를 주장하는 자 ⇨ 권한장애규정과 권한소멸규정의 요건사실을 입증

③ 적극적 처분의 취소를 구하는 소송(예 영업정지처분)
- 권한행사규정의 요건사실의 존재 ⇒ 그 처분권한 행사를 주장하는 자인 피고인 행정청
- 권한불행사규정(권한장애 또는 권한소멸규정)의 요건사실의 발생 ⇒ 그 처분권한의 불행사를 주장하는 원고

④ 거부처분의 취소를 구하는 소송(예 급부신청에 대한 거부처분)
- 권한행사규정의 요건사실의 존재 ⇒ 그 처분권한의 행사를 주장하는 원고
- 권한불행사규정 존재 ⇒ 그 처분권한의 불행사를 주장하는 피고인 행정청

⑤ 적법성 주장 ⇨ 피고 행정청
   위법성 주장 ⇨ 원고

⑥ 과세원인 및 과세표준, 세금금액 등 과세요건에 관한 입증책임 ⇨ 과세관청

⑦ 소송요건은 법원의 직권조사사항이지만 요건구비여부가 불분명하면 원고가 입증

(8) 처분사유의 추가·변경(처분이유의 사후변경)

① 행정청이 처분을 하면서 일단 처분사유를 밝힌 후 이에 대한 취소소송의 계속 중 그 처분의 적법성을 유지하기 위하여 처분당시에 처분 사유로 삼았던 것과는 다른 사유를 추가하거나 변경하는 것
   ⇨ A가 건축허가를 신청하였으나 소방기본법상 화재예방관련규정에 위반을 이유로 거부되자 A는 거부처분의 취소소송을 제기한 경우 소송절차에서 피고 행정청이 거부처분의 사유를 소방기본법상 비상구확보규정의 위반으로 변경하는 경우

② '**처분사유의 추가**' ⇨ 당초의 처분사유를 그대로 두고 새로운 사유를 추가하는 것
   '**처분사유의 변경**' ⇨ 당초의 처분사유에 대체하는 새로운 사유를 내세우는 교환적 변경

③ **행정소송법은 처분사유의 추가·변경에 대한 규정이 없다.**
   ⇨ 통설과 판례는 <u>기본적 사실관계의 동일성이 변경되지 않고 처분의 본질적 내용에 변화를 초래하지 않는 범위 내에서</u>, 원고의 권리방어가 침해되지 않는 한도내에서 이를 인정한다.
   ⇨ 처분청이 처분 당시 적시한 구체적 사실을 변경하지 아니하는 범위 내에서 **단지 처분의 근거 법령만을 추가·변경하는 것은 새로운 처분사유의 추가라고 볼 수 없으므로 이와 같은 경우에는 처분청이 처분 당시 적시한 구체적 사실에 대하여 처분 후 추가·변경한 법령을 적용하여 처분의 적법 여부를 판단하여도 무방하다.** 그러나 처분의 근거 법령을 변경하는 것이 종전 처분과 동일성을 인정할 수 없는 별개의 처분을 하는 것과 다름 없는 경우에는 허용될 수 없다(대판 2011.5.26, 2010두28106).

④ **기본적 사실관계의 동일성이 긍정되는 경우**
⇨ 자동차운송사업면허취소에서 명의이용금지위반과 직영운영을 하도록 한 면허조건 위반
⇨ 주택신축을 위한 산림형질변경허가신청에 대하여 행정청이 거부처분에서 준농림지역에서의 행위제한이라는 사유와 자연경관 및 생태계교란, 국토 및 자연의 유지와 환경보전 등 중대한 공익상 필요라는 사유
⇨ 토지형질변경 불허가처분에서 국립공원에 인접한 미개발지의 합리적 이용대책수립과 국립공원 주변의 환경·풍치·미관 등을 크게 손상시킬 우려가 있으므로 공공목적상 원형유지의 필요가 있는 곳으로서 형질변경허가 금지 대상이라는 사유
⇨ 액화석유가스판매사업허가신청에 대한 반려처분에서 허가기준 위반과 이격거리기준위반
⇨ 과세처분취소소송에서 과세대상을 이자소득에서 대금업에 의한 사업소득을 처분사유를 변경하는 것

⑤ **기본적 사실관계의 동일정이 부정된 경우**
⇨ 의료보험요양기관 지정취소처분에서 본인부담금수납대장을 비치하지 아니하였다는 사실과 보건복지부장관의 관계서류 제출명령에 위반하였다는 사실
⇨ 변상금부과처분에서 도로법에 근거하여 행정청의 점용허가를 받지 않고 도로를 점용하였다는 사실과 도로에 해당하지 않을 경우를 대비하여 구 국유재산법 제51조(일반재산 불법점거)로 근거법령을 변경하는 경우
⇨ 자동차매매업 불허가처분에서 기존공동사업장과의 거리제한규정 위반이라는 사실과 최소 주차용지에 미달한다는 사실
⇨ 세금부가처분에서 중기취득세의 체납과 자동차세 체납
⇨ 입찰자격제한처분에서 정당한 이유 없이 계약을 이행하지 않은 사실과 계약이행과 관련하여 관계공무원에게 뇌물을 주었다는 사실
⇨ 석유판매업허가신청에 대한 불허가처분에서 사업장소인 토지가 군사보호시설구역 내에 위치하고 있는 관할 군부대장의 동의를 얻지 못하였다는 사유와 토지는 탄약창에 근접한 지점에 위치하고 있어 공공의 안전과 군사시설의 보호라는 공익적인 측면을 추가하는 경우
⇨ 주류면허취소에서 무자료 주류판매 및 위장거래 항목을 근거로 한 면허취소처분사유와 무면허 판매업자에 대한 주류판매를 했다는 사실
⇨ 토석채취허가신청에 대한 반려처분에서 인근주민들의 동의서를 제출하지 아니하였다는 이유와 토석채취를 하게 되면 자연경관이 심히 훼손되고 암반의 발파시 생기는 소음, 토석운반차량의 통행시 일어나는 소음, 먼지의 발생, 토석채취장에서 흘러 내리는 토사가 부근의 농경지를 매몰할 우려가 있는 등 공익에 미치는 영향이 지대하고 이는 산림내토석채취사무취급요령 제11조 소정의 제한사유에도 해당된다는 사유

⑥ 처분사유의 추가·변경은 사실심변론종결시까지만 허용된다.
⑦ 추가사유나 변경사유는 처분 시에 객관적으로 존재하였던 사유이어야 하므로 처분이후 발생한 새로운 사실적·법적사유를 추가·변경할 수 없다.

(9) 위법성 판단시점 – 처분시의 법령 및 사실상태를 기준

XIII 취소소송의 판결

1. 판결의 종류

(1) 각하판결

(2) 기각판결

(3) 인용판결

(4) 사정판결

행정소송법 제28조 [사정판결]
① 원고의 청구가 이유있다고 인정하는 경우에도 처분등을 취소하는 것이 현저히 공공복리에 적합하지 아니하다고 인정하는 때에는 법원은 원고의 청구를 기각할 수 있다. 이 경우 법원은 그 판결의 주문에서 그 처분등이 위법함을 명시하여야 한다.
② 법원이 제1항의 규정에 의한 판결을 함에 있어서는 미리 원고가 그로 인하여 입게 될 손해의 정도와 배상방법 그 밖의 사정을 조사하여야 한다.
③ 원고는 피고인 행정청이 속하는 국가 또는 공공단체를 상대로 손해배상, 제해시설의 설치 그 밖에 적당한 구제방법의 청구를 당해 취소소송 등이 계속된 법원에 병합하여 제기할 수 있다.

① 사정판결을 할 수 있는 요건은 엄격하게 해석되어야 한다.
② 사정판결은 취소소송에서만 허용되며, **무효등확인소송 및 부작위위법확인 소송에서는 허용되지 않는다**.
③ 법원이 직권으로 사정판결을 할 수 있다.
④ 사정판결의 필요성은 **변론종결시를 기준**으로 한다.
⑤ 당사자의 명백한 주장이 없는 경우에도 법원이 직권으로 사정판결을 할 수 있으나, 사정판결의 필요성에 관한 주장 및 입증책임은 원칙적으로 피고인 행정청에 있다.
⑥ **소송비용은 피고의 부담**으로 한다.
⑦ 사정판결에 대해서는 원고 뿐만 아니라 피고도 상소할 수 있다.

2. 판결의 효력

(1) 불가변력(자박력) – 판결을 선고한 당해법원을 구속하는 효력
⇨ 판결이 확정되면 선고법원 자신도 판결이 내용을 취소·변경할 수 없다.

(2) 불가쟁력(형식적 확정력)
판결이 확정되면 더 이상 상소로써 다툴 수 없는 효력
형식적 확정력은 당사자와 이해관계자, 즉 법원의 판결에 불복할 수 있는 자에게 향한 효력이다.

(3) 기판력(실질적 확정력)

(가) 기판력의 의미
① 판결이 확정된 때에는 후에 소송당사자는 동일한 소송물을 대상으로 다시 소를 제기할 수 없고 전소의 확정판결의 내용에 반하는 주장을 할 수 없다.
② 후소법원은 전소법원의 판단에 모순·저촉되는 판단을 하지 못한다.
③ 취소판결의 기판력은 소송물로 된 행정처분의 위법성 존부에 관한 판단 그 자체에만 미치는 것이므로 전소와 후소가 그 소송물을 달리하는 경우에는 전소 확정판결의 기판력이 후소에 미치지 아니한다(대판 1996.4.26, 95누5820).
  ⇨ 다만 전소와 후소의 소송물이 동일하지 아니하여도 전소의 기판력 있는 법률관계가 후소의 선결적 법률관계가 되는 때에는 전소의 판결의 기판력이 후소에 미쳐 후소의 법원은 전에 한 판단과 모순되는 판단을 할 수 없다(대판 2000.2.25, 99다55472).

(나) 기판력의 주관적 범위
① 기판력은 당사자와 동일시 할 수 있는 그 승계인에게도 미친다.
② 제3자에게는 미치지 않는다. 그러나 행정소송법 제16조에 의한 소송참가를 한 제3자에게는 기판력이 미친다.
③ 기판력은 당해 처분이 귀속하는 국가 또는 공공단체에 미친다(대판 1998.7.24, 98다10854).

(다) 기판력의 객관적 범위
① 기판력은 인용판결뿐만 아니라 기각판결에 대해서도 인정된다.
② 기판력은 위법·적법이라는 판결주문에만 미치고 판결이유 중 사실인정과 판결이유에서 설시된 그 전제가 되는 법률관계의 존부에까지 미치지 않는다.
  ⇨ ※ 판결이유에 까지 효력이 미치는 기속력과 구별된다.

(라) 취소판결의 기판력이 무효등확인소송에 미치는지 여부

취소소송에서 기각판결을 받은 경우	취소소송에서 기각판결이 확정된 경우에는 처분의 하자가 없음이 확정된 것이므로, 그 기판력이 무효확인소송은 물론 처분이 무효임을 전제로 하는 부당이득반환의 민사소송에까지 미친다.
무효확인소송에서 기각판결을 받은 경우	무효확인소송에서 기각판결이 확정되었더라도 취소소송에는 기판력이 미치지 아니하여(취소는 가능하므로) 다른 제소요건을 갖추는 한 취소소송을 제기하는데 방해되지 않는다.

(마) 기판력의 시간적 범위
① 기판력은 사실심변론종결시를 기준으로 하여 발생
  ⇨ 확정된 종국판결은 그 기판력으로서 당사자가 사실심의 변론종결시를 기준으로 그때까지 제출하지 않은 공격방어방법은 그 뒤 다시 동일한 소송을 제기하여 이를 주장할 수 없다(대판 1992.2.25, 91누6108).
② 기판력의 존재는 법원이 직권조사하여 판단할 수 있고, 당사자도 확정판결의 존재를 사실심변론종결시까지 주장하지 아니하였다고 하더라도 상고심에서 새로이 이를 주장·입증할 수 있다.

(4) 형성력

① 판결의 형성력이란 판결의 취지에 따라 기존의 법률관계 또는 법률상태를 변동시키는 힘
  ⇨ 처분 등의 취소판결이 확정되면, 처분 등의 효력이 처분청의 별도의 행위를 기다릴 것 없이 **처분 시에 소급하여 소멸**되고, 당해 행정처분에 의해 형성된 기존의 법률관계나 법률상태에 변동을 가져온다.
  ⇨ 판결의 형성력은 기각판결에는 인정되지 않고 **인용판결에만 인정된다**.
② **행정소송법에 명문의 규정은 없다.** ⇨ 제3자효에 대해서만 규정있음

(5) 제3자효(대세효)

① 행정소송법에 명문규정 있다. ⇨ 취소판결의 형성력이 제3자에게도 미치는 효력
② 행정처분을 취소하는 확정판결이 제3자에 대하여도 효력이 있다는 의미는 취소판결 자체의 효력으로써 그 행정처분을 기초로 하여 새로 형성된 제3자의 권리까지 당연히 그 행정처분 전의 상태로 환원되는 것이라고는 할 수 없고, 단지 취소판결의 존재와 취소판결에 의하여 형성되는 법률관계를 소송당사자가 아니었던 제3자라 할지라도 이를 용인하지 않으면 아니된다는 것을 의미하는 것에 불과하다(대판 1986.8.19, 83다카2022). ⇨ 따라서 취소소송에서 승소한 자는 제3자를 상대로 별도의 소송 내지 청구를 하여야 한다.
③ 소송에 참가한 제3자 뿐만 아니라 모든 제3자에게 미친다.
  ⇨ 취소판결의 효력이 제3자에게도 미침으로 인하여 제3자가 불측의 손해를 입을 수 있으므로 행정소송법은 제3자의 소송참가(제16조) 및 제3자에 의한 재심청구(제31조) 규정을 두고 있다.
④ **집행정지결정 또는 집행정지결정의 취소결정에 준용 / 무효등확인소송과 부작위법확인소송에도 준용**된다(동법 제38조 제1항, 제2항).
  ⇨ **당사자소송에서는 준용되지 않는다.**

(6) 기속력

(가) 의의

① 처분 등을 취소하는 확정판결은 그 사건에 관하여 **당사자인 행정청과 그 밖의 관계행정청을 기속**한다.
② 기속력은 인용판결이 확정된 경우에 한하여 인정되고 기각판결에는 인정되지 않는다.
  ⇨ 따라서 취소소송이 기각되어 처분의 적법성이 확정된 이후에도 처분청은 당해 처분이 위법함을 이유로 직권취소할 수 있다.
③ 무효등확인소송과 부작위법확인소송 및 당사자소송에서도 기속력이 준용된다.
④ 기속력과 다른 특수효력을 보는 견해가 다수설
⑤ 판례는 기속력과 기판력을 혼용하고 있다.

⑥ 기속력과 기판력의 차이점

구분	기판력	기속력
성질	소송법상 구속력	실체법상 구속력
법적 근거	민사소송법 ⇒ 행정소송법에서 준용	행정소송법 제30조
적용판결	인용판결과 기각판결 모두에 인정	인용판결에만 인정됨
인적 범위	당사자와 후소법원	당사자인 행정청과 관계행정청
객관적 범위	판결주문에 표시된 처분의 위법성 또는 일반	판결주문과 판결이유 중에 적시된 개개의 위법사유
시간적 범위	사실심변론종결시	처분시

(나) 반복금지의무(소극적 효력)
① 행정청은 동일한 사실관계 아래에서 동일한 당사자에게 동일한 내용의 처분을 반복하여서는 안 된다.
② 기속력은 판결의 주문과 이유에서 적시된 개개의 위법사유에만 미치므로 <u>처분시에 존재한 다른 사유를 들어 동일한 내용의 처분을 하더라도 반복금지의무에 위반되지 않는다</u>.
③ <u>처분 이후의 사유</u>(예 법령 또는 사실관계의 변경)를 내세워 새로이 처분을 하는 경우에는 <u>반복의무금지에 위반되지 않는다</u>.
③ 처분이 <u>절차나 형식상의 하자를 이유로 취소된 후 처분청이 스스로 적시된 위법사유를 보완</u>한 후 동일한 내용의 처분을 하더라도 반복금지의무에 위반되지 않는다.
  ⇨ 종전 확정판결의 행정소송 과정에서 한 주장 중 처분사유가 되지 아니하여 판결의 판단대상에서 제외된 부분을 행정청이 그후 새로이 행한 처분의 적법성과 관련하여 새로운 소송에서 다시 주장하는 것은 확정판결의 기판력에 저촉되지 않는다(대판 1991.8.9. 90누7326).
  ⇨ 여러 법규 위반을 이유로 한 영업허가취소처분이 처분의 이유로 된 법규 위반 중 일부가 인정되지 않고, 나머지 법규 위반으로는 영업허가취소처분이 비례의 원칙에 위반된다고 취소된 경우에 판결에서 인정되지 않은 법규 위반사실을 포함하여 다시 영업정지처분을 내리는 것은 동일한 행위의 반복은 아니지만 판결의 취지에 반하므로 기속력에 위반된다.
  ⇨ 법규 위반을 이유로 내린 영업허가취소처분이 비례의 원칙 위반으로 취소된 경우에 동일한 법규 위반을 이유로 영업정치처분을 내리는 것은 기속력에 반하지 않는다.
  ⇨ 법규 위반사실이 없는 것을 이유로 영업허가취소처분이 취소된 경우 동일한 법규 위반을 이유로 영업정치처분을 내리는 것은 기속력에 반한다.
④ 기속력에 위반되는 처분은 당연무효사유가 된다.
  ⇨ 확정판결의 당사자인 처분행정청이 그 행정소송의 사실심 변론종결 이전의 사유를 내세워 다시 확정판결과 저촉되는 행정처분을 하는 것은 허용되지 않는 것으로서 이러한 행정처분은 그 하자가 중대하고도 명백한 것이어서 당연무효라 할 것이다(대판 1990.12.11. 90누3560).
⑤ 거부처분과 부작위위법확인소송의 기속력으로서의 재처분의무(적극적 효력)
  ⇨ 처분을 행한 행정청은 당사자의 신청없이 판결의 취지에 따라 다시 이전의 신청에 대한 처분을 하여야 한다.

⇨ 판결의 취지에 따라 다시 이전의 신청에 대한 처분을 하여야 한다는 의미는 원고가 신청한 내용대로 재처분을 한다는 것은 아니다. 따라서 취소된 거부처분과 다른 사유를 들거나 또는 거분처분사유에 존재하는 위법사유를 보완하여 다시 거부처분을 할 수 있다.

⇨ 거부처분을 실체법상의 위법사유에 기하여 취소하는 판결이 확정된 경우에는 당해 거부처분을 한 행정청은 원칙적으로 신청을 인용하는 처분을 하여야 하고, 사실심 변론종결 이전의 사유를 내세워 다시 거부처분을 하는 것은 확정판결의 기속력에 저촉되어 허용되지 아니한다(대판 2001.3.23, 99두5238).

⇨ 절차상 위법을 이유로 거부처분을 취소한 경우 처분 행정청은 그 확정판결의 취지에 따라 그 위법사유를 보완하여 다시 종전의 신청에 대한 거부처분을 할 수 있다.

⇨ 거부처분 후에 법령이 개정·시행된 경우에는 개정된 법령 및 허가기준을 새로운 사유로 들어 다시 이전의 신청에 대한 거부처분을 할 수 있으며 그러한 처분은 판결의 기속력에 위반되지 않는다(대결 1998.1.7, 97두22).

(다) 결과제거의무

명문의 규정은 없지만, 관계행정청은 처분의 취소판결 등이 있게 되면 **위법이 된 처분에 의하여 초래된 상태를 제거해야 할 의무**를 진다.

(라) 기속력의 주관적 범위(인적 효력범위)

당사자인 행정청뿐만 아니라 그 밖의 관계행정청에 미친다.

⇨ '그 밖의 행정청'이란 당해 판결에 의하여 취소된 처분을 기초로 하여 그와 관련되는 처분이나 부수하는 행위를 할 수 있는 모든 관련행정청을 총칭하는 것이다.

(마) 기속력의 객관적 범위

기속력은 기판력과 달리 **판결주문 및 그 전제로 요건사실의 인정과 효력의 판단, 즉 처분 등의 구체적 위법사유에 관한 판단에도 미친다**(대판 2005.12.9, 2003두7705).

(바) 기속력의 시간적 범위

처분 당시까지 존재하던 사유에 대해서만 미치고 그 이후에 생긴 사유에는 미치지 아니한다.

(사) 기속력 위반의 효과

취소판결이 확정된 후에 그 기속력에 위반하여 같은 사유에 의한 동일한 내용의 처분은 그 하자가 중대하고도 명백하여 당연무효이다(대판 1990.12.11, 90누3560).

(7) 집행력(간접강제)

행정소송법 제34조 [거부처분취소판결의 간접강제]
① 행정청이 제30조 제2항의 규정에 의한 처분을 하지 아니하는 때에는 제1심 수소법원은 <u>당사자의 신청에 의하여</u> 결정으로써 상당한 기간을 정하고 행정청이 그 기간내에 이행하지 아니하는 때에는 <u>그 지연기간에 따라 일정한 배상을 할 것을 명하거나 즉시 손해배상을 할 것을 명할 수 있다.</u>
② 제33조(소송비용에 관한 재판이 확정된 때에는 피고 또는 참가인이었던 행정청이 소속하는 국가 또는 공공단체에 그 효력을 미친다)와 민사집행법 제262조(채무자의 심문)의 규정은 제1항의 경우에 준용한다.

① 거부처분과 부작위위법확인소송에서만 인정 ⇨ **무효확인소송에서는 인정되지 않는다**.
② 간접강제의 결정은 변론 없이 할 수 있다. 다만, 결정하기 전에 채무자를 심문하여야 한다.
③ 거부처분에 대한 취소의 확정판결이 있음에도 행정청이 아무런 재처분을 하지 아니하거나, 재처분을 하였다 하더라도 그것이 종전 거부처분에 대한 취소의 확정판결의 기속력에 반하는 등으로 당연무효라면 이는 아무런 재처분을 하지 아니한 때와 마찬가지라 할 것이므로 이러한 경우에는 간접강제신청에 필요한 요건을 갖춘 것으로 보아야 한다(대결 2002.12.11. 2002무22).
④ 당사자의 신청이 있어야 하고 법원이 직권으로 간접강제할 수 없다.
⑤ 특별한 사정이 없는 한 간접강제결정에서 정한 의무이행기한이 경과한 후에라도 확정판결의 취지에 따른 재처분의 이행이 있으면 배상금을 추심함으로써 심리적 강제를 꾀할 목적이 상실되어 처분상대방이 더 이상 배상금을 추심하는 것은 허용되지 않는다(대판 2004.1.15. 2002두2444).
⑥ 간접강제신청에 관한 기각결정이나 인용결정에 대하여는 즉시항고할 수 있다.

3. 취소소송의 종료

① 종국판결의 확정
② 당사자의 소취하
③ 성질상 승계가 허용될 수 없는 소송에서 당사자의 사망
　⇨ 피고인 행정청이 없게 될 때에는 그 처분 등에 관한 사무가 귀속되는 국가 또는 공공단체가 피고가 되므로 소송은 종료되지 않는다.
④ 청구의 포기·인낙·화해에 의해서는 소송을 종료시킬 수 없다는 것이 다수설

4. 재심

① 확정된 종국판결에 재심사유에 해당하는 하자가 있는 경우에 판결을 한 법원에 대하여 그 판결의 취소와 사건의 재심사를 구하는 특별한 불복신청방법
② 소송의 당사자가 제기하는 일반적인 재심과 제3자에 의한 재심이 있다.

행정소송법 제31조 [제3자에 의한 재심청구]
① 처분등을 취소하는 판결에 의하여 권리 또는 이익의 침해를 받은 제3자는 자기에게 책임없는 사유로 소송에 참가하지 못함으로써 판결의 결과에 영향을 미칠 공격 또는 방어방법을 제출하지 못한 때에는 이를 이유로 확정된 종국판결에 대하여 재심의 청구를 할 수 있다.
② 제1항의 규정에 의한 청구는 확정판결이 있음을 안 날로부터 30일이내, 판결이 확정된 날로부터 1년 이내에 제기하여야 한다.
③ 제2항의 규정에 의한 기간은 불변기간으로 한다.

③ **재심을 청구할 수 있는 제3자는** 당해 소송당사자 이외의 자를 말하는 것으로 개인에 한하지 않고 **국가 또는 공공단체도 포함**된다.
　⇨ 재심의 피고는 확정판결에 나타난 원고와 피고를 공동으로 하여야 한다.
④ **무효등확인소송과 부작위위법확인소송에도 재심이 허용**된다.

CHAPTER 3 무효확인의 소

1. 개념

행정청의 처분 등의 효력 유무 또는 존재 여부를 확인하는 소송
⇨ 일반적으로 행정처분의 무효확인을 구하는 소에는 원고가 그 처분의 취소는 구하지 아니 한다고 밝히고 있지 아니하는 이상 그 처분이 만약 당연무효가 아니라면 그 취소를 구하는 취지도 포함된다 (대판 1987.4.28, 86누887).

2. 종류

① 처분 등의 무효확인소송·유효확인소송
② 처분 등의 존재확인소송·부존재확인소송
③ 처분 등의 실효확인소송

3. 성질

무효등확인소송은 항고소송의 성질과 확인소송의 성질을 아울러 갖는다.

4. 적용제외 사항

① 필요적 행정심판전치주의가 적용되지 않는다.
② 제소기간의 제한 없이 제기할 수 있다.
   ⇨ 행정처분의 당연무효를 선언하는 의미에서 그 취소를 구하는 행정소송을 제기하는 경우에는 전치절차와 그 제소기간의 준수 등 취소소송의 제소요건을 갖추어야 한다(대판 1987.6.9, 87누219).
   ⇨ 무효인 처분에 대하여 취소소송이 제기된 경우 취소소송제기요건이 구비되었다면 법원은 당해 소를 각하하여서는 아니되며, 무효를 선언하는 의미의 취소판결을 하여야 한다.
③ 사정판결을 할 수 없다.
④ 간접강제를 할 수 없다.

5. 소송대상

① 처분 등
② 법규범의 무효확인이나 문서의 진위 등의 사실관계의 확인은 무효등확인소송의 대상이 아니다.

6. 원고적격

(1) 법률상 이익이 있는 자

⇨ 행정소송법 제4조는 무효확인소송을 항고소송의 일종으로 규정하고 있고, 행정소송법 제38조 제1항에서는 처분 등을 취소하는 확정판결의 기속력 및 행정청의 재처분 의무에 관한 행정소송법 제30조를 무효확인소송에도 준용하고 있으므로 무효확인판결 자체만으로도 실효성을 확보할 수 있다. 따라서 즉시확정의이익이나 보충성은 요구되지 않는다.

⇨ 무효인 행정처분이 이미 집행된 경우(예 무효인 과세처분에 근거하여 세금을 납부한 경우)에 직접 그 위법상태를 제거하는 방법(예 납부된 세금의 반환을 위한 부당이득반환청구소송)이 존재하더라도, 바로 그 행정처분에 대해 무효등확인소송을 제기하는 것이 가능하다.

(2) 법률상 이익이 인정되는 경우

⇨ 도시환경정비사업에 대한 사업시행계획이 당연무효인 경우, 분양신청기간 내에 분양신청을 하지 않거나 분양신청을 철회하여 도시 및 주거환경정비법 제47조 등에 의하여 조합원의 지위를 상실한 토지 등 소유자에게도 관리처분계획의 무효확인 또는 취소를 구할 법률상 이익이 있다(대판 2011.12.8., 2008두18342).

⇨ 계급정년일자 확인의 소를 제기한 국가정보원 소속 공무원이 소의 계속중 상대방 주장의 계급정년일자가 도래하여 별도로 공무원지위의 확인을 구할 수 있다 하더라도 공무원지위의 확인 외에 계급정년의 확인을 구할 이익이 있다(대판 2007.2.8. 2005두7273).

⇨ 압류처분에 기한 압류등기가 경료되어 있는 경우에도 압류처분의 무효확인을 구할 이익이 있다(대판 2003.5.16. 2002두3669).

⇨ 사업양도·양수에 따른 허가관청의 지위승계신고의 수리는 적법한 사업의 양도·양수가 있었음을 전제로 하는 것이므로 그 수리대상인 사업양도·양수가 존재하지 아니하거나 무효인 때에는 수리를 하였다 하더라도 그 수리는 유효한 대상이 없는 것으로서 당연히 무효라 할 것이고, 사업의 양도행위가 무효라고 주장하는 양도자는 민사쟁송으로 양도·양수행위의 무효를 구함이 없이 막바로 허가관청을 상대로 하여 행정소송으로 위 신고수리처분의 무효확인을 구할 법률상 이익이 있다(대판 2005.12.23. 2005두3554).

(3) 법률상 이익이 부정되는 경우

⇨ 행정처분이 취소되면 그 처분은 효력을 상실하여 더는 존재하지 않는 것이고, 직권으로 취소된 처분에 관하여 무효확인을 구하는 소는 존재하지 않는 행정처분을 대상으로 하거나 과거의 법률관계의 효력을 다투는 것에 불과하므로 소의 이익이 없어 부적법하다(대판 2012.6.28. 2011두16865).

⇨ 이전고시가 효력을 발생하게 된 이후에는 조합원 등이 관리처분계획의 취소 또는 무효확인을 구할 법률상 이익이 없다고 봄이 타당하다(대판 2012.3.22. 2011두6400 전원합의체).

7. 피고적격

처분등을 행한 행정청

8. 제소기간

① 무효등확인소송은 취소소송의 제소기간에 관한 규정이 준용되지 않으므로 제소기간의 제한을 받지 아니한다.
⇨ 그러나 무효선언을 구하는 의미에서의 취소소송의 경우에는 취소소송의 제소기간을 지켜야 한다.
⇨ 행정처분의 무효확인을 구하는 소에는 특단의 사정이 없는 한 그 취소를 구하는 취지도 포함되어 있다고 보아야 하는 점 등에 비추어 볼 때, 동일한 행정처분에 대하여 무효확인의 소를 제기하였다가 그 후 그 처분의 취소를 구하는 소를 추가적으로 병합한 경우, 주된 청구인 무효확인의 소가 적법한 제소기간 내에 제기되었다면 추가로 병합된 취소청구의 소도 적법하게 제기된 것으로 봄이 상당하다(대판 2005.12.23, 2005두3554).

② 예외적 행정심판전치주의를 규정하고 있는 경우에도 제소기간의 적용을 받지 않는다.
⇨ 그러나 무효선언을 구하는 의미에서의 취소소송의 경우에는 행정심판전치주의의 요건을 갖추어야 한다.
⇨ 주위적 청구가 행정심판의 재결을 거칠 필요가 없는 무효확인소송이라 하더라도 병합 제기된 예비적 청구가 취소소송이라면 이에 대한 행정심판의 재결을 거치는 등으로 적법한 제소요건을 갖추어야 한다(대판 1994.4.29, 93누12626).

9. 소의 변경

① 무효등확인소송이나 부작위위법확인소송을 취소소송 또는 당사자소송으로 변경할 수 있다.
② 처분의 변경으로 인한 소의 변경도 허용된다.

10. 소제기의 효과

무효등확인소송이 제기되면 관련청구소송의 병합·이송(제10조), 집행부정지원칙(제23조)에 관한 취소소송의 규정이 무효등확인소송에도 준용된다(동법 제38조 제2항).

11. 소송의 심리

① 취소소송의 경우와 같다
② 행정심판기록제출명령제도(제25조), 직권탐지주의(제26조) 등이 준용된다.
③ 위법성 판단기준시점도 취소소송과 같이 처분시 기준

12. 입증책임

원고에게 그 행정처분이 무효인 사유를 주장·입증할 책임이 있다(대판 2000.3.23, 99두11851).

13. 소송의 판결

(1) 판결의 효력

취소소송의 경우와 같다. 기속력(제30조), 제3자효(제29조), 제3자의 소송참가(제16조), 제3자의 재심청구(제31조), 재처분의무 등이 준용된다(동법 제38조 제1항).

(2) 사정판결의 허용 여부

행정처분이 무효인 경우에는 존치시킬 효력이 있는 행정행위가 없기 때문에 행정소송법 제28조 소정의 사정판결을 할 수 없다(대판 1991.10.11, 90누9926).

(3) 간접강제 허용여부

행정소송법이 거부처분 취소소송의 간접강제를 준용하고 있지 않으므로 **거부처분에 대한 무효확인 판결은 간접강제의 대상이 되지 않는다**.

⇨ 따라서 행정처분에 대하여 무효확인 판결이 내려진 경우에는 그 행정처분이 거부처분인 경우에도 **행정청에 판결의 취지에 따른 재처분의무가 인정될 뿐** 그에 대하여 **간접강제까지 허용되는 것은 아니다**(대결 1998.12.24, 98무37).

	취소소송	무효등확인소송
제3자의 소송참가(제16조)	○	○
행정청의 소송참가(제17조)	○	○
행정심판전치주의(제18조)	○	×
소송의 대상(제19조)	○	○
제소기간의 제한(제20조)	○	×
소의 변경(제21조)	○	○
처분변경으로 인한 소의 변경(제22조)	○	○
집행부정지원칙 및 집행정지(제23조)	○	○
행정심판기록의 제출명령(제25조)	○	○
직권증거조사(제26조)	○	○
사정판결(제28조)	○	×
제3자효(제29조)	○	○
판결의 기속력(제30조)	○	○
제3자에 의한 재심청구(제31조)	○	○
판결의 간접강제(제34조)	○	×

CHAPTER 4 부작위 위법확인 소송

1. 개념

행정청이 <u>당사자의 신청</u>에 대해 <u>상당한 기간 내</u>에 일정한 <u>처분을 하여야 할 법률상 의무가 있음</u>에도 불구하고 이를 하지 아니하는 경우에 그 부작위가 위법하다는 것을 확인하는 소송.

⇨ 작위의무확인소송은 인정되지 않는다.

⇨ 부작위위법확인소송은 행정청이 아무런 응답을 하지 않는 것이 위법하다는 확인을 구하는 것이지, 원고의 신청을 인용하지 않는 것이 위법하다는 확인을 구하는 소송이 아니다.

⇨ 행정청이 상대방의 신청에 대하여 아무런 적극적 또는 소극적 처분을 하지 않고 있는 이상 행정청의 부작위는 그 자체로 위법하다고 할 것이고, 구체적으로 그 신청이 인용될 수 있는지 여부는 소극적 처분에 대한 항고소송의 본안에서 판단하여야 할 사항이라고 할 것이다(대판 2005.4.14, 2003두7590).

2. 성질

① 주관적 소송이다.
② 확인의 소이며, 그 판결은 확인판결이다.
③ 항고소송이다.

3. 적용법규

취소소송의 규정이 대부분 적용되지만 처분변경으로 인한 소의 변경(제22조), 집행정지(제23조), 사정판결(제28조)에 관한 규정은 부작위위법확인소송에 준용되지 않는다.

4. 소송의 대상

(1) 부작위

부작위 위법확인소송의 대상으로서의 부작위란 행정청이 <u>당사자의 신청</u>에 대하여 <u>상당한 기간 내</u>에 일정한 처분을 하여야 할 <u>법률상 의무</u>가 있음에도 불구하고 이를 하지 않는 것을 말한다.

⇨ 행정청의 직권발동을 촉구하는 데 불과한 신청, 비권력적 사실행위의 요구 또는 사경제적 계약의 체결요구에 대한 무응답은 부작위위법확인소송의 대상이 되지 않는다.

⇨ 부작위위법확인소송의 대상이 될 수 있는 것은 구체적 권리의무에 관한 분쟁이어야 하고 <u>추상적인 법령에 관하여 제정의 여부 등은</u> 그 자체로서 국민의 구체적인 권리의무에 직접적 변동을 초래하는 것이 아니어서 그 <u>소송의 대상이 될 수 없다</u>(대판 1992.5.8, 91누11261).

⇨ 형사본안사건에서 무죄가 선고되어 확정되었다면 형사소송법 제332조 규정에 따라 검사가 압수물을 제출자나 소유자 기타 권리자에게 환부하여야 할 의무가 당연히 발생한 것이고, 권리자의 환부

신청에 대한 검사의 환부결정 등 어떤 처분에 의하여 비로소 환부의무가 발생하는 것은 아니므로 피압수자나 기타 권리자가 민사소송으로 그 반환을 구함은 별론으로 하고 검사가 피압수자의 압수물 환부신청에 대하여 아무런 결정이나 통지도 하지 아니하고 있다고 하더라도 그와 같은 부작위는 현행 행정소송법상의 부작위위법확인소송의 대상이 되지 아니한다(대판 1995.3.10, 94누14018).

(2) 부작위의 성립요건

(가) 당사자의 신청권의 존재

신청인에게 법규상·조리상의 신청권이 존재해야 한다.

⇨ 행정청이 행한 공사중지명령의 상대방은 그 명령 이후에 그 원인사유가 소멸하였음을 들어 행정청에게 공사중지명령의 철회를 요구할 수 있는 조리상의 신청권이 있다(대판 2005.4.14, 2003두7590).

⇨ 4급 공무원이 당해 지방자치단체 인사위원회의 심의를 거쳐 3급 승진대상자로 결정되고 임용권자가 그 사실을 대내외에 공표까지 하였다면, 그 공무원은 승진임용에 관한 법률상 이익을 가진 자로서 임용권자에 대하여 3급 승진임용을 신청할 조리상의 권리가 있다(대판 2009.7.23, 2008두10560).

(나) 상당한 기간의 경과

행정소송의 대상인 부작위가 되기 위해서는 상당한 기간이 지나도 행정청이 아무런 처분을 하지 아니하여야 한다.

(다) 처분을 하여야 할 법률상 의무의 존재

법률상 의무는 명문의 규정에 의해 인정되는 경우 뿐만 아니라, 법령의 해석상 또는 조리상 인정되는 경우도 포함한다.

(라) 처분의 부존재

① 행정청이 당사자의 신청에 대하여 거부처분을 한 경우에는 항고소송의 대상인 위법한 부작위가 있다고 볼 수 없어 그 부작위위법확인의 소는 부적법하다(대판 1998.1.23, 96누12641).

② 법령에서 신청이 있은 뒤 일정기간 내 행정청의 결정이 없으면 신청이 인용된 것으로 본다거나 기각된 것으로 본다는 등 간주규정을 두고 있는 경우에는 처분이 있는 것으로 보아야 하므로, 부작위위법확인소송의 대상이 될 수 없다.

5. 원고적격

① 행정청에게 행정행위를 하여 줄 것을 요구할 수 있는 법규상·조리상의 신청권을 가진 자만이 원고적격을 가진다(대판 1995.4.28, 95누627).

② 부작위의 직접 상대방이 아닌 제3자라도 당해 행정처분의 부작위위법확인을 구할 법률상의 이익이 있는 경우에는 원고적격이 인정된다(대판 1995.6.30, 94누14230).

6. 소의 이익

① 소제기의 전후를 통하여 판결시까지 행정청이 그 신청에 대하여 적극 또는 소극의 처분을 함으로써 부작위상태가 해소된 때에는 소의 이익을 상실하게 되어 당해 소는 각하를 면할 수가 없는 것이다(대판 1990.9.25, 89누4758).

② 부동산경매사건의 최고가매수신고인이 경락기일에 경매법원에 제출할 목적으로 농지취득자격증명 발급신청을 하였으나 행정청의 적극적인 처분 없이 경락기일이 도과한 경우, 이러한 사실만으로 경매신고인이 부동산을 취득할 가능성이 전혀 없게 되었다고 단정할 수는 없으므로 신고인에게 부작위 위법확인을 구할 소의 이익이 있다(대판 1999.4.9, 98두12437).

7. 제소기간

① 행정심판을 거치지 않은 경우
  ⇨ 행정심판을 거치지 않은 경우에는 여전히 처분이 존재하지 않으므로 제소기간의 제한을 받지 않는다고 보아야 한다.
② 행정심판을 거친 경우
  ⇨ 행정심판을 거친 경우에는 처분이 존재하므로 제소기간에 관한 행정소송법 제20조의 규정이 준용되어 재결서의 정본을 송달받은 날부터 90일 이내에 또는 행정심판의 재결이 있은 날부터 1년 이내에 제기하여야 한다.
③ 부작위위법확인소송에서도 예외적 행정심판전치주의가 준용되므로 개별법에서 행정심판전치를 규정하고 있는 경우에는 행정심판을 거쳐야 한다(의무이행심판).
④ 당사자가 동일한 신청에 대하여 부작위위법확인의 소를 제기하였으나 그 후 소극적 처분이 있다고 보아 처분취소소송으로 소를 교환적으로 변경한 후 여기에 부작위위법확인의 소를 추가적으로 병합한 경우, 최초의 부작위위법확인의 소가 적법한 제소기간 내에 제기된 이상 그 후 처분취소소송으로의 교환적 변경과 처분취소소송에의 추가적 변경 등의 과정을 거쳤다고 하더라도 여전히 제소기간을 준수한 것으로 봄이 상당하다(대판 2009.7.23, 2008두10560).

8. 소제기의 효과

① 심리의무 / 중복제소금지
② 집행정지신청을 할 수 없다.

9. 소송의 심리

부작위 위법여부만을 심리한다(판례).
  ⇨ 행정청이 상대방의 신청에 대하여 아무런 적극적 또는 소극적 처분을 하지 않고 있는 이상 행정청의 부작위는 그 자체로 위법하다고 할 것이고, 구체적으로 그 신청이 인용될 수 있는지 여부는 소극적 처분에 대한 항고소송의 본안에서 판단하여야 할 사항이라고 할 것이다(대판 2005.4.14, 2003두7590).

10. 입증책임

① 신청을 하였을 것, 상당한 기간이 경과하였을 것, 법규상·조리상 신청권의 존재 등에 대하여는 원고가 입증
② 상당한 기간의 경과의 불가피성 내지 정당화 사유의 입증책임은 행정청

11. 위법성 판단의 기준시

취소소송과 무효등확인소송과는 달리 부작위위법확인소송의 경우에는 처분이 존재하지 않으므로 위법판단의 기준시를 그 성질상 판결시(사실심변론종결시)로 한다는 것이 통설이다.

12. 판결

부작위위법확인소송에서는 처분이 존재하지 않으므로 사정판결이 인정되지 않는다.

13. 판결의 효력

① 확인의 소이므로 형성력은 없다.
② 제3자효(제29조), 기속력(제30조), 간접강제(제34조) 등은 준용된다.
③ 재처분의무의 범위 ⇨ 판결의 취지에 따른 처분을 하면 족하고, 반드시 원고의 신청한 내용의 처분을 할 필요는 없다.

취소소송에 관한 규정 중 부작위위법확인소송에 준용

	취소소송	부작위위법 확인소송
피고의 경정(제14조)	○	○
공동소송(제15조)	○	○
제3자의 소송참가(제16조)	○	○
행정청의 소송참가(제17조)	○	○
행정심판전치주의(제18조)	○	○
제소기간의 제한(제20조)	○	○ (행정심판을 거치치 않은 경우에는 제소기간 제한 없음)
소의 변경(제21조)	○	○
처분변경으로 인한 소의 변경(제22조)	○	×
집행부정지원칙 및 집행정지(제23조)	○	×
행정심판기록의 제출명령(제25조)	○	○
직권증거조사(제26조)	○	○
사정판결(제28조)	○	×
제3자효(제29조)	○	○
판결의 기속력(제30조)	○	○
제3자에 의한 재심청구(제31조)	○	○
판결의 간접강제(제34조)	○	○

CHAPTER 5 당사자 소송

1. 개념

행정청의 처분 등을 원인으로 하는 법률관계에 관한 소송, 그 밖에 공법상의 법률관계에 관한 소송으로서 그 법률관계의 한 쪽 당사자를 피고로 하는 소송
⇨ 처분 등의 효력자체가 소송의 대상이 아니라 그로 인한 법률관계 자체가 소송의 대상이 된다.
⇨ 파면처분을 받은 공무원은 그 파면처분이 당연무효가 아니라 단순위법의 처분이라면 파면처분취소소송을 제기하여야 하고, 바로 당사자소송으로 공무원지위확인소송을 제기할 수는 없다.

2. 실질적 당사자 소송

(1) 개념

실질적 당사자소송이란 대립하는 대등 당사자간의 공법상 권리관계 또는 법률관계 그 자체를 소송물로 하는 소송을 말한다. ⇨ 통상적 의미의 당사자 소송

(2) 유형

① 공법상 부당이득반환청구소송 ⇨ 민사소송(대판 1995.4.28, 94다55019)
② 부가가치세 환급세액 지급청구소송 ⇨ 당사자소송(대판 2013.3.21, 2011다95564 전원합의체)
③ 국가배상소송 ⇨ 민사소송
④ 손실보상청구소송
  ⇨ 공익상의 필요에 의한 면허어업제한 등으로 인한 수산업법 제81조 소정의 손실보상청구소송은 민사소송(대판 1996.7.26, 94누13848)
  ⇨ 하천법 부칙 규정에 의한 손실보상청구소송은 당사자소송(대판 2006.5.18, 2004다6207 전원합의체)
⑤ 지방전문직공무원 채용계약 해지의 의사표시에 대한 의사표시 무효확인을 구하는 소송
  ⇨ 당사자소송(대판 1993.9.14, 92누4611)
⑥ 서울특별시립무용단원의 해촉 ⇨ 당사자소송(대판 1995.12.22, 95누4636)
⑦ 시립합창단원에 대한 재위촉 거부 ⇨ 당사자소송(대판 2001.12.11, 2001두7794)
⑧ 공중보건의사 채용계약해지의 의사표시 ⇨ 당사자소송
⑨ 지방계약직공무원인 옴부즈만 채용행위는 공법상 계약에 해당 ⇨ 당사자소송
⑩ 지방소방공무원이 소속 지방자치단체를 상대로 초과근무수당의 지급을 구하는 소송
  ⇨ 당사자소송(대판 2013.3.28, 2012다102629)
⑪ 미지급된 공무원퇴직연금에 대한 지급청구소송
  ⇨ 당사자소송(대판 2004.7.8, 2004두244)

cf) 공무원연금법상 퇴직급여결정은 공무원연금관리공단의 급여결정인 행정처분을 대상으로 행정소송을 제기하여야 한다(대판 1996.12.6, 96누6417).

cf) 군인연금법상 상이연금 등의 급여를 구하는 소송은 국방부장관에게 그 권리의 인정을 청구하여 국방부장관이 그 인정 청구를 거부하거나 청구 중의 일부만을 인정하는 처분을 하는 경우 그 처분을 대상으로 항고소송을 제기하여야 한다(대판 1995.9.15, 93누18532).

⑫ 명예퇴직한 법관이 미지급명예퇴직수당액지급을 구하는 소송 ⇨ 당사자소송(대판 2016.5.24, 2013두14863)

⑬ 법령의 개정에 따른 국방부장관의 퇴역연금액 감액조치에 대하여 이의가 있는 퇴역연금수급권자가 다투는 소송 ⇨ 당사자소송(대판 2003.9.5, 2002두3522)

⑭ 광주민주화운동관련자 보상등에 관한 법률에 근거한 보상금지급청구소송 ⇨ 당사자소송

cf) '민주화운동관련자명예회복및보상등에관한법률'에 의한 보상금지급청구소송은 '민주화운동관련자 명예회복 및 보상 심의위원회'의 보상금 등의 지급신청에 관하여 전부 또는 일부를 기각하는 결정에 대한 불복을 구하는 소송이므로 취소소송을 제기해야 한다(대판 2008.4.17, 2005두16185 전원합의체).

⑮ 구 석탄산업법상의 석탄가격안정지원금 지급청구소송 ⇨ 당사자소송(대판 1997.5.30, 95다28960)

⑯ 보조사업자에 대한 지방자치단체의 보조금반환청구 ⇨ 당사자소송(대판 2011.6.9, 2011다2951)

⑰ 구 공익사업을 위한 토지 등의 취득 및 보상에 관한 법령에 따른 주거이전비 보상청구소송 ⇨ 당사자소송(대판 2008.5.29, 2007다8129)

⑱ 구 도시재개발법에 의한 재개발조합에 대하여 조합원 자격 확인을 구하는 소송
⇨ 당사자소송(대판 1996.2.15, 94다31235 전원합의체)

cf) 도시 및 주거환경정비법의 규정에 의한 재개발조합과 조합장 또는 조합임원 사이의 선임·해임 등을 둘러싼 그 조합장 또는 조합임원의 지위를 다투는 소송 ⇨ 민사소송(대결 2009.9.24, 2009마168)

⑲ 도시 및 주거환경정비법상의 주택재건축정비사업조합을 상대로 관리처분계획안에 대한 조합 총회 결의의 효력을 다투는 소송 ⇨ 당사자소송(대판 2009.9.17, 2007다2428 전원합의체)

cf) 도시 및 주거환경정비법상의 주택재건축정비사업조합이 같은 법 제48조에 따라 수립한 관리처분계획에 대하여 관할 행정청의 인가·고시가 있은 후 ⇨ 총회결의의 하자를 이유로 하여 행정처분의 효력을 다투는 항고소송의 방법으로 관리처분계획의 취소 또는 무효확인의 소(이 경우에는 총회결의 부분만을 따로 떼어 효력유무를 다투는 확인의 소를 제기할 수 없다.)

⑳ 수신료를 징수할 권한이 있는지 여부를 다투는 소송 ⇨ 당사자소송(대판 2008.7.24, 2007다25261)

㉑ 화랑무공훈장을 수여받은 것으로 기재되어 있는 자가 태극무공훈장을 수여받은 자임의 확인을 구하는 소송 ⇨ 당사자소송(대판 1990.10.23, 90누4440)

㉒ 결과제거청구소송 ⇨ 민사소송

3. 형식적 당사자소송

(1) 개념

실질적으로는 처분 등의 효력을 다투는 것이나 형식적으로는 그 법률관계의 일방당사자를 피고로 하

여 제기하는 소송을 말한다. ⇨ 소송내용은 처분 등의 효력을 다투는 항고소송이지만, 소송형식은 행정청을 피고로 하지 않고 실질적 이해관계를 가진 자를 피고로 하는 당사자소송

(2) 허용여부

개별법에서 특별한 규정이 있는 경우에만 허용된다.

(3) 유형

공토법(또는 토지수용법)상 보상금의 증감에 관한 소송(대판 2002.6.14. 2001다24112)

cf) 공익사업을 위한 토지 등의 취득 및 보상에 관한 법률 상 환매권의 존부확인소송 및 환매금액의 증감을 구하는 소송 ⇨ 민사소송(대판 2013.2.28. 2010두22368)

4. 당사자소송의 요건

(1) 즉시확정의 이익

당사자소송이 법률관계의 확인의 구하는 소송인 경우에는 민사소송법상의 즉시확정의 이익이 요구된다(대판 2008.6.12. 2006두16328).

(2) 피고적격

① 국가·공공단체 그 밖의 권리주체를 피고로 한다.
  ⇨ 납세의무부존재확인의 소는 공법상의 법률관계 그 자체를 다투는 소송으로서 당사자소송이라 할 것이므로 행정소송법 제3조 제2호, 제39조에 의하여 그 법률관계의 한쪽 당사자인 국가·공공단체 그 밖의 권리주체가 피고적격을 가진다(대판 2000.9.8. 99두2765).
② 공무수탁사인도 당사자소송의 피고가 될 수 있다.
③ 국가를 당사자로 하는 경우 ⇨ 법무부장관이 대표
  지방자치단체를 당사자로 하는 경우 ⇨ 지방자치단체의 장이 대표
④ 원고가 피고를 잘못 지정한 때에는 법원은 원고의 신청에 의하여 결정으로써 피고의 경정을 허가할 수 있다.
  ⇨ 행정소송법상 당사자소송에서 원고가 피고를 잘못 지정한 것으로 보이는 경우 법원으로서는 마땅히 석명권을 행사하여 원고로 하여금 정당한 피고로 경정하게 하여 소송을 진행케 하여야 할 것이지, 그러한 조치를 취하지 아니한 채 피고의 지정이 잘못되었다는 이유로 막바로 소를 각하할 것은 아니다(대판 2006.11.9. 2006다23503).

(3) 소송참가

당사자소송에서도 제3자의 소송참가, 행정청의 소송참가 등이 허용된다.

(4) 재판관할

국가 또는 공공단체가 피고인 경우에는 관계행정청의 소재지를 피고의 소재지로 본다.

(5) 제소기간

① 당사자소송의 제기기간에 특별한 원칙상 제한이 없고, 이 경우에는 공법상 권리가 시효 등에 의해

소멸되지 않은 한 당사자소송을 제기할 수 있다.
② 당사자소송에 관하여 법령에 제소기간이 정하여져 있는 때에는 그 기간은 불변으로 한다.

(6) 행정심판전치제도
당사자소송은 시심적 소송으로서 취소소송의 행정심판전치에 관한 규정은 준용되지 않는다.

5. 소의 변경
① 소의 변경에 관한 행정소송법 제21조의 규정은 당사자소송을 항고소송으로 변경할 수 있다.
  ⇨ 사실심의 변론종결시까지 원고의 신청에 의하여 결정으로써 소의 변경을 허가할 수 있다.
② 처분변경으로 인한 소의 변경도 인정된다.
③ 취소소송의 관련청구소송의 이송 및 병합규정은 당사자소송과 관련청구소송의 이송 및 병합의 경우에 준용한다.
  ⇨ 본래의 당사자소송이 부적법하여 각하되면 그에 병합된 관련청구소송도 소송요건을 흠결하여 부적합하므로 각하되어야 한다(대판 2011.9.29. 2009두10963).

6. 소송의 판결
① 사정판결의 제도가 없다.
② 취소판결에 인정되는 효력 중 취소판결의 제3자효·재처분의무·간접강제 등은 당사자소송에는 적용되지 않는다.

7. 가처분
① 당사자소송의 경우의 항고소송에서의 집행정지규정이 적용되지 않으므로 민사집행법상 가처분규정이 적용된다(대결 2015.8.21., 2015무26).
② 헌법재판소는 국가를 상대로 하는 당사자소송에 있어서는 가집행선고를 할 수 없도록 규정한 구 소송촉진 등에 관한 특례법에 대하여 위헌결정을 하였다(헌재결 1989.1.25. 88헌가7).
③ 최근 헌법재판소는 "국가를 상대로 하는 당사자소송의 경우에는 가집행선고를 할 수 없다"고 규정한 행정소송법 제43조도 평등원칙에 위배된다고 결정하였다(헌재결 2022.2.24. 2020헌가12).
④ 대법원은 "행정소송법 제8조 제2항에 의하면 행정소송에도 민사소송법의 규정이 일반적으로 준용되므로 법원으로서는 공법상 당사자소송에서 재산권의 청구를 인용하는 판결을 하는 경우 가집행선고를 할 수 있다"고 하였다(대판 2000.11.28. 99두3416).

	취소소송	무효등확인소송	부작위법확인소송	당사자소송
기판력	○	○	○	○
형성력	○	○	×	×
기속력	○	○	○	○
제3자효	○	○	○	×
간접강제	○	×	○	×

행정소송법상 취소소송 규정의 적용(준용) 여부 종합

	취소소송	무효등 확인소송	부작위위법 확인소송	당사자소송
재판관할(제9조)	O	O	O	O
관련청구의 이송·병합(제10조)	O	O	O	O
선결문제(제11조)	O	X	X	X
피고적격(제13조)	O	O	O	X
피고의 경정(제14조)	O	O	O	O
공동소송(제15조)	O	O	O	O
제3자의 소송참가(제16조)	O	O	O	O
행정청의 소송참가(제17조)	O	O	O	O
행정심판전치주의(제18조)	O	X	O	X
소송의 대상(제19조)	O	O	O	X
제소기간의 제한(제20조)	O	X	O (행정심판을 거치지 않은 경우에는 제소기간 제한 없음)	X
소의 변경(제21조)	O	O	O	O
처분변경으로 인한 소의 변경(제22조)	O	O	X	O
집행부정지원칙 및 집행정지(제23조)	O	O	X	X
행정심판기록의 제출명령(제25조)	O	O	O	O
직권증거조사(제26조)	O	O	O	O
사정판결(제28조)	O	X	X	X
제3자효(제29조)	O	O	O	X
판결의 기속력(제30조)	O	O	O	O
제3자에 의한 재심청구(제31조)	O	O	O	X
판결의 간접강제(제34조)	O	X	O	X

CHAPTER 6 객관적 소송

I. 민중소송

1. 개념
① 국가 또는 공공단체의 기관이 법률에 위반되는 행위를 한 때에 직접 자기의 법률상의 이익과 관계없이 그 시정을 구하기 위하여 제기하는 소송
② 민중소송은 법률이 규정하고 있는 경우에 한하여 제기할 수 있다.
   ⇨ 법에 규정이 없는 여론조사 무효확인을 구하는 소송은 제기할 수 없다(대판 1996.1.23, 95누12736).

2. 유형
① 공직선거법상 선거소송 및 당선소송
② 국민투표법상 국민투표무효의 소송
③ 주민투표법상 주민투표무효소송
④ 지방자치법상 주민소송

II. 기관소송

1. 개념
① 국가 또는 공공단체의 기관 상호 간에 있어서 권한의 존부 또는 그 행사에 관한 다툼이 있을 때에 이에 대하여 제기하는 소송
② 행정소송법상의 기관소송은 동일한 법주체 내부의 기관 간의 소송이므로, 상이한 행정주체간 또는 상이한 행정주체에 속하는 기관간의 소송은 여기서의 기관소송에 해당하지 않는다.
③ 헌법재판소가 관장하는 권한쟁의심판은 제외된다.
   ⇨ 국가기관 상호간, 국가기관과 지방자치단체 간 및 지방자치단체 상호간의 권한쟁의에 관한 심판
④ 기관소송은 법률이 정하는 경우에만 제기할 수 있다.

2. 유형

① 지방자치법상 지방의회의 재의결에 대한 지방자치단체 장이 대법원에 제소하는 것

② 지방교육자치에 관한 법률상 시·도의회의 재의결에 대한 교육감이 대법원에 제소하는 것